図書館サポートフォーラムシリーズ

日本図書館史概説 新版

岩猿敏生 著

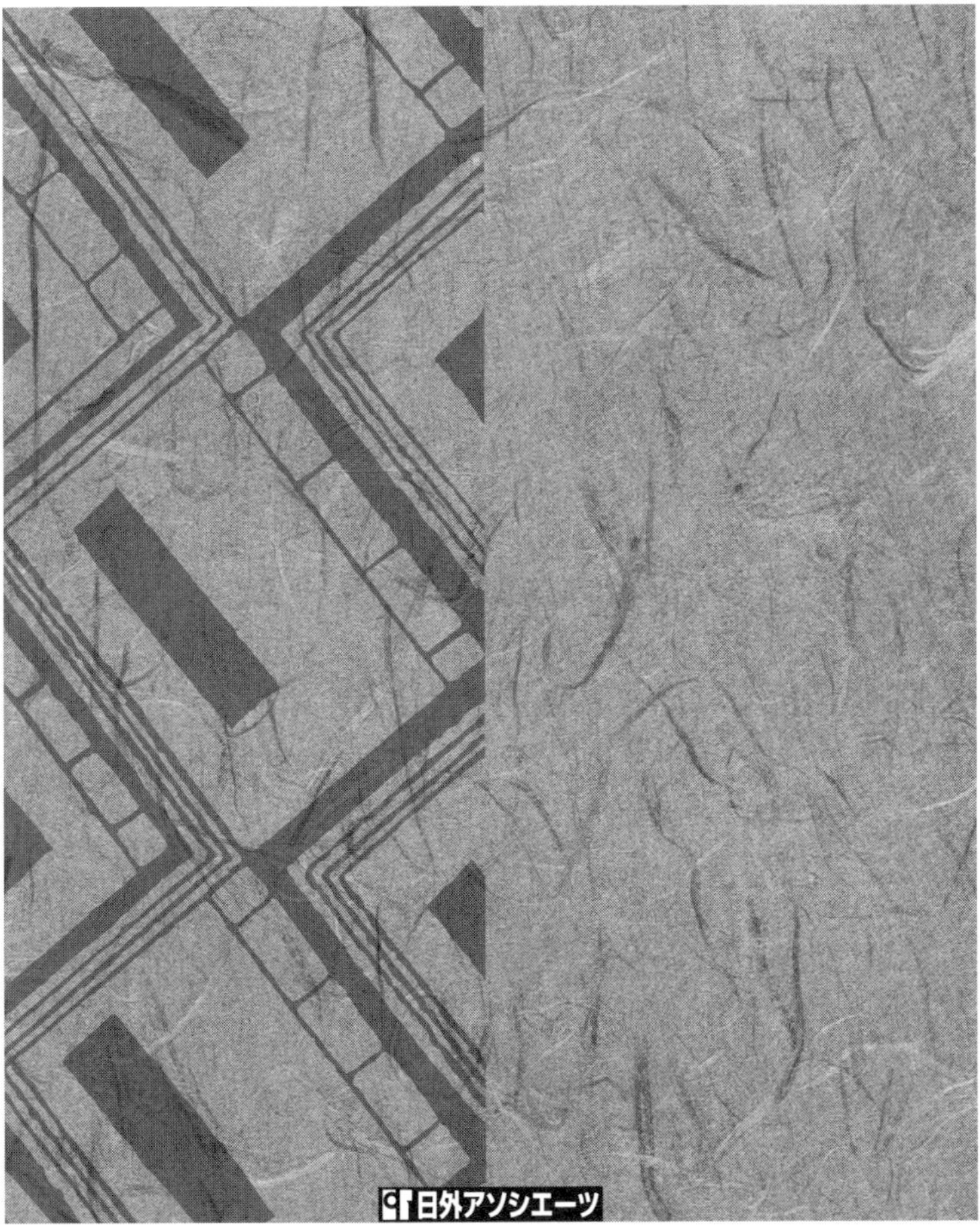

日外アソシエーツ

装 丁：赤田 麻衣子

序

図書館史研究はわが国の館界では、余り関心を持たれていない領域である。そのため、司書養成のカリキュラムにおいても、図書館史に関する科目は、必修とされていないだけでなく、科目改正が論じられる時、司書養成科目からの除外が論じられることさえあった。しかし、図書館学を社会科学の一つとして考えようとする時、図書館の歴史的研究は、社会科学としての図書館学にとっては、必須の欠くべからざる教育、研究分野にならなければならない。

それは、図書館とは何かを追求しようとする時、図書館とは何であったかがまず問われなければならない。したがって、その発展の歴史を科学的に探求することは、社会科学としての図書館学にとっては、もっとも本質的な、欠くべからざる研究分野でなければならない。歴史的研究を欠いては、その本質論を具体的に論じえないからである。

社会科学としての図書館学にとって、歴史的研究は必要欠くべからざる分野であるにもかかわらず、わが国の館界に往々見られる図書館史不要論は、何に起因するのであろうか。筆者はその最大の原因を、わが国における図書館史研究の未発達によると考えている。勿論われわれは、第二次大戦前からこの分野を開拓された小野則秋、竹林熊彦両氏のような、優れた図書館史家を持っており、戦後においても、幾人かの優れた研究者を持っている。しかし、戦後の図書館史研究は、戦後の日本の図書館がそこから歩み始めねばならなかった戦前の、明治以降の公共図書館史研究が、必然的に中心にならざるをえなかった。それは大きな成果を挙げてきたが、一面ではまた、江戸時代までの所謂文庫時代は、今日の図書館学研究とは無縁なものとして、歴史的考察の視野から抜け落ちてしまった。

しかし、かつてなんらかの社会的役割を持って存在した鎌倉時代や、室町時代の文庫の書物が、その文庫印を明確に留めて、今日に伝えられている。数百年の歳月を越えて、それらの書物はかつての文庫の生き証人として、現在に生きているのである。文庫との明確なかかわりは明らかでないにしても、奈良、平安の古代の書物すら、現在に伝えられて厳然と生きている。

それらの古典籍は、従来は書誌学や古文書学等の研究対象として、重要視されてきたが、それらの古典籍から成り立っていたかつての個々の文庫については、その多くは、学問的な研究対象としてとり上げられることなく、今日に至っている。個々の古典籍でなく、それらの集積としての文庫は、それぞれの時代の中で、なんらかの役割を果していた筈である。それぞれの時代の書籍の集積の社会的意味、それをどのように、学問的研究の対象として構成しうるか、それにはいろいろなアプローチの方法があるであろう。

本書では、図書館文化は図書文化の上に成立しうるものであるから、図書文化の歴史的変遷を基盤として、図書館の歴史的展開を探ろうと試みた。人類の文化史の中で、図書文化はあらゆる民族が持ちえたものではなく、また、図書文化を持ちえた民族でも、その民族のすべての階層の人が、同じように享受しえたものではなかった。それは、まず特定の社会階層によって担当されたが、図書文化を担当した階層は、時代とともに移り変った。その変遷に基づいて、図書館史の時代区分を考えてみた。

通常図書館史関係の研究論文は、個別的な図書館事象の歴史的研究が多い。このような歴史研究は、図書館史研究の基礎となるものであり、極めて重要であることは言うまでもない。しかし、個別的な事象の歴史的研究は、それが歴史研究として意味を持ちうるためには、個別的な事象の底に流れている時代的背景を、常に考慮していかなければならない。

このような、個別的な事象研究の背景となりうる時代の流れを、大きく理解しようとするのが通史である。通史は個別的研究に基づかなければならないが、個別的研究をただ寄せ集めれば、それで通史が成立しうるというものではない。個別的研究で明らかにされた個々の事象の底に流れている一つの時代の歴史的意味を理解するには、なんらかの理論的枠組が必要である。一般的に文化史を考える場合、それを歴史の流れの上部構造として、社会の生産力の発展や、生産関係の展開を基盤とする下部構造の変化、発展から、上部構造としての文化の発展、変化を構想し、理論化が試みられることが多い。

しかし、今の筆者には、上部構造の一部としての図書館史研究を、下部構造の変化、発展にまで掘り下げて、理論的枠組を構想しうるまでには至っていない。それで、本書では下部構造への眼差しは持ちながらも、まずそれぞれの時代の図書文化を、どの社会階層が担当したかによって、図書館史の時代区分を考えて、日本図書館史の通史を構想してみた。したがって、本書は日本図書館史に対する筆者なりの一つの素描に過ぎない。それは、一つの理論的枠組を構想するまでにまだ至っていないが、少くとも一つの観点から、日本図書館史の全体を理解しようとする試みである。

残念ながら、一定の観点からの日本図書館史の通史は、今日まで極めて少ない。日本図書館史の教科書は何冊か書かれているが、いずれも一般史の時代区分に従って、複数の執筆者による年表的記述に終始していることが多い。そのため、図書館史を文化史の一部門として、どのように考えるべきかという、理論的枠組に対する考察が疎かになりがちである。その結果、図書館史は多くの学生にとって、史実についてのたんなる暗記科目となり、図書館現場においても、無用な科目と見なされてしまいがちである。

筆者は、今日のわが国の図書館史研究にもっとも欠けているのは、通史の不足であると痛感している。通史と言っても、日本図書館史の通史だけでなく、それぞれの時代ごとの通史研究が必要である。それは、個別史研究は通史によって方向を与えられ、また、優れた個別史研究は通史の再検討、再構成を促すからである。通史研究と個別史研究があいまって、歴史研究は進むのである。筆者がまだ素描に過ぎない本書をあえて公刊するのも、通史研究発展のためのささやかな一歩となりうればと思うからにほかならない。

目次

序……3

1　序論

1.1　日本図書館史の時代区分……24
1.2　わが国における図書文化の成立……26
1.2.1　わが国への文字伝来……26
図書の材料　図書と文字文化　わが国における文字文化の始まり
1.2.2　わが国への図書の伝来……28
〔注〕……29

2　貴族文庫時代（飛鳥、奈良、平安時代）

2.1　飛鳥時代……32
大和政権の成立　聖徳太子　大化の改新　天武天皇と律令体制の確立
2.2　奈良時代……34

2・2・1　木簡と紙……34
巻子本　製紙法の伝来　木簡と竹簡
2・2・2　写経の盛行と百万塔陀羅尼の印刷……36
写経の盛行　一切経の書写　壁蔵と輪蔵　奈良時代の写経　百万塔陀羅尼印刷に至る時代背景　銅版説と木版説　印刷術と紙
2・2・3　奈良朝における文庫……40
（1）宮廷の文庫……40
大宝律令の完成　図書寮の設置　文殿
（2）大学と国学……41
官僚制と人材養成機関　大学と国学
（3）貴族文庫……42
貴族の個人文庫　石上宅嗣の芸亭　芸亭の意味
2・3　平安時代……44
2・3・1　巻子本から折本、粘葉装、綴葉装へ……44
巻子本と折本　粘葉装　仮名文字の成立　綴葉装と国書　枡型本
2・3・2　写経と摺経……48
平安遷都と政教分離　最澄と空海　写経と摺経　装飾経　大量写経と摺経　仏典の実用的印刷の始まり　春日版の刊行

2・3・3　漢詩文の盛行と『日本国見在書目録』……51
平安朝における漢籍の将来　漢詩文の盛行　仏典の将来と将来目録　『日本国見在書目録』
2・3・4　大学の衰退……53
大学の衰退　有力氏族の大学別曹　官職・学問の世襲化
2・3・5　平安朝貴族の文庫……55
平安朝貴族の漢籍収集と宋版　好書家藤原頼長　頼長の文庫　藤原通憲とその蔵書目録　日野資業の法界寺文庫　大江匡房の千草文庫
〔注〕……59

3　僧侶文庫時代（Ⅰ）（鎌倉時代）

3・1　鎌倉時代と新仏教……62
武家政権の成立　貴族階級の文化担当能力の衰退　鎌倉新仏教の興隆　禅宗の伝来と武士階級との結びつき
3・2　鎌倉時代の印刷文化……65
印刷文化の発展と仏典の開板　高野版　高野版と安達泰盛　高野版の盛衰　浄土教版　日蓮宗と浄土真宗　禅宗と五山版

3・3 寺院文庫……69
寺院の所蔵書籍　宋版一切経の将来　泉涌寺の俊芿　東福寺の円爾弁円
3・4 宮廷、貴族階級の文庫……71
蓮華王院宝蔵　官務文庫　梅小路文庫その他
3・5 武士階級の文庫……74
鎌倉時代の武家文庫　名越文庫　その他の武家文庫　金沢文庫
3・6 『本朝書籍目録』……78
『日本国見在書目録』と『本朝書籍目録』『本朝書籍目録』の成立
〔注〕……80

4 僧侶文庫時代（Ⅱ）（南北朝、室町時代）

4・1 五山版と五山文化……83
禅僧の活躍と五山文化　五山版の定義　禅文化の発展　春屋妙葩と中国刻工の来日　経済活動としての開版活動　五山版開版活動の地方への普及　禅籍以外の外典の開版
4・2 五山版と包背装……87
包背装　包背装から袋綴へ

4.3　寺院文庫……88
明からの書籍の将来　高麗版大蔵経の将来　室町時代の寺院文庫　東福寺普門院書庫　東福寺海蔵院文庫
4.4　宮廷、貴族の文庫……90
『仙洞御所目録』　桃華坊文庫　その他の貴族文庫
4.5　武家文庫と武士の開版活動……91
4.5.1　武士階級の文化的能力の向上……91
4.5.2　足利学校……92
足利学校の創建　上杉憲実による足利学校の再興　初代庠主快元　足利学校文庫の発展　足利学校文庫の特色
4.5.3　武士の開版活動と文庫……95
中央文化の地方への普及　武士による開版活動　大内氏の開版活動　太田道灌の静勝軒文庫　島津氏の開版活動
4.6　図書文化の一般庶民への普及……99
庶民のリテラシーの向上　庶民による開版活動　『節用集』の刊行
〔注〕……102

5　武家文庫時代（安土、桃山、江戸時代）

5.1　古活字版時代 …… 104
5.1.1　外来文化と古活字版の出現 …… 104
中世から近世へ　鉄砲伝来　活字印刷術の伝来　西洋式活字印刷術の伝来　切支丹版　勅版　切支丹版と古活字版　高麗朝における金属活字印刷術　中国における活字印刷術　朝鮮王朝の金属活字印刷術　高麗版大蔵経　古活字版時代の到来
5.1.2　古活字版の発展 …… 112
古活字版から整版へ　寺院による古活字版　一切経の刊行　民間刊行の古活字版　光悦本と嵯峨本　美しい書物
5.1.3　出版業の成立 …… 117
開版活動の世俗化　出版業の発展　販売用全国書籍目録の刊行　江戸の全国書籍目録
5.2　徳川家康の開版事業 …… 121
5.2.1　伏見版、駿河版の刊行 …… 121
家康の文事への関心　伏見版の刊行　駿河版の刊行　家康の駿河文庫
5.2.2　紅葉山文庫 …… 123
家康の富士見亭文庫　紅葉山文庫と書物奉行　紅葉山文庫の蔵書と目録

5・3　昌平坂学問所の文庫と官版……125
政治思想としての儒学　儒者林羅山の登用　林羅山の塾舎と文庫　昌平坂学問所の成立　昌平校の文庫　昌平校文庫の利用　官版の刊行と目録　幕府による藩版刊行の奨励
5・4　諸大名の文庫と藩校文庫……129
5・4・1　徳川御三家の文庫と藩校文庫……129
(1)尾張藩文庫と明倫堂文庫……130
徳川義直　藩校明倫堂の成立　明倫堂文庫
(2)紀州藩の文庫と南葵文庫……132
藩校学習館と文庫　徳川頼倫と南葵文庫
(3)水戸藩彰考館文庫と藩校弘道館……133
水戸光圀の修史事業と彰考館　藩校弘道館
5・4・2　諸大名の文庫と藩校文庫……135
藩校文庫　大名家の収書活動のタイプ
(1)前田家の尊経閣文庫と藩校文庫……136
前田家の集書活動　前田綱紀　藩校明倫堂と明倫堂文庫
(2)脇坂安元……138
大名家の文庫の始まり　脇坂安元の八雲軒文庫

(3) 池田光政と藩校文庫……139
池田光政と藩校設置　閑谷学校と文庫
(4) 松平定信の楽亭文庫……140
元禄期の文化的発展　松平定信の楽亭文庫　藩校立教館と郷学敷教舎
(5) 平戸藩楽歳堂文庫と藩校文庫……142
松浦静山　藩校維新館
(6) 堀直格の花廼家文庫……143
(7) 毛利高標の佐伯文庫……144
愛書家大名の出現　毛利高標の佐伯文庫
(8) 市橋長昭の黄雪書屋……145
(9) 水野忠央と『丹鶴叢書』……146
5.5 神社文庫……147
神道の理論化　国学の勃興　神社文庫の成立
5.5.1 豊宮崎文庫と林崎文庫……149
外宮の豊宮崎文庫　内宮の林崎文庫
5.5.2 賀茂三手文庫……151
上賀茂神社の三手文庫　三手文庫の似閑本　神社文庫の信仰的意義
5.5.3 羽田八幡宮文庫と櫛田神社文庫……152

羽田八幡宮文庫　櫛田神社文庫に対する小野則秋の見解　同神社文庫に対する菊池租の見解
5・5・4　天満宮文庫と住吉文庫……155
北野天満宮文庫と京都書物屋仲間　大坂天満宮文庫と大坂書物屋仲間　大坂住吉神社と文庫講　神社文庫と図書の永続的保存
5・6　出版活動の発展と貸本屋……158
5・6・1　出版活動の発展……158
第一期　十六世紀末から十七世紀半ばまで　第二期　十七世紀半ばから十八世紀初めまで　第三期　十八世紀初めから十八世紀末期まで　第四期　十九世紀初めから幕末まで
5・6・2　貸本屋の成立と発展……161
出版業と読者　貸本屋の成立　出版者と貸本屋　貸本屋に関する記録　江戸期貸本屋の実態　大野屋惣八
5・7　江戸幕府の出版物取締と本屋仲間……165
5・7・1　江戸幕府の出版物取締……165
カトリック教会の禁書目録　幕府の出版物取締　享保の出版条令　好色本の禁止　出版条令による刊記の明記　寛政期以後の出版条令　出版条令違反者に対する処罰　明治期最初の出版条令

5・7・2 本屋仲間 …… 169
本屋仲間に対する布令　本屋仲間　重板、類板の問題　本屋仲間の公認
5・8 個人文庫と公開図書館への動き …… 172
5・8・1 武士の個人文庫 …… 172
（1）近藤重蔵（正斎） …… 172
（2）屋代弘賢 …… 173
（3）新見正路 …… 174
5・8・2 町人の個人文庫 …… 176
（1）狩谷望之（棭斎） …… 176
（2）小山田与清 …… 177
（3）木村兼葭堂 …… 178
5・8・3 公開図書館への動き …… 180
（1）河本一阿の経宜堂 …… 180
（2）青柳文蔵の青柳館文庫 …… 181
（3）竹川竹斎の射和文庫 …… 183
（4）文庫史への庶民の登場 …… 186
〔注〕 …… 187

6　市民図書館時代（明治、大正、昭和から第二次世界大戦敗戦まで）
6.1　市民図書館時代の時代区分……192
6.2　書籍館時代……193
6.2.1　欧米図書館事情の紹介……194
福沢諭吉の『西洋事情』　書籍館と図書館　図書館と書籍館の読み
6.2.2　新聞縦覧所と貸本屋……197
新聞の発行　幕府の新聞発行　日刊新聞の創刊　新聞縦覧所の成立　新聞縦覧所の衰退　明治初期の貸本屋
6.2.3　文部省書籍館の設立……202
博物局に書籍館を設置　博物館と図書館
6.2.4　京都府集書院と京都集書会社……204
京都府集書院の設立計画　京都集書会社の設立　集書会社の発起人たち　集書会社による集書院の運営
6.2.5　東京書籍館……207
書籍館の浅草移転　書籍館を東京書籍館と改称　東京書籍館の活動
6.2.6　東京府書籍館……209
東京書籍館の東京府への移管　東京府書籍館の活動

6.2.7　東京図書館から帝国図書館へ……210
東京図書館の東京教育博物館への移転　大日本教育会書籍館への蔵書の一部貸与　田中稲城の館長就任　帝国図書館官制公布
6.2.8　自由民権運動と公立書籍館……212
自由民権運動　自由民権運動と図書館運動　公立書籍館の設置　公立書籍館衰退の原因
6.2.9　教育会の書籍館設置運動……217
学校教育制度の整備　教育会の結成　大日本教育会書籍館　教育会書籍館の活動　教育会の公立図書館設置運動
6.3　図書館令時代（一八九九－一九三二年）……221
6.3.1　図書館令の公布……221
学制から改正教育令へ　図書館令の公布　公私立図書館数の増加
6.3.2　図書館員の全国的組織……223
図書館員の全国組織　日本文庫協会　関西文庫協会　『東壁』の発刊　日本図書館協会の活動
6.3.3　通俗図書館と簡易図書館……228
通俗教育の重視　通俗図書館　『図書館小識』における通俗図書館と簡易図書館　東京市の簡易図書館と自由図書館

6・3・4　地方改良運動と町村図書館の設置……232
町村図書館の増加　町村図書館の設置契機　慶祝行事としての図書館設置　青年団の官製化と図書館設置運動　小学校に附設の町村図書館
6・3・5　府県立書籍館から府県立図書館へ……235
府県立書籍館の設置　府県立書籍館の衰退　府県立図書館の新創設
6・3・6　県立図書館長としての佐野友三郎の活動……239
佐野友三郎の秋田県立図書館長就任　佐野の巡回文庫研究　山口県立図書館長としての活動　山口県立図書館における児童閲覧室　山口県立図書館における公開書架　山口県立図書館と大阪府立図書館
6・3・7　市町村立図書館の設立……245
大正期における公共図書館設置数の伸び　市立図書館の設置　町村図書館の設置　市町村図書館設置数の府県による相違　府県の図書館設置の奨励　明治政府の図書館政策　町村図書館担当者の資質の低さ
6・3・8　日本図書館協会の活動……254
図書館協会初期の活動　全国図書館大会の開催　初代総裁徳川頼倫　「図書館書籍標準図書目録」　協会の地方支部　第一次世界大戦と臨時教育会議　社会教育行政の体制強化　全国図書館大会への文部大臣諮問　図書館員の世代交代とそれに伴う館界の変質　松本喜一の帝国図書館長就任

6・3・9　一九二〇年代の図書館界……265
変りゆく図書館界　文部省図書館員教習所の設置　府県図書館協会の結成　青年図書館員聯盟　府県立図書館長会議　全国図書館長会議と図書館令改正要項　全国道府県立図書館長会議　図書館の附帯事業に関する諮問

6・4　改正図書館令時代（一九三三－一九四五年）……274

6・4・1　改正図書館令の公布……274
改正図書館令公布の時代　改正令と旧令との相違点　中央図書館制　司書検定試験制度　館長及び上級司書の任用資格　司書検定試験の問題点

6・4・2　図書館資料の利用制限……280
公共図書館に対する資料の利用制限　大学図書館に対する資料の利用制限　特定図書群による読書会運動

6・4・3　図書館附帯施設論争……282
「改正図書館令」第一条第二項の解釈をめぐる問題　図書館社会教育調査委員会の設置　「図書館社会教育調査報告」

6・4・4　図書館界の国策への積極的協力……285
「国民精神総動員計画実施要綱」　第三十二回全国図書館大会の答申　教育審議会に対する進言　第三十三回全国図書館大会からの答申　新政治体制の確立　全国図書館綜合協議会の開催　戦局の悪化と図書館活動の衰退　「図書館事業ノ体制確

立ニ関スル請願」
6・4・5 読書会による読書指導運動……293
中田邦造　国民読書指導に関する文部大臣諮問（一九四二年）　文部省の「読書会指導に関する研究協議会」　読書会の官製化　図書群による読書指導運動　中田邦造の図書群構想　中田の読書会による読書指導運動とその変質　読書会の指導者　読書会に関する文部省の指示要綱（一九四三年）　官製読書会の実態　読書会の実際の指導者　読書会指導者養成講習　図書館界における批判者たち　敗戦に至る図書館界の崩壊
〔注〕……306
あとがき……311
人名索引……321

1 序論

1・1　日本図書館史の時代区分

イタリアの歴史学者ベネデット・クローチェは、その著書『歴史叙述の理論と歴史』の中で、歴史を考えることは歴史を時代区分することだと述べている。時代区分の意識なくしては、歴史を考えることはできない。

本書では、図書館史を歴史の流れの上部構造である文化史の一部として、図書館史をまず図書文化の歴史と関連づけて考え、図書文化が時代によって、どのような社会階層によって担当されたかによって、図書文化史及び図書館史の時代区分を考えていくことにした。いま、このような観点から、本書では日本図書館史の時代区分を、次のように考えた。

【図書館史の時代区分】	【一般史の時代区分】
貴族文庫時代	飛鳥、奈良、平安時代（古代）
僧侶文庫時代	鎌倉、南北朝、室町時代（中世）
武家文庫時代	江戸時代（近世）
市民図書館時代	明治以降（近代、現代）

わが国の古代社会でまず図書文化を担当したのは、朝廷を中心とする貴族階級であり、したがって、文庫も彼らによって営まれた。中世では、政治権力は武士階級に移ったが、彼らは図書文化を

担う程の文化的能力を十分に備えるまでに至らなかった。一方、貴族階級は政治権力とともに、すでに新しい図書文化を創造しうる力を失いつつあった。この間にあって、わが国の図書文化を担ったのは、僧侶階級であり、文庫も彼らによって営まれることが多かった。それで、中世を僧侶文庫時代としたが、それは仏典を中心とする専門的な集書であり、寺院に設けられた。

武士階級が政治権力だけでなく、図書文化の担当能力を十分に備えるようになるのは、江戸期に入ってからである。それで、江戸期を武家文庫の時代とした。もちろん、武士階級は江戸期に入って、一気にそのような能力を身につけたのではなく、すでに室町期後半から、図書文化を担いうる能力を徐々に蓄えつつあった。

本書では、貴族文化時代を平安時代まで、僧侶文庫時代を鎌倉から室町時代まで、武家文庫時代を江戸時代としたが、武家文庫時代を鎌倉から江戸時代までとする説もある。[1] このように、それぞれの時代を、いつからいつまでとするかについては、異説もあるが、貴族、僧侶、武家文庫時代という各時代の呼び方については、おおよそ同じである。ただ、明治以降の時代の名称については、一致した見解がない。たとえば、武井権内は公共図書館時代と称している。[2]

英米における公共図書館（public library）は、市民社会の成立を基盤とする図書館類型である。公共図書館の成立は、図書館文化史上極めて重要な意義を持つが、パブリック・ライブラリーの概念には、英米の社会の歴史的伝統が絡んでおり、明治以降のわが国の一般市民に公開された図書館が、英米における公共図書館概念と同じ概念のものであるかということになると、疑問が残る。それで、確立された概念ではないが、市民社会における市民階級によって担われるべき図書館という意味で、明治以降を本書では市民図書館時代とした。江戸期までの図書及び図書館文化が、どの社会階層によって主として担われたかという観点から、時代区分を考えたので、明治以降を市民図書館時代としたのである。

もちろん、明治期以降のわが国に、欧米型の市民社会が成立したかという問題は残る。しかし、明治維新によって、江戸期封建社会の士、農、工、商の身分制社会は否定され、四民平等の社会となり、経済体制は資本主義社会であり、政治体制は立憲君主制ではあるが、議会制民主主義を目指した。西欧的市民社会のあり方が、理念としては一応志向されたものの、維新後のわが国でそれが実現されたとは言い難いが、それはもはや封建制社会ではなく、不十分ながら近代市民社会であり、図書及び図書館文化は、もはや特定の社会階層ではなく、市民一般によって広く担われていたと言いうるであろう(3)。

1.2　わが国における図書文化の成立

1.2.1　わが国への文字伝来

図書の材料　図書館が成立するためには、まず図書が存在しなければならない。図書とは、厳密に定義しようとすれば複雑になるが、ここでは、なんらかの情報を、持ち運び可能な材料に、主として文字によって記録したものとする。この材料として、世界各地の古代文明圏ではパピルス、粘土、獣皮、貝葉、布、竹簡、木簡等を用いたが、二世紀の始め、中国で蔡倫によって紙の製法が大きく改良されて以来、紙は徐々に東西に広まり、近世以降では紙が図書の材料として、もっとも広く用いられるようになった。紙がこのように広く用いられるようになったのは、印刷にもっとも適していたからである。紙をもっとも早く用いた東洋で、印刷術がどの地域よりも早く発展したのは当然のことであった。

図書と文字文化

図書が存在するためには、情報を記録するための材料とともに、文字がなければならない。文字を持たない民族は、彼ら自身の図書を持つことはできない。もちろん、独自の文字を持たなくても、他の民族が創り出した文字を借用することができる。自ら創り出した文字であれ、他民族から借用した文字であれ、文字を全く使用しない民族は、図書文化とは無縁である。図書文化を自分の文化の中に持たなければ、図書館文化を持つこともありえない。したがって、図書館文化は衣食住のような文化と違って、すべての民族に普遍的な文化ではない。

わが国における文字文化の始まり

日本民族も固有の文字を持たなかった。文字による記録を必要とするようになった時、中国で成立した漢字を借用したが、わが国の古代についての文字による記録は、まず中国の史書に現れる。一世紀の半ば頃倭の奴国王が後漢に朝貢して、金印を受けたり、二世紀末から三世紀にかけて、邪馬台国の女王卑弥呼が魏に朝貢し、有名な「魏志倭人伝」が書かれる。当時まだ全国的な統一王朝は成立していなかったが、中国の史書には、わが国からの使者の朝貢等に関する記事が見られる。

とくに『宋書』に記録されている倭の五王が、よく知られている。そのうち、雄略天皇と言われる倭王武が、宋に送った上表文（四七八年）は、立派な漢文で書かれている。それは渡来系の人の手になったものであったにしても、わが国の支配階層の間に、漢字漢文による文字文化の普及と深化のあったことを示していると言えよう。そのことは同時に、当時すでに漢字漢文による図書の存在も推察されるが、確かなことは解らない。したがって、五世紀頃までのわが国は、図書文化史の上から言えば、図書文化史以前と言うよりほかはない。

1・2・2　わが国への図書の伝来

四、五世紀頃には、すでに文字文化の段階に達していたわが国において、記録の上で図書の伝来が伝えられるのは、『日本書紀』の応神天皇十五年に、百済から『論語』十巻と『千字文』一巻が、朝廷に献上されたという記事である。応神天皇は四世紀後半から五世紀初頭の在位と考えられているので、おおよそこの頃漢籍が伝えられたということであろう。
これに対して、仏教の伝来は、『日本書紀』によれば欽明天皇十三年（五五二年）に、百済から釈迦仏一躯等と共に、経論若干が献じられたことに始まるとされている。そうだとすれば、仏典の伝来は、漢籍の伝来より一世紀近く遅れていることになる。

中国で仏教が本格的に発展し始めるのは、後漢の明帝（在位五七－七五年）の頃と言われている。仏教はその後四世紀後半には朝鮮半島に伝えられるが、応神朝や欽明朝（六世紀半ば）以前、すでに朝鮮半島や中国大陸から、かなり多くの人たちが渡来してきていたので、彼らと共に、漢籍や仏典も、『日本書紀』が伝える年代以前に、将来されていたと思われるが、それらの書籍類がどのように保管され、また利用されていたかという、原初的な形態としての図書館については、なにも知られていない。したがって、五世紀以降わが国はようやく図書文化の段階に達したが、まだ図書館文化以前の時代と見るよりほかはない。

図書館史の時代は、図書が存在し、それがなんらかの目的のために集積されて利用される時から始まる。社会的に図書の集積がまず必要とされるのは、政治的な支配機構の成立によってである。図書はまず支配階級によって作成され、集積され、かつ利用されるのである。したがって、わが国の図書館史も、支配機構としての古代国家の成立とともに、徐々にその幕を明けるのである。

〔注〕

（1）武居権内『日本図書館学史序説』早川図書、一九八一、四一―四四頁

（2）武居権内　前掲書、四三頁

（3）筆者の日本図書館史の時代区分論については、次の拙稿も参照されたい。
「日本図書館史の時代区分」『図書館文化史研究』no.19　二〇〇二、一―一九頁

2 貴族文庫時代

（飛鳥、奈良、平安時代）

2・1　飛鳥時代

大和政権の成立　中国の史書に記録されているような、中国と外交関係を持つようになる統一政権が、四、五世紀を通じてわが国にも徐々に成立する。その政権は大和地方にあったので、大和政権と呼ぶことができるが、とくに六世紀前半の仏教文化の受容は、政治的社会的な面だけでなく、文化面にも大きな影響を与えた。仏教文化はわが国の図書文化だけでなく、図書館文化をも成立させることになる。

大陸からの仏教文化の受容は、直接的には僧侶によるものであったが、それを支援し受容を決定したのは貴族階級であった。わが国がようやく図書文化の時代に達していた六世紀前半から、都が奈良に定着する七一〇年までは、大和政権の都は主として飛鳥の地に置かれていたので、飛鳥時代と呼ばれる。この時代のわが国の政治、文化の上に大きな発展をもたらしたのは、六世紀末から七世紀始めにかけて、推古女帝のもとで摂政として活躍した聖徳太子である。

聖徳太子　太子は六〇三年に冠位十二階制を定め、翌年には十七条憲法を制定し、天皇を中心とする中央集権体制の確立を図るとともに、隋に数度にわたって遣隋使を送り、わが国の国際的地位の確立に努めた。遣隋使には、中国の優れた文化をわが国に将来するため、留学生や学問僧も同行した。

太子はまた仏教を深く信仰し、法隆寺を始め寺院の創建に努めるとともに、法華、勝鬘《しょうまん》、維摩《ゆいま》の三つの経典の注釈書である『三経義疏《ぎしょ》』を編んだと言われている。三経のうち勝鬘、維摩の二義疏は鎌倉時代以後の写本や板本でのみ伝わっているが、『法華義疏』は巻頭見返しに「此是大委国上宮王私集非海彼本」とあることから、太子の著作であり、かつ太子の真筆とする説がある。真筆かどうかは別としても、もし太子自身の編んだものとすれば、日本人による現存最古の著作ということになろう。

さらに太子は、六二〇年に「天皇紀」や「国記」等の歴史書の編さんを行なったという。それらはいずれも今日に伝わらないが、太子の時代にわが国では、すでに本格的に文字が使用されるとともに、史書の編さんには多くの文書や記録、さらに海外から多くの図書が集められ、利用されていたに相違ない。

大化の改新　三十年にわたる聖徳太子の施政は、蘇我氏の全面的な協力によって進められたが、それにはまた反対勢力の抵抗があった。反対勢力を太子は蘇我氏と共に打倒したが、太子の死(六二二年)後、宮廷内における蘇我氏の勢力は強大となり、蘇我蝦夷《えみし》とその子入鹿《いるか》の時代には、その勢力は天皇家をも凌ぐほどになった。この間、朝鮮半島への勢力拡大は失敗し、それは国内の反対勢力の反乱を招くとともに、天災による凶作という国内情勢の混乱は、従来の社会体制の矛盾を露呈させた。この混乱の克服のためには思い切った改革が必要となり、六四五年六月大極殿において入鹿を暗殺することによって、大化の改新が始まった。

改革運動の中心になったのが中大兄皇子と藤原鎌足であるが、彼らが目ざした新しい国家像は、中国の専制君主制を手本とした律令制国家であった。また、この年初めて年号を定めて大化と称したので、この改革運動を大化の改新という。

天武天皇と律令体制の確立　中大兄皇子は六六一年に皇位につき、天智と称するが、六七一年に没すると共に、皇位継承をめぐって壬申《じんしん》の乱が起る。乱に勝利した大海人《おおあま》皇子は六七三年に即位して天武天皇となる。彼は改新の理想実現のため、最初の成文法である近江令を発布したと言われているが、その令文は伝えられていない。しかし、これが文武天皇の大宝元年（七〇一年）に制定された大宝律令の基礎となり、ここに古代律令体制が一応整うことになった。

このような政治体制の確立のためには、中国からの書籍の輸入及び留学生の派遣によって、中国の体制が大いに学びとられたのであるが、当時将来された中国古典や律令さらに仏典類が、支配階級の間にどのように蓄積され利用されていたか、具体的なことは明らかでない。

2.2　奈良時代

2.2.1　木簡と紙

巻子本　律令官僚体制の進展とともに、従来以上に首都機能の整備が必要となり、元明天皇は七一〇年に唐にならって奈良に平城京を作った。その後桓武帝が都を京都に移すまで七十四年間、その間短期間他に都を移したこともあったが、平城京が首都であった。この期間を奈良時代と言う。すでに聖徳太子が仏教に深く帰依し、大化の改新は唐にならった律令国家の建設を目ざしたところから、漢籍や仏典が支配層にかなりの量保持されていたことは明らかである。これらの海外から将来された書籍は、巻子本形態の写本であった。

製紙法の伝来　わが国に製紙法が伝わるのは、書紀によれば推古天皇十八年（六一〇年）に高句麗の僧曇徴によってであった。記録の上では、紙の書物の将来よりも製紙法の伝来が遅れている。中国では書物が紙に書かれるようになって以来、隋、唐時代の書物の形態は巻子本であったから、わが国に五、六世紀以来将来された経籍、仏典は、すべて紙の巻子本であったと思われる。

木簡と竹簡　中国では二世紀以降紙が普及していくが、それによって、それまでの書写の材料であった木簡、竹簡がすべて紙に代られたのではない。三、四世紀頃までは紙とともに木簡や竹簡も、中国ではまだ使用されていた。

わが国でも、飛鳥時代後期から奈良朝前期頃までの木簡の出土があいついでいる。殊に有名なのが、七二九年に謀叛の疑いで悲劇的な自殺を遂げた長屋王の、平城京の邸宅跡から出土した五万点にのぼる木簡である。中国の古典類は漢、魏、三国時代の頃までは簡策に書かれたが、わが国の木簡の多くは行政事務関係のもので、時に『論語』や『千字文』の断片等があっても、それは古典籍の一部がたまたま書かれたというだけで、木簡に書かれた古典籍があったとは考えられていない(1)。わが国でも、紙が用いられるようになっていた奈良時代においても、木簡がなお使用されていたのである。当時まだ紙は、一部はなお中国からの輸入に頼っていて、高価なものであったからである。

2・2・2　写経の盛行と百万塔陀羅尼の印刷

写経の盛行　飛鳥、奈良時代を通じて律令体制が確立していくとともに、天皇家を中心とする貴族階級や、それに結びついた僧侶の間に、図書文化が定着していく。書籍はまだその多くは、中国及び朝鮮半島から将来されたものであるが、わが国でまず大量に写本が作成され始めるのは仏典である。『日本書紀』では、一切経の写経は天武天皇二年（六七三年）に飛鳥の川原寺で初めて行なわれたと伝えている。奈良時代になると、唐でまとめられた一切経が将来される。七三五年玄昉が唐より一切経五千余巻を将来したが、これは『開元釈教目録』（七三〇年）二十巻に収録された五〇四八巻から成る一切経を持ち帰ったものと思われる。唐ではさらに七九九年に『貞元釈教目録』三十巻が、一切経目録としてまとめられる。これらの一切経目録に収録された仏典を録内といい、未収録の仏典を録外と呼ぶ。

一切経の書写　仏典の将来とともに奈良朝を通じて、中央では官営の写経所で、地方では大宰府やその他の地方、とくに関東の国司に命じて一切経の書写が行なわれた。禿氏祐祥は〝和銅三年（七一〇）から神護景雲二年（七六八）までの五十八年間〟に、少くとも二十一部の一切経が書写されたと推定している。(2)

壁蔵と輪蔵　仏典の書写は、僧侶による仏教研究のためのテキストとして、寺院に納められる

行われる場合と、仏典書写の功徳を祈願する信仰的行為のための祈願経（願経）として行われる場合とがある。

蔵経であれ願経であれ、写経は寺院に納められた。一切経のように五千巻をこえる経典ということになると、これを納める庫（経蔵）が必要になる。七〇〇年代の初め頃再建された法隆寺をはじめ、寺院には経蔵が設置されたが、経蔵には壁蔵と輪蔵の二種がある。壁蔵は経巻を櫃に入れ、それを経蔵内部の壁面に沿って蔵置する。輪蔵は経蔵内部の真中に心柱を立て、そのまわりに八面の引出式の書架をとりつけたもので、人力で回転させることができる。八面の引出の中には一切経が収められるが、輪蔵を回転させることによって、一切経を誦読するのと同様の功徳を得ることができるとされている。

中国では輪蔵は、六朝時代に傅《ふ》大士という一居士によって工夫されたと伝えられている。そのため、輪蔵では傅大士の像が正面に置かれる。輪蔵は印度からチベットに伝わった法輪と無関係ではあるまい。輪蔵がいつ日本に伝えられたかは明らかでないが、平安朝に創建された寺院にすでに見られる。また、輪蔵はその構造から見て、経典利用上の便宜という実用性よりも、経典尊崇という信仰により深く結びつくものであろう。

奈良時代の写経　奈良時代には、五千巻をこえる一切経のほかに、巻数六百巻の大般若経が和銅三（七一〇）年からの六十年間ほどの間に、一八四部書写されている[3]。さらに法華経をはじめその他の仏典も書写されているから、奈良朝における仏典書写の量は大変なもので、十万巻以上の仏典が書写されたであろうと言われている。とくに天平勝宝元（七四九）年からの十年間は写経全盛期で、官営の写経所では、写経に従事する能筆の経生のほか、校正専門の校生、製本担当の装潢というように、専門的に分業された組織の下で、美事な写経が作成された。

百万塔陀羅尼印刷に至る時代背景　写経全盛期の流れの中にあって、現存世界最古の印刷物と言われる百万塔陀羅尼が、聖武帝を嗣いだ孝謙女帝（七六四年十月に重祚して称徳天皇）の四年（七七〇）四月に完成した。写経全盛の時代に、この経典が印刷によったのは何故であろうか。

聖武帝の時代は、東大寺をはじめ全国に国分寺、国分尼寺を建立、正倉院に今も残る数多くの財宝は、天平文化の華かさを今に伝えているが、政治的には不安定であった。聖武の没した翌年の七五七年には、〝東大寺造って人民苦辛す〟と、時の政治を批判していた橘奈良麻呂等が謀叛の罪で殺された。聖武の後を嗣いだ孝謙女帝のもとで勢力を伸ばし、橘奈良麻呂等を断罪した藤原仲麻呂（恵美押勝）が、今度は七六四年九月に叛乱を起した。

乱はその月の間に平定されるが、孝謙帝は仲麻呂に擁立されて皇位にあった淳仁天皇を廃し、乱後の十月自ら重祚して称徳天皇となった。『続日本紀』によれば、帝は乱平定により弘願を発して、陀羅尼百万部の作成を計画したとある。それは、乱平定に関わる弘願に発するものであったから、早急に完成する必要があったと思われる。それで写経によらず、当時ようやく知られていた印刷によったが、それでも完成には六年を要し、七七〇年四月に完成した。陀羅尼は木製の三重の小塔の塔心に納められて、十万基ずつ法隆寺を始め十大寺に納められたが、今日に伝わるものは、法隆寺に納められたものだけである。

銅版説と木版説　陀羅尼の印刷については、藤井貞幹は『好古小録』下巻（一七九五年）で、〝国朝印板ノ書何ノ時ニ始ルヲ知ラズ法隆寺伝ル所ノ多羅尼アレドモ銅板トミユ〟と、銅版説をとったが、明治以降研究が進むにつれ、木版説をとる研究者が多い。

百万塔陀羅尼には根本、相輪、自心印、六度の四種の陀羅尼があり、それぞれに異版が一種あるので、八種の原版があることになる。研究者によれば、さらに一、二種の異版の存在を指摘するが、少くとも八種の原版で百万部を印刷するとなると、一つの原版で十二万五千枚を刷らねばならない。かつては、木版ではそれだけの量の印刷は困難ではないかということが、銅版説の根拠の一つとなったが、木版説者の中には、版面の上に紙を置いて刷るのではなく、印判を捺すように紙に上から押しつけたのではないか、その場合に起りうる印刷面の紙のねじれが見られることがあると言う。また、一つの木版で実際に試してみると、十二万五千枚を刷ることができたともいう。しかし、銅版説をとる人は、印刷面に金属版特有の墨付きが見られること、また墨付きに字画からはみ出しているものが見られること等の理由を挙げている。

また、陀羅尼の中には印刷によらず書写によるものも、少数ながら伝えられている。(4) 百万部という大量の印刷物の作成であるから、あるいはいろいろな方法が用いられたのかも知れない。

三重の小塔の大きさについては、『続日本紀』に小塔の〝高サ各四寸五分、基ノ径三寸五分〟とあるが、塔に納められた四種の陀羅尼の紙の大きさは幅五・四センチ、長さは陀羅尼の種類によって異なるが、一番長い根本で五一・八センチ、一番短かい六度で二七・二センチである。料紙は麻紙、黄麻紙、穀紙の三種である。

印刷術と紙　印刷術がいつ始まったかは、はっきりした記録や遺品がないので、明確ではないが、中国では隋、唐時代にはすでに知られていたと考えられている。印判式に印面を粘土や布に捺しつける方法は、世界各地で知られていたが、書写の代りの印刷となると、紙という印刷に最適のものの存在が前提にならなければならない。紙が発明された中国で、書物の印刷がもっとも早く始まったと考えられる所以である。十五世紀半ばの西欧におけるグーテンベルクによる近代活字印刷術が、図書文化史の上で画期的な意味を持ちえたのも、それ以前にすでに製紙法が中国から伝えられていて、羊皮紙にかわって紙が普及していたからである。

2・2・3　奈良朝における文庫

（1）　宮廷の文庫

大宝律令の完成　大量の写経や百万塔陀羅尼の印刷に見られるように、仏典は広く流通し、寺院には経蔵も設けられたが、一方律令体制整備のために、中国から漢籍もあいついで将来された。たとえば、在唐十八年の後、天平七（七三五）年に遣唐使と共に帰国した吉備真備は、『唐礼』一三〇巻を始め、暦書等の実用書を持ち帰っている。

律令国家体制の基本となる律令の制定作業が、天智天皇の時代以来続けられ、文武帝の大宝元

（七〇一）年に大宝律令として完成した。この制定作業で活躍したのは、帰化人系の官僚たちで、唐の制度が手本にされた。そのためには、多くの漢籍が留学生たちによって将来されたであろうことは、真備の例からもうかがうことができるであろう。

図書寮の設置　大宝律令によれば、七省の一つである中務省の六寮の一つとして図書寮が置かれた。図書寮は『和名抄』では「フミノツカサ」と読まれているが、国史の撰集及び書籍の収集、保存さらに校写、紙、筆墨に関することなど、今日の図書館業務の範囲より幅広い業務を所掌することになっていた。

文殿　図書寮は貴族及び宮廷の官人に所蔵する書籍の借覧を許していたが、どのような蔵書がどれ程あったかは、目録等の記録が伝わらないので不明である。宮廷にはこのほかに、文書類の保管に当った大政官所属の文殿《ふどの》があった。これらは公式の図書館、文書館であるが、平安朝になると、宮廷直属の文庫として、校書殿や冷然院《れいぜいいん》が置かれ、図書が蔵置されていた。

（2）　大学と国学

官僚制と人材養成機関　人材養成のための学校教育は、まず支配階級の再生産システムとしての高等教育から始まる。法令に基づくわが国最初の高等教育機関として、大宝令で首都に大学、各地に国学が置かれ、経書や算数の学が教授された。七三五年に唐から帰朝した吉備真備が大学頭に任ぜられ、大学の内容は充実してきた。『令義解』によれば、学生定員は四百人とあり、奈良時代末から平安時代初期にかけて隆盛をみた。学生は五位以上の家の十才以上の子弟であったが、後には六位以下の家の子弟の入学も許した。

大学と国学　中央に置かれた大学に対して、国府の所在地に国学を設け、国司の管理のもとに、学生定員は大国五十人、上国四十人、中国三十人、下国二十人で、郡司等の地方の有力者の子弟を入学させた。とくに大宰府に置かれた国学は府学と称した。

大学や国学では五経以下の諸学が教授されたのであるから、それらに関する図書が備えられ、蔵書目録も作られたようであるが、今日に伝わらない。『続日本紀』神護景雲三（七六九）年の条に、大宰府の府学から、大宰府は人口の集中する所であり学生の数も多いが、三史（史記、漢書、三国志）の正本がないから、それらを得たいと朝廷に願い出て、それを賜ったという記事がある。国学に備えられていた図書が、まだ不十分であったことが推察される。

（3）　貴族文庫

貴族の個人文庫　奈良時代にはすでに寺院や宮廷に、宗教上や行政上の必要から図書が収蔵されてきたが、図書の収蔵は個々の貴族の間にも見られるようになる。聖武天皇の東大寺造営で人民苦辛すと批判した橘奈良麻呂が、謀叛の罪で七五七年に誅された時、没収された図書が四八〇巻あったことが『続日本後紀』（巻三）に誌されている。これは一例にすぎないが、奈良朝ではすでに有力貴族の中には、個人としてかなりの蔵書を持つ者がいたのである。その中でとくに著名で、しかもその蔵書を公開し、わが国における最初の公開図書館と称されるのが、石上宅嗣《いそのかみやかつぐ》の芸亭《うんてい》である。

石上宅嗣の芸亭　石上氏は物部氏の出であるが、宅嗣の父の時代に、天理市にある石上布留神宮の祠官として石上に住んだので、石上と称した。宅嗣は廷臣としては大納言まで進み、七八一年に五十三才で没している。彼は高級官僚であっただけでなく、学者、文人としても聞こえ、『万葉集』にその歌が採られている。また、漢詩文集である『経国集』等にもその詩が伝えられている。『続日本紀』によれば、彼は仏教を篤く信仰し晩年その旧宅を寺とし、寺内の一隅に特に外典の院を置き、芸亭と称して好学の徒に公開した。『続日本紀』天応元年六月の項に〝其院今見存焉〟とあるから、『続日本紀』編さん当時（七九七年）までは存続していたことは明らかである。

芸亭の意味　ところで、芸亭の芸は芸香草即ちヘンルウダのことで、この草は虫除けになるから、その名を亭に冠して文庫名としたと考えられてきた(5)。しかし、戸澤信義はヘンルウダがわが国に知られるのは江戸期以降であるから、芸香草はヘンルウダとする説を否定したが、では芸香草はどのような植物かは同定できなかった。しかし、中国古典に〝芸香辟蠹　故蔵書台称芸台〟（『亀裳典略』）とあるところから、中国で文庫を芸台あるいは芸閣と称したところから、宅嗣がそれらの同義語として芸亭を用いたのではないかと、戸澤は推測している(6)。

2・3　平安時代

七九四年平安京への遷都の詔が発せられてから、源頼朝が征夷大将軍に任ぜられ、鎌倉に幕府を開く一一九二年までの約四〇〇年間を平安時代と呼ぶ。

平安時代も前時代同様、わが国の図書文化を担当したのは、宮廷を中心とする貴族階級と、その厚い保護を受けた僧侶階級であった。奈良時代は律令体制の根幹となる法令の整備、記紀の成立に見られるような史書の編さん、さらに多くの写経や百万塔陀羅尼の印刷等、いずれも宮廷貴族によって創り出されたものであった。平安時代になると、宮廷や貴族階級と寺院、僧侶階級との関係は違ってくる。宗教は政治と切り離されるが、図書文化はまだ貴族階級によって担われていた。

2・3・1　巻子本から折本、粘葉装、綴葉装へ

巻子本と折本　奈良時代に将来された書籍は、仏書も漢籍も巻子本であった。平安時代に入ると冊子本が現れてくるが、当初は巻子本が正式の公的な装本であったのに対して、冊子本はまず私的な性格の書籍の装本として現れる。冊子本が、ようやく多くなってきた国書の装本に多く用いられたのも、国書が漢籍よりも私的なものとまず見られていたことに一因があろう。

巻子本は読み終れば、また巻き戻しておかねばならない。また、巻の途中の章句を参照したい場合でも、巻頭から順次くり拡げていかねばならず、利用上不便である。この不便を解消するために

は、巻子本の四行か五行目ごとに折目をつけて折りたたんでいき、前後に表紙をつければ折本《おりほん》ができる。

わが国で、巻子本から折本への変化がいつ頃起きたかは明らかでない。奈良時代の写経も今日に伝わるものの中には折本に改められている場合もありうる。したがって、変化の時期を明確にすることは困難であるが、折本は巻子本から冊子本への変化の過度的な形態と見ることができよう。わが国では折本の形態は仏典に採用され、今日も仏典は折本の形態をとることが多い。

粘葉装　しかし、折本は折目から破れ易い。それならば、紙を張り継いで巻物にしたり折本にしないで、一枚一枚の紙の片面に書写または印刷し、書写面または印刷面を内側にして二つに折り、外側の折目に沿って三〜五ミリ位の幅に糊づけする。他の紙も同様にして、糊の部分でつぎつぎに貼り合わせていき、最後に表紙を糊でつければ冊子本ができ上がる。このように、綴糸を全く用いないで、折目のところで糊で貼り合わせていく製本様式を粘葉《でっちょう》とか粘葉装と呼ぶ。

中国では敦煌写本の中にすでに粘葉装がかなり発見されているが、すべて九世紀から十世紀のものという(7)。だから、唐の都あたりではもっと早くから行なわれていたと思われる。わが国で粘葉装によるもっとも古いものの一つが、弘法大師の入唐時（八〇四－八〇六年）の記録である『三十帖策子《さっし》』である。策子は冊子と同音、同義である。これがすでに粘葉装であることは、唐ではすでに粘葉装が行なわれていたことを示すとともに、この策子自体空海の私的な記録であることも、この装本と関係があろう。大師のこの策子は別として、わが国の粘葉装は十一世紀末の院政期から多くなることが指摘されている[8]。

粘葉装は糊だけで綴じ合わせているため、歳月の経過とともに糊の効目が失われると、ばらばらになり易い。そのため、片面書写または印刷の場合は原装を失って、袋綴に改装されていることがある。

ヨーロッパには粘葉装に相当する言葉はないが、それに当るものはある。それは、ヨーロッパの金属活字印刷術の出現と前後して行なわれ、ドイツに主に残存している木版本（block-book）の装本である。東洋の粘葉本では、片面書写または印刷の紙葉を二つ折にして、折目の部分でのみ貼合せていく。したがって、書物になった時、文字のある見開き面と白紙のままの見開き面とが交互に現れることになる。日本では後に述べる高野版のように、裏に文字が透けない厚い紙が用いられるようになると、紙の両面書写、印刷が可能になり、粘葉装の持つ翻読上のわずらわしさはなくなる。ヨーロッパの木版本では、東洋のように紙の折目の所だけで貼り合わせるのではなく、それぞれの紙葉の裏側の白紙の部分全面を糊で貼り合わせるので、粘葉装より装本としてははるかに丈夫なものになる。

仮名文字の成立　九世紀の半ば頃には、漢字の草書体からひらがなが、楷書体の漢字の部分からカタカナが成立し、漢字、漢文によらずに、日本語をそのまま表記することが可能になった。その結果、十世紀から十一世紀にかけて『古今集』や、さらに『源氏物語』等のような、国文学上の重要な著作が生まれた。奈良時代から平安朝初期にかけて、公用文字としては専ら漢字が用いられ、かな文字は女文字とか女手《おんなで》と呼ばれたように、私用の文字と見られていた。勅撰詩歌集として、九世紀には『凌雲集』や『懐風藻』、『経国集』等の漢詩文集が勅命によって編まれたが、十世紀には勅撰和歌集として、初めてかな文字による和歌集『古今集』が編まれたのである。かな文字が私用文字から公用文字として登場してきたのである。それ以後かな文字を主体とする国文学の世界が確立する。

綴葉装と国書　和歌や歌物語その他の国文学の著作には、仏書、漢籍には見られない綴葉装《てっちょう》によるものがある。綴葉装も院政期から現れ始めるが、これは料紙を何枚か重ねて二つ折にする。これを一折とか折丁というが、この折丁の折目のところに小さな穴を四か所にあけ、その穴に糸を通して、糸で各折丁とともに全折丁を糸綴じして表紙を加える装訂法である。

これまで及びこれ以降も、日本の書物の装訂法は江戸期まで、中国の仏典や漢籍の装訂法の影響を受けていくが、この綴葉装は漢籍よりも、西洋の図書の装訂法に類似する。英語ではこの一折を section と呼び、いくつかの section を糸で綴じつけ、それに表紙をつけ加えることによって製本(book-binding)ができ上る点では、綴葉装と同様である。綴葉装では紙葉の両面書写となるので、料紙としては鳥の子のような、書写面が裏に透けないような紙が用いられねばならず、そのような製紙法の発展があって初めて可能となったのである。

枡型本　平安朝以来、国文学関係の書物には小型の、ほぼ正方形に近い枡型《ますがた》本の形をとるものが多い。これは、当時まだ紙は貴重で、綴葉装では両面書写可能な上質紙が用いられたため、紙を節するためもあったであろう。

2・3・2　写経と摺経《すりぎょう》

平安遷都と政教分離　奈良時代を通じて仏教は国家によって保護され奨励されたが、その結果僧侶の宮廷における発言力も強まる。ついには称徳女帝のもとにおける僧道鏡のように、政治に深くかかわり、帝位さえもうかがうような状況も起こりえた。

桓武帝が都を平城京から長岡京をへて平安京に移すことによって、既存の宗教勢力の政治への直接的な関与は防がれたが、政教分離を確立するためには、さらに律令の完備が必要であった。そのため、平安初期には律令の施行細則に当る格式の制定が急がれた。こうした政治上の要求は、律令格式のモデルとなる唐の制度を学ぶための漢籍に対する要求と、さらに漢詩文の盛行を惹き起した。しかし、支配階級の間における仏教信仰が後退したわけではない。平安時代では、仏教と政治の直接的な結びつきが解消されるとともに、仏教信仰は鎮護国家のための宗教から、次第に個人の信仰の問題になってくる。

最澄と空海　九世紀初め最澄と空海によって天台宗と真言宗の二派が開かれた。そのうち真言宗は呪術的な加持祈祷を行う密教であり、天台宗は法華経を所依の経典としたが、やがて密教の要素を加えるようになる。いわゆる台密である。このような加持祈祷は鎮護国家のためにも行なわれたが、貴族階級の人たちの現世利益のための呪術的な性格を強めていく。写経供養の場合も同様である。

写経と摺経　経典の大量書写はすでに奈良朝から行なわれていた。とくに仏教信仰の篤かった聖武帝の時代が全盛期であったが、平安朝になると、官営の写経所は置かれなくなり、写経は写経専門の経生から能筆の僧侶によって行なわれるようになる。それに、願経の場合は作成に時間的制約があるので、印刷によって代用されることが多くなり、写経に対する需要は減少する。しかし、院政期以降末法思想の広まりとともに、財力豊かな貴族階級によって、『法華経』を中心とする装飾経が多く作成されてくる。

装飾経　奈良時代にはすでに紺紙、紫紙に金銀字による写経が行なわれており、そのための金字経所が置かれていた。このほかに染料で着色した色紙に書かれた写経もあった。白紙に書写した一般の写経に対して、経巻の装飾に意匠をこらしたものを装飾経と呼ぶ。装飾経は平安後期に入ると、料紙だけでなく、経巻の表紙、扉に優美な唐草模様等が添えられ、経軸にも水晶や金銀をちりばめた精巧な金具がつけられることもある。十二世紀の『久能寺経』と『平家納経』は、その代表的な作品で、わが国における装飾経の極致を示すものである。

大量写経と摺経　一般の写経の場合には、工芸的な荘厳さを装飾経のように求めない代りに、写経の功徳を増すため百部、二百部さらには千部というような大量の写経が作られることがある。
このような仏典の大量書写は、十一世紀以降『法華経』その他の千部供養という形で行なわれるようになる。その早い例としては、九一五（延喜十五）年比叡山で『金光明経』の千部供養があったが、十一世紀に入ると藤原道長による一〇〇五（寛弘二）年『仁王経』の千部供養、続いて一〇〇九年には『法華経』の千部摺写が行なわれている。これらはいずれも摂関家の有力な貴族たちによる供養であるが、すべてを書写により行うことは大変な労力と時間を要する。しかも、多くはなんらかの祈願のためであるから、急いで完成する必要があるために、印刷が用いられたと思われる。たとえば、前述の一〇〇九年の道長による『法華経』千部供養は、中宮となった娘の安産祈願のためであった。このような摺写によるものを摺経《すりぎょう》と呼ぶ。

これらの摺経は本来写経の代用品であり、また、限られた期限内に多量の教典を得るためであるから、刷りの墨色も一般に淡く、また大切に取り扱われなかったためか遺品が少ない。

仏典の実用的印刷の始まり　平安後期の十一世紀末から十二世紀末になると、摺経の便利さが認められて、南都奈良の寺院では、仏典の印刷が写経の代用品の作成としてではなく、仏教研究用のテキストの作成のために、用いられるようになってくる。禿氏祐祥は一〇一一年から一〇八三年までを摺写供養の時代、一〇八六年から一一八〇年までを実用印刷の時代と呼んでいる(9)。

平安時代後期には華麗な装飾経の発展があり、写経史を賑やかに飾ったが、実用的なテキストとしての仏典に対する要求から、印刷が利用されるようになってくる。とくに平安後期から鎌倉時代にかけて、中国から宋版一切経が将来されるようになると、大規模な写経は衰えざるをえなかった。室町時代の一四一二年京都の北野神社で『北野経王堂一切経』の書写が行なわれたが、わが国における大部の写経事業の最後であった。

春日版の刊行　僧侶の仏教研究のためのテキストの作成という実用的印刷として、まず現れたのが一〇八八（寛治二）年の『成唯識論《じょうゆいしきろん》』十巻である。さらに一一一九年には『成唯識論述記』が刊行されているが、いずれも法相宗関係のものである。南都の大寺興福寺は法相宗の寺院であるが、藤原氏の氏寺であったことが、仏典の刊行という経済的に負担の大きい事業を可能にしたと考えられる。そのほかに、僧侶の研学のためのテキストとしてだけでなく、功徳、供養のため『法華経』をはじめ仏典が印刷されたが、刊行事業の中心になったのが興福寺であった。興福寺の氏神が春日神社であり、開板されたものは春日明神に捧げられた。それで、興福寺関係の刊行物を一般に春日版と称するが、興福寺関係者が言い出したのではなく、明治以降好事家の間で用いられるようになった呼称である[10]。

春日版は江戸時代まで引き続いて開板されたが、鎌倉期になると東大寺、西大寺、法隆寺等でも開板活動が行なわれるようになる。それらはそれぞれ東大寺版、西大寺版等と呼ばれるが、それらを春日版も含めて奈良版とか南都版と総称する研究者もいる。

2・3・3　漢詩文の盛行と『日本国見在書目録』

平安朝における漢籍の将来　律令体制の整備のためには、平安朝の官僚貴族にとって、漢字、漢文の知識は必須のものであった。律令の手本を求めて彼らは海を渡ったが、彼らによって律令関係のほか医術や暦法等、国民生活に直接関係する多くの漢籍が将来された。

漢詩文の盛行　母方に渡来人の血をうけつぐ桓武天皇が、中国文化の導入に熱心であったこともあって、九世紀前半には『凌雲集』『文華秀麗集』『経国集』の三つの勅撰漢詩集が編さんされた。奈良時代には『懐風藻』（七五一年）が編まれただけであるから、平安貴族たちの間における漢詩文に対する知識の深まりと広まりを、これらの漢詩集は示していると言えよう。

仏典の将来と将来目録　これまで遣唐使に随伴して中国に渡った僧たちは、最澄、空海をはじめ、在唐中の行跡の報告文とともに、仏典の将来目録を朝廷に提出しているので、彼らが将来した仏典の大略について知ることができる。将来された仏典のほとんどはまだ写本であるから、かの地に写本としてすでにあるものを持ち帰るというのではなく、自ら写本を作成するか、唐僧に依頼して写本を作成して貰わなければならない。書籍の将来は今日とは比較にならない困難があった。

『日本国見在書目録』　ところが、遣唐使節団の主要メンバーを占めた貴族、官人たちがどのような漢籍を将来したかについては、目録が残されていない。その意味でも、九世紀末に成立した『日本国見在書目録』は、どのような漢籍が当時将来されていたかを知る上で、きわめて重要な目録と言わなければならない。

この目録は序跋がないため、その編さんの契機や成立時期については諸説があるが、目録は宇多天皇の勅を奉じて藤原佐世が編んだものである。成立の時期については寛平年間（八八九－

八九八）説、寛平三年（八九一）以後説、寛平三年またはその前年説、貞観中（八五九－八七七）説と諸説がある。その根拠は目録巻頭に〃正三位下行陸奥守兼上野権介藤原朝臣佐世奉勅撰〃とあることによる。彼が陸奥守に任ぜられたのは寛平三年であり、同六年までその任にあったので、その頃編さんに当ったと考えられる。

編さんの契機についても、貞観十七年（八七五）正月宮中に大火があり、多くの建物が失われた。その際朝廷の書籍が収められていた冷然院も焼失し、貴重な書籍が焼亡した。この目録は焼け残った書籍の目録とする説と、「見在書」の見在という語の用例から、冷然院焼亡を機に、当時日本に現存している漢籍の目録とする説がある。

この目録に記載されている書物の総部数、巻数の数え方は異説があるが、小長谷《おながや》恵吉の計算によれば総部数一五八六部、一万六七三四巻である。(11) これを四十部門に分類して書名、巻数を掲げているが、四十部門のうちもっとも書籍数の多いのが医方家一六五家、小学家一五八家、五行家一五六家で、この三部門の合計四七九家は、収録書全体の三分の一に当る。医方家は医薬関係書、小学家は主として字書類が含まれる。五行家は陰陽道関係のものである。平安朝初期の支配階級の人たちの書籍に対する一般的関心がどのようなところにあったかをうかがい知ることができよう。この目録は漢籍目録で仏典は除外されているが、数点の国書が混じっている。

2・3・4　大学の衰退

大学の衰退　奈良時代は七〇一年に大宝律令、さらに七一八年には養老律令が制定され、律令体制が整うとともに、運営に当る官僚の養成のため、大学及び国学が設けられていた。大学及び学生を収容する大学寮の運営のためには学田が与えられていたが、十世紀以来荘園制が進むとともに、律令制の目ざしていた公地公民制が崩壊し、大学維持のための経済的基盤が崩れる。十世紀以降大学は衰退せざるをえなかった。

有力氏族の大学別曹　大学の衰退には律令制の崩壊による経済的基盤の弱体化があったが、九世紀以来有力氏族がそれぞれ一族の子弟のため、大学別曹を一種の私立大学として設けたことが原因と考えられることがある。たとえば藤原氏は八二一年に勧学院を設け、八八一年には在原氏が奨学院を建てた。和気広世は『日本後記』延暦十八年（七九九）二月の条に、大学南辺に私宅を以て弘文院を置いたという記事がある。ここには経書数千巻を蔵したという。このほかにも有力氏族によって大学別曹が設けられたが、これらが一種の私立大学に当るものかどうかについては異論がある。小野則秋は和気氏の弘文院は、石上氏の芸亭と同様に、私立公開図書館と見るべきであると論じている。[12]

このように、各有力氏族によって設けられた大学別曹については、これが一種の私立大学であり、その発展が官立の大学を衰退させたかどうかは、大学別曹がどういうものであったかが明確でないため、はっきりしない。

官職・学問の世襲化　それよりも、大学衰退の他の一因として考えられるのは、九世紀後半に始まった摂関政治である。摂政、関白の地位は、十世紀後半には藤原北家が独占し、宮廷における重要な地位への登用は、学問の有無よりも氏素姓が重んじられるようになる。出自が重んじられれば、大学で学ぶことの重要性は失われていく。大学は衰退せざるをえなかった。

また、宮廷の重要な官職が、藤原北家のような特定の一族によって世襲化されていくとともに、平安中期以降その他の職業も世襲化が進む。たとえば太政官の事務官僚は小槻、清原家などが専従したように、学問の分野においても、儒学は清原・中原家、紀伝道（歴史・文学）は大江・菅原・藤原式家・同南家、神祇は中臣・忌部家、医学は和気・丹波家、天文・陰陽道は賀茂・安部家、算道は三善家というように、それぞれの学問が、家学として世襲化する。学問の世襲化が学問の発展を妨げ、学問を単なる訓詁の学に狭隘化する主因となったが、一面家学の基本となるそれぞれの分野の書籍が、それぞれの家で大切に保存され、後世に伝えられることになった。学問の世襲化、家学化は貴重な和漢の古典籍が、数多く今日に伝えられた主因ともなったのである。

2・3・5　平安朝貴族の文庫

平安朝貴族の漢籍収集と宋版　九世紀後半までに成立した平仮名は、貴族階級の女性の間で広く用いられ、十一世紀に入ると『源氏物語』をはじめとする平安朝の輝かしい女流文学を生み出すことになった。しかし、公式の文書はすべて漢字、漢文であり、貴族社会の男性の読書は依然として漢籍が中心であったので、貴族の間には時代とともに漢籍の収集家として知られる者が現れた。彼らがどのような本を入手し、読んだかは、十一世紀以降になると、藤原氏の全盛期を築きあげた道長の日記『御堂関白記』をはじめ、いくつかの現存する彼らの日記を通じて知ることができる。

道長の日記の寛弘七（一〇一〇）年八月二十九日の記事によれば、傍の棚厨子に漢籍をはじめ令、律、式等に関する書物二千余巻を蔵していたという。その子頼通も『小右記』（藤原実資の日記）によれば、長元二（一〇二九）年四月、新しく中国より船載された書物を見るため、さる貴族の邸宅に滞在し、そこで『白氏文集』等の摺本《すりほん》（刊本）を献上されている。

中国では唐はすでに九〇七年に亡び、五代五十年余を経て九六〇年には宋が建国するが、宋代は中国印刷史上の黄金期である宋版の時代である。平安朝では版本のことを摺本と呼んでいるが、頼通が献上された摺本は宋版であったと思われる。

好書家藤原頼長　平安貴族の中でとくに好書、好学の貴族として知られているのは、平安朝後期の藤原頼長（一一二〇－一一五六）である。僧慈円が『愚管抄』で頼長を〝日本第一ノ大学生、和漢ノ才ニ富ム〟と評している通り、頼長の日記『台記』は驚く程多くの読書記録に満ちている。読んだ書物の中には、借用した書物もあるが、とくに彼が尊重したのは宋版であった。当時すでに宋船の来航もあり、船載された宋版は頼長のような平安貴族の好書家を喜ばせていたのである。

頼長の文庫　蔵書家頼長は一一四四（天養二）年に文庫を建てている。『台記』によれば、その文庫は高さ一尺の基礎の上に高さ一丈一尺、東西二丈三尺南北一丈二尺の建物を建て、南北に戸を設け、四方の壁には板張の上に石灰を塗り、屋根は瓦葺、建物から六尺離れて芝垣を廻らし、その外に堀、その外に竹を植え廻らせ、さらにその外に普通の築垣を設けて、災害に十分備えたものであった。

文庫の内部構造についてははっきりした記述がないが、竣功した倉に初めて書物を収めるに当っては、吉日を選んで頼長自ら冠に直衣姿で、春秋緯の櫃を持って、まず陽の棚である東の五重の棚に置き、ついで他の人が易、詩等の緯書と河渠書の櫃を持って、陰の棚である西の六重の棚に置いたとあるから、書物を櫃に入れ、それを東西の五段と六段の棚に分類して置いたのであろう。

さらに彼は目録を作成し、全経、史書、雑説、本朝の四部に分類したが、本朝の部が全体の半分と書いてあるから、彼の時代にはすでに国書がかなり存在していたことが解る。残念ながらこの目録は今日に伝わらない。頼長が一一五六年の保元の乱の一方のリーダーとして、三十七才の若さで敗死し、その書物とともにすべて失われたのであろう。

藤原通憲とその蔵書目録　頼長と同じ頃、学才においては頼長と並び称され、しかも彼と同じように、平治の乱（一一五九年）の一方のリーダーとして敗死した藤原通憲入道信西の蔵書目録は、今日に伝わっている。しかし、目録に記録された約一万巻の蔵書は、戦乱の中でその邸宅と共に焼亡したものと思われる。

この目録は『通憲入道蔵書目録』として伝えられているが、通憲自身が編んだものか、あるいは他の誰かが誌したものか明らかでない。また、編さんの目的も明らかでない。目録自体『日本国見在書目録』のような分類もなく、書物を収納した函別の目録であるが、欠巻や朽損、虫損の状況等を注記している。このうち摺本と注記しているのは、第二櫃の『許義音辧五帖』のみであるから、他はすべて写本であろう。頼長が宋版に強い愛好を寄せたのに対し、信西の蔵書には高価であった宋版と思われる注記のある摺本は一点に留まっている。

頼長が文庫を設けて蔵書を収蔵したのに対して、信西の場合は蔵書目録は伝わったが、その豊富な蔵書をどのように収蔵したかという文庫については、何も伝えられていない。通憲目録では、書函ごとにその内容を書名で記しているが、当時においては、書物はまずそれぞれ一定の巻数をまとめて書函、書櫃に収めて収蔵したと思われる。

日野資業の法界寺文庫　一〇五一（永承六）年に文章博士日野資業が都の東南郊日野の里に日野薬師（法界寺）を再興し、そこに書物を集めて法界寺文庫を設けた。小野則秋の『日本図書館史』にはその蔵書印が紹介されている[13]。この文庫は早く絶えたようで、詳細は伝えられていないが、法界寺文庫は文庫という名称を用いたきわめて早い例である。鎌倉期以後は文倉より文庫という呼称を用いるのが一般的となり、明治に至るのである。

大江匡房の千草文庫　法界寺文庫は一個人の集書であったと思われるのに対して、平安朝後期の家代々で伝えてきた貴族文庫として著名なのは、学問の家である大江氏の文倉である。大江氏は音人以降十代にわたり文章博士となり、代々の集書、記録類を以て、大江匡房が千草文倉《ちくさふぐら》を設けたことは、『宇槐記抄』に〝匡房卿二条高倉宅に住す。倉をその内に建て書籍を安置す〟とあるところから明らかである。この文庫は一一五三（仁平三）年四月の京の大火で焼亡し〝江家千草文倉灰燼と為る数万巻の書一時に滅ぶ〟（『百練抄』巻七）と伝え、『兵範記』も〝江家文庫開闔能はず万巻の群書片時に灰と為り了る。これ朝の遺恨、人々の愁悶なり〟と、その焼亡を惜しんでいる。千草文倉は大江家の文庫であることから、江家文庫とも称されていた。

江家文庫を焼亡させた仁平《にんぺい》の大火に続く一一七七年の安元の大火は、大極殿をはじめ宮中、さらに多くの貴族の邸宅のほか、民家二万余戸を焼きつくした。この大火で宮中を始め公卿の邸宅に収蔵されていた多くの書籍、記録類が焼亡、実に平安遷都以来の大火であった。

〔注〕

(1) 大庭　脩『漢籍輸入の文化史—聖徳太子から吉宗へ—』研文出版、一九九七、三一頁

(2) 禿氏祐祥『東洋印刷史研究』青裳堂書店、一九八一、三六頁、（日本書誌学大系一七）

(3) 禿氏祐祥　前掲書、三六頁

(4) 川瀬一馬『日本出版文化史』日本エディタースクール出版部、一九八三、一七頁
また、二一頁の図版三には書写による百万塔陀羅尼の写真が示されている。

(5) 植松　安『書庫ノ起源』間宮商店、一九二七、二五—二六頁、（図書館研究叢書五）

(6) 戸澤信義「所謂芸亭の芸艸はヘンルウダではなかった」『仙田正雄教授古稀記念　図書館資料論集』同記念会、一九七〇、二〇一—二一〇頁

(7) 藤枝　晃『文字の文化史』岩波書店、一九七一、一九一頁

(8) 川瀬一馬『書誌学入門』雄松堂、二〇〇一、二六頁

(9) 禿氏祐祥『東洋印刷史研究』青裳堂書店、一九八一、六四頁、（日本書誌学大系一七）

(10) 木宮泰彦『日本古印刷文化史』冨山房、一九六五（再版）、三九頁

(11) 小長谷恵吉『日本国見在書目録解説稿』小宮山書店、一九五六

（12）小野則秋『日本文庫史研究』上巻　臨川書店、一九八八、一二六頁
（13）小野則秋『日本図書館史』玄文社、一九七六、四六頁

3 僧侶文庫時代（I）

（鎌倉時代）

3・1　鎌倉時代と新仏教

武家政権の成立　平安朝末期の保元、平治の乱、さらに源平の争乱は、政治権力の争奪に際して、武力が決定力を持つことを示した。しかし、平清盛を頂点とする平氏政権は、武家政権であったにもかかわらず、それはまだ貴族政権の枠内に留まるものであったのに対して、平氏政権を武力で打倒して源頼朝が鎌倉に開いた幕府政治は、初めて貴族政権の枠内から独立し、武士階級によって支えられた新しい武家政権であった。

平氏は京都に政権の基盤を置いたのに対して、頼朝は貴族政権の長い間の所在地であった京都から遠く隔たった鎌倉に幕府を開いた。しかし、頼朝の鎌倉幕府が実質的に支配したのは関東を中心とする東国政権であり、近畿以西になお根強い勢力を保持していた貴族政権を越えうるものではなかった。鎌倉政権が京都の政権を圧倒するのは、承久三（一二二一）年の承久の乱後であった。

しかし、文化の面では、鎌倉の武家政権はまだ立ち遅れていた。鎌倉幕府の第三代将軍実朝は、京の貴族文化に憧れ、和歌に親しみ、狩に出るより歌合を好んだ。鎌倉幕府は政治の実務面においても、京都の宮廷貴族の実務に長じた人材を招き、彼らの事務処理能力に頼らざるをえなかった。

貴族階級の文化担当能力の衰退　進展する歴史の流れから取り残された京都の貴族階級は、新しい文化を創造していく力も失っていき、これまで貴族階級が産み出してきた伝統文化を保持するだけになっていく。後に倒幕の軍を起した後鳥羽院によって、一二〇一年藤原俊成等に勅撰和歌集選進の院宣が下され、一二〇五年（元久二年）『新古今和歌集』が選進された。それは奈良、平安の貴族階級が生み出した三大古典『万葉集』『源氏物語』『古今和歌集』の文学的伝統を承けつぐ最後のものであった。

しかし、貴族階級に替った武士階級は、まだ独自の文化を産み出す力を備えるまでに至らなかった。その間にあって、前時代以来の文化的伝統、とくに図書文化の伝統を支え続けてきたのは僧侶階級であった。

鎌倉新仏教の興隆　奈良時代の仏教は鎮護国家の宗教として専ら政治権力に奉仕し、平安時代には貴族階級の個人的な招福さらに極楽往生に奉仕した。壮麗な寺院も奈良時代には国家によって、平安時代には貴族によって建立された。仏教は民衆の信仰に直接支えられているものではなかった。

政治権力の交替とともに、仏教界においても鎌倉期に入ると、貴族仏教とは異なる民衆の信仰に支えられた新仏教が興ってきた。新仏教運動は北嶺の天台宗から出た法然（一一三三－一二一二）に始まる。法然の専修念仏の教えは、貴族のような造寺造仏のための財力も、さらに学問・知識も持たない一般民衆に、極楽往生の道を開くものであった。浄土教の教えは、さらに一般民衆に深く結びついた親鸞（一一七三－一二六二）によって発展させられる。東国では、法華経の信仰こそ唯一の正しい信仰であることを説いた日蓮（一二二二－一二八二）によって日蓮宗が始められた。

禅宗の伝来と武士階級との結びつき　これらの新しい鎌倉仏教が一般民衆に直接結びつき、支えられたのに対して、新興勢力である武士階級に結びついたのが、新しくこの時代に中国から伝えられた禅宗である。中国では禅は唐代に起ったが、宋代（北宋九六〇年建国）に入り宋風禅が大いに栄える。わが国に始めて宋風禅を伝えたのは、一一九一年に宋から帰国した天台の学僧栄西であった。彼は京都に建仁寺を開いて臨済禅を伝えたが、京都では既成仏教の側からの圧力が強く、これまでも法然、親鸞は弾圧を受けてきた。栄西が天台と禅の兼修の道場として建仁寺を開いたのも、旧仏教の側からの圧力を避けるためであったと思われるが、間もなく鎌倉の武士政権が禅に注目、栄西を鎌倉に招いて寿福寺を開いた。

この時期アジアの内陸に起ったモンゴルの勢力が周辺諸国を圧し、一二七四年（文永の役）と一二八一年（弘安の役）にはついにわが国にも来襲した。その間中国大陸においては、南宋がモンゴルの攻撃によって一二七九年に亡んだが、このような大陸における動乱のため、難を避けて中国から禅の高僧が来日し、鎌倉幕府に迎えられた。北条時頼は蘭溪道隆を招いて建長寺を、また時宗は無学祖元を招いて円覚寺を鎌倉に建てた。このように、禅宗は旧仏教勢力の強い京都ではなく、鎌倉の武士政権と結びつくことによって、武士階級の間に普及することになった。

一二二七年に中国から帰国した道元は曹洞禅を伝えたが、彼は臨済禅のように政治権力と結びつくことをさけ、さらに旧仏教の側からの圧力をさけるため、山深い越前に一二四四年永平寺を建てた。しかし、曹洞禅もその後世間に普及していくにつれ、道元の宗風も衰えざるをえなかった。

新興武士階級の政権である鎌倉幕府の精神的、文化的支柱となったのが、宋風禅であり禅僧であった。禅は宗教としてだけではなく、広く宋、元の文化をも同時に将来したのである。それは、宋代中国の禅宗は儒釈不二を唱え、儒学（朱子学）と密接な関係にあったからである。また、悟道への手引として、禅宗では禅僧の語録や偈頌が重んじられた。それらは漢詩文の形をとることが多いため、禅僧の間では漢詩文の才が鍛えられ、そこから五山文学が生まれることになった。

3・2　鎌倉時代の印刷文化

印刷文化の発展と仏典の開板　鎌倉時代に図書文化の担当者となったのは僧侶階級である。彼らはとくにこの時代における仏書の開板を大きく発展させた。平安末期から鎌倉初期にかけて、仏教界全体の革新が始まるとともに、研究対象としての正確な仏典に対する需要が高まる。そうした状況が、鎌倉時代における仏典の開板活動を活発化させるのである。

鎌倉時代の印刷文化の特色について、川瀬一馬は、〝日本の印刷文化、或は出版文化が始まって今日に至るまで、様式的には最も優れた、恐らく世界に類のない特色のある墨色の出版を行なっている〟[1]と述べている。平安中期頃から摺経は行なわれていたが、それは功徳を願う願経として作成されることが多かった。平安末期頃から教典研究という実用的目的のための印刷刊行が、春日版をはじめ奈良を中心として行なわれ始める。鎌倉期に入って、源平の争乱に焼失した東大寺を始め、南都寺院の復興が始まるとともに、旧仏教の側においても、復興の意気に燃えた学僧たちの教学研究上の必要から、仏典の刊行が各宗の寺院によって、盛んに行なわれるようになってきたのである。

南都においては興福寺や東大寺、西大寺等で、京都では比叡山、醍醐寺、東寺、さらに東山の泉涌寺等で仏典が刊行された。とくに泉涌寺においては、新しく将来された律部の教典を宋版そのままに覆刻した。

高野版　鎌倉期の印刷文化の特色は平安朝のそれが京都、奈良の地に限られていたのに対して、地方に普及していったことである。禅宗を重んじた鎌倉幕府の膝下では、鎌倉五山から禅籍が刊行された。さらにそれ以外の地で、もっとも刊行活動が活発であったのは高野山である。高野山で印刷刊行されたものを高野版と呼ぶ。

高野版と安達泰盛　高野山における印刷刊行は平安末期に始まったが、鎌倉期に入ると、鎌倉幕府の北条氏は高野山に十万石の地領を寄進し、北条氏の一族秋田城介（安達）泰盛を高野山に派遣して、開版活動を助けている。

蒙古軍を撃退した時の執権北条時宗は一二八四年四月に死亡。その子貞時が十四才で執権になったが、その生母は安達泰盛の娘であった。しかも泰盛は幕府譜代の御家人として、信望を集めていたので、時宗、貞時と続く得宗家とその直接の家臣団は、泰盛一族の勢力を怖れて、一二八五年十一月泰盛一族を襲って滅した。この事件を霜月騒動と呼ぶが、金沢文庫の金沢顕時も泰盛の聟であったため、一時幽閉された。霜月騒動の結果、得宗家の専制が強まり、それは結局鎌倉幕府の崩壊を早めることになるが、武門として極めて早い時期に開版活動に関わった泰盛と、金沢文庫を発展させた顕時とは、後に述べるように、武士階級によるわが国図書文化史及び文庫史上の開拓者であった。

高野版の盛衰　高野山では金剛三昧院を中心として、真言宗の教典が相次いで刊行された。初期の高野版は版式において春日版に類似し、文字、墨色ともに優れたものが多い。とくに鎌倉期の高野版は料紙の両面に印刷した粘葉装のものが多く見られる。版式の優れた高野版も室町期に入ると〝刻書の様全く堕落し来って建長版（一二五〇年代）の夫とくらべものにならない感がある。〟しかし、〝徳川時代になって刻書の盛建長の昔に復活した傾がある〟[2]と、高野版研究者水原堯栄は述べている。ここで言う建長版とは安達泰盛が関わっていた頃である。高野版は江戸期には木活字版も刊行している。

浄土教版　法然に始まる浄土宗では、法然の主著『選択本願念仏集』を始めとして、鎌倉期に刊行された浄土教関係の教典は四十余点にのぼる[3]。そのうち一三二一年に刊行された『黒谷上人和語燈録』は平仮名交り版本としては、わが国最初のものである。黒谷上人とは法然のことで、この本は法然の語録を編集したものである。

これらの浄土教関係の出版物を、浄土教版と称したのは藤堂祐範である[4]。彼は浄土教版を、ただ浄土教関係の刊行物の総称として用いたのであって、とくに版式上の特色が見られる訳ではない。浄土教版では、一般に寺院名のような開版の場所を刊記に明記しないことが多い。それは、かつて嘉禄三年（一二二七）版の『選擇本願念仏集』の板木が、比叡山によって没収、焼却されるようなこともあったので、開版の場所を明記しなかったのではないか。また、新しい宗派だったので、既成教団のような立派な寺院を構えることも余りなかったのではないかという指摘もある[5]。

日蓮宗と浄土真宗　新仏教のうち日蓮宗と親鸞の浄土真宗では室町末期まで、刊行活動が見られない。日蓮宗の所依の教典は『法華経』であるが、これは叡山の天台宗が重んじた教典であり、従って叡山刊行のもので、また浄土真宗は法然の浄土宗から出たものであるから、浄土教関係の刊行物で、それぞれ間に合ったと考えられる。

禅宗と五山版　浄土宗や日蓮宗にはそれぞれ所依の教典があったのに対して、禅宗は「教外別伝」「不立文字」を宗旨とするところから、所依の教典はなく、教典の研鑽よりも参禅究道を重んじた。それとともに、悟入の機縁として祖師の語録が重んじられ、宋風禅においては、このような語録が盛んに刊行された。それらはわが国にも将来された。

鎌倉幕府によってまず鎌倉に五山の禅寺が開かれた。それに遅れて、なお権力を持ち伝えていた京都の朝廷及び貴族階級と結びついて、京都にも五山が開かれたが、これら五山を中心にしてまず禅籍が、続いて漢詩文集、韻書の類が、中国宋版の影響を受けて、従来の日本の刊本とやや版式を異にした書籍が刊行された。これらの鎌倉及び京都の五山を中心として刊行された書籍を五山版と称する。

五山版がいつ頃から刊行され始めたかは明らかでないが、現存本としては、金沢文庫の金沢顕時が刊行に関与した『伝心法要』（一二八三年）がもっとも古いとされている。[6] 鎌倉期に始まった五山版は室町末期まで続くが、その盛期は南北朝、室町期に属するので、後に改めて述べることにする。

3・3　寺院文庫

寺院の所蔵書籍　鎌倉初期以来開版活動の中心であった奈良の諸大寺や叡山、さらに高野山には、開版のための原本となる書籍が多数所蔵されていたに違いない。たとえば南都興福寺が一二一三年に開版した『瑜伽師地論《ゆかしじろん》』は百巻、また一二七九年に叡山で開版された『法華三大部』は一五〇巻の大部のものであった。しかし、これらの寺院に、当時文庫と称しうるどのような施設があったかについては明らかでない。

宋版一切経の将来　この頃中国の宋においては仏教信仰が盛んで、仏教経典の一大集成として編さんされてきた一切経が、当時の印刷技術の発展によって宋版一切経として始めて刊行された。それが、北宋の太祖の勅版として、九八三年に蜀地方で印刷された蜀版一切経である。入宋僧奝然《ちょうねん》が九八六年に帰国の際将来したのはこの一切経であった。蜀版一切経は巻子本であるが、その後刊行された数種類の北宋版、南宋版の一切経は冊子本である。平安末から盛んになった日宋間の交易を利用して入宋した僧侶たちによって、宋版一切経だけでなく、元版も将来され、今日全国各地の寺院に所蔵されている。

泉涌寺の俊芿　このほかに、仏教経典だけでなく、儒書、詩文集、医書等に至るまで将来したことでよく知られているのは、京都東山泉涌寺《せんにゅうじ》の俊芿《しゅんじょう》である。彼は一二一一年宋からの帰朝に際し、律宗や天台宗関係の教典のほか儒書二五六巻、雑書四六三巻を含めて二一〇〇巻余の典籍を将来した。[7] その弟子湛海も一二四四年の帰朝の際、経論数千巻を持ち帰った。

東福寺の円爾弁円　このように、入宋僧によって多くの宋版が将来されたが、それらの書籍がどのように管理され、文庫として利用されたかは明らかでない。一二三六年に摂政九条道家によって建立された京都の東福寺に、開山として迎えられた円爾弁円（聖一国師）が、一二四一年に宋より帰朝の際将来した典籍は数千巻に及んだ。彼はこれを東福寺普門院に置き､自ら『三教典籍目録』を編んだと言われるが、その目録は今に伝わらない。ただ、弁円の法孫大道一以が普門院の蔵書を調査した『普門院経論章疏語録儒書等目録』（一三五三年頃）は今日に伝わり、その目録の一部は木宮泰彦『日本古印刷文化史』[8] に紹介されている。この目録では写本はとくに書本と注しているので、その他の大半は宋版と思われる。宋ではすでに写本から版本の時代に移行していたのである。

その後も入宋、入元の僧侶たちにより、中国の仏典や漢籍が将来され、各寺院に収められたが、これらの寺院蔵書は門外不出とされ、関係者以外の者に公開することもなかったので、とくに目録を作成することもなかった。

3・4　宮廷、貴族階級の文庫

平安時代には京都はたびたび大火に見舞われ、宮廷や貴族所蔵の貴重な書籍、記録が多く失われたが、まだかなりのものが収蔵されていたと思われる。しかし、これらの書籍類も平安から鎌倉時代への激動や、南北朝期の争乱、さらに室町時代のとくに応仁の乱によって、京都が灰燼に帰したため、更に多くのものが失われた。そのため、どのような文庫があったかについても、記録の上に現れることがあるだけで、その詳細については知られていないものが多いが、当時における宮廷関係の集書として、特に知られているものに蓮華王院の宝蔵がある。

蓮華王院宝蔵　蓮華王院（三十三間堂）は後白河院の発願によって平清盛が一一六四年に造営した。蓮華王院に設けられた宝蔵は東大寺の正倉院とも並ぶ宮廷の貴重品収蔵庫として知られ、そこには多くの書籍も収められていた。宝蔵の書籍目録も初期には作成され、その後も増補の作業が行なわれたようであるが、その目録は今日に伝わらない。しかし、和田英松は十三世紀末に成立したと見られる『本朝書籍目録』は、蓮華王院宝蔵の書籍目録によって編成したものではないかと推定している。[9] 和田がこのように推測したのは、この宝蔵では漢籍よりも国書、記録類の収集に重点が置かれていたからである。『吉記』（承安四年（一一七四）八月十三日の條）によれば、この宝蔵は〝本朝書籍及諸家記皆悉可被集〟という収書方針をとっていたのである。

しかし、この貴重な書籍の宝庫も、行政上の必要から宮中に貸出されたり、あるいは時代が下るとともに盗賊の難にあったり、十四世紀前半の鎌倉幕府滅亡に至る世の乱れとともに、宝蔵の書籍類もいつしか散逸していく。それでも、花園、後醍醐帝の頃は、宝蔵の蔵書点検も行なわれていたが、室町時代頃には全く壊滅したものと小野則秋は述べている[10]。

官務文庫　蓮華王院宝蔵が宮廷の文庫としての機能を持っていたのに対して、文書館的な役割を果していたのが官務家小槻《こづき》家の官務文庫である。小槻家は清和天皇（八五八年即位）の時代、その祖が左大史に任ぜられ、その後その子孫が左大史を世襲するようになるが、その業務は宮廷の行事の執行とともに、宮廷の各種の公文書を管理することであった。もともと宮廷の公文書は太政官の文殿で管理されていたが、一二二六年文殿が焼失し、その後再建されなかった。そのため、それ以前からすでにあった小槻家の文庫には、宮廷の公文書類が多数収蔵されていたので、これが文殿の代りに使用されるようになった。小槻家をまた官務家と称したので、その文庫も官務文庫と称するようになった。

しかし、もともと小槻家の私文庫であったので、時代とともに所蔵の文籍が棟に充ち、雨露、火災の難も予想され、小槻家としては文庫保存に苦労を重ねてきた。一条兼良の『官文庫記』（一四七六年）によれば、二条帝の一一六五年に文庫の建物は創建され、〝東西五間、南北四楹《えい》、棚を架してこれを聚め、籤を掛けてこれを分つ、今に至る殆ど千函に餘る〟とある。楹は柱、四楹だと三間になる。

この記述から、書籍は函（箱）に収め、これに目印となる籤をつけて分類し、棚に置いたことが解る。

その函が千に余るというのであるから、一函にどれ程の文籍を収めたかは解らないが、相当大量の集書であったことが想像される。この文庫は、〝それ私の書たりと雖も、公の務を録し、已に公事の書たり。諸て私すべからず。故に倉庫少しく漏有れば、則ち公より匠に命じて葺治する事近代の恒規たり。〟と、一条兼良が書いている通り、公私の努力により維持されてきた。しかし、応仁の乱後はさすがに宮廷、幕府のいずれも文庫保存に意を用いることができず、文庫の維持は全く小槻家の努力に委ねられ、雨露すら凌ぎかねるような状況になったこともあったが、なんとか明治維新まで伝えられ、現在は宮内庁書陵部に収められている。

梅小路文庫その他　小槻家の文庫のほかに、当時の貴族の文庫としては、参議従二位権中納言藤原宗隆の梅小路文庫や、大外記押小路家の文庫等が知られているが、梅小路文庫は一二二六年焼亡、〝和漢の文書多く灰燼となる〟（『百錬抄』巻十三）という記録がある。また、小槻家の官務文庫について記録した一条兼良は、太政大臣まで昇り、当代随一の学者としても知られ、多くの著書を残した。その文庫桃華坊文庫には多くの蔵書を擁していたが、応仁の乱の際に失われた。このように、鎌倉、南北朝期の社会的混乱を凌いで、室町時代にまで伝えられた京都のいくつかの貴族文庫も、応仁の乱でそのほとんどが失われた。

すでに政治権力を失い、経済的にも武士階級に及ばなくなっていた貴族階級にとっては、火災や風水害、さらに戦乱のような社会的混乱によって、ひとたび蔵書を失えば、再度蔵書を蓄積することは困難であった。

3・5　武士階級の文庫

鎌倉時代の武家文庫　政治権力を手中にした武士階級が、貴族階級を真に凌駕しうるためには、文化的にも優位に立つことが必要であった。そのため、武士は新しく伝来した禅宗を歓迎し、当時の宋風禅とともに、大陸の新しい文化を受容しようと努め、積極的に書籍を収集して文化的向上に努めた。その代表的な文庫事業が、北条氏の一門金沢氏によって鎌倉の金沢に設けられた金沢文庫である。

金沢文庫は長い歴史の波風を凌いで今日に伝わったが、時代の担当者となった鎌倉の武士階級の中には、金沢文庫の他にも、それぞれの私邸にかなりの書籍を収蔵する者もあった。しかし、それらはすべて、鎌倉幕府滅亡の際の兵火の中に滅んだ。

名越文庫　そのうち記録に残るものとしては、鎌倉問注所執事三善康信の名越《なごえ》文庫がある。三善家の邸宅が名越にあったことからの名称である。三善家は明法を家学とする公卿であるが、頼朝との縁で鎌倉に下り、幕府で訴訟の事に当った。そのため、幕府の文書記録の類を家学の書物と共に、文庫に収蔵したのが名越文庫である。残念ながら一二〇八年の火災で焼失、その後再建されたが、一二二一年に再度焼失したため、今日に伝わらない。

その他の武家文庫　三善家とともに幕府に仕えた大江広元は学者の家で、その一族である長井貞秀も文庫を設けていたことが記録から知られている。このほかに、学問の家の出ではなく、武門の出である二階堂行藤は幕府政所の執事となり、その後も幕府の要職を占めたが、代々文事に務め、書籍の収集があったことが知られている。

その他にも鎌倉の武門の間に、書籍を収集して文庫を構えていたものは一、二に留まらないが、いずれも記録上に散見するのみで、その後の時代に伝わるものはない[11]。

金沢文庫

金沢文庫がいつ創設されたかは明確でないが、文庫の書籍収集の努力を始めたのは、鎌倉幕府二代目の執権北条義時の孫に当る北条実時《さねとき》からである。さらに実時の子顕時《あきとき》、顕時の子貞《さだ》顕《あき》と三代にわたる書籍収集の努力が、わが国中世史に燦然と輝く一大文庫を作り出したのである。

実時はその出自と優れた才幹により、若くして幕府の要職についたが、学問を好み、稀覯の書物の収集に意を用い、宋版をはじめ佳本を京都の蓮華王院宝蔵や公卿、名刹より借りて書写させただけでなく、自らも繕写校訂に努めた。そのことは、金沢文庫本の中に実時の繕写校訂になることを示す識語があることによって明らかである。

実時の邸は、一二七〇年火災により焼亡し蔵書も失われた。そのことは、金沢文庫本の中に、この時の火災で失なったものを、新たに書写したとの識語があるものがあることによって知ることができる。実時は父の遺領である鎌倉からやや離れた金沢の地に別荘を設け、邸内に持仏堂を建てた。これが称名寺であるが、文庫の建物がいつ建てられたかは明らかでない。実時は一二七六（建治二）年十月五十三才で没したが、『群書治要』の一冊には建治二年八月書写の実時の奥書があり、死の二か月前まで書写に従っていたことを示している。

実時は一二七五年五月病気のため公職を辞し、それから一年半後に没しているから、小野則秋は文庫の創建は実時の時代ではなく、その子顕時の時代であろうとする。さらに小野は、『北条九代記』に〝その子越後守顕時より金沢を家号とし、称名寺の内に文庫を建てて和漢の群書を集められ、内外両典、諸史、百家、医、陰、神、歌、世にある程の書典では残る所なし〟とある記事を引いているが[12]、その収書は実時の書写本も伝えているので、実時の時代からすでに始まっていたと思われる。

金沢文庫本については、各時代の蔵書目録で今日に伝わるものがないので、蔵書の全貌を知ることはできないが、蔵書の利用に関する文書類で今日に伝わるものが多数あり、それから見ると、相当に利用されていたことが解る。実時、顕時、貞顕の三代にわたる収書の結果として、文庫は成長を続けたが、一三三三年五月鎌倉幕府滅亡の際、貞顕はその子貞将《さだゆき》とともに幕府の滅亡に殉じた。貞顕が父顕時の三十三回忌供養に当り、顕時の消息を漉き返した紙に、一三三三年三月二十八日に書写した『円覚経』二巻が文庫に伝わるが、書写は奇しくも彼の父同様に死の二か月前のことであった。迫りくる運命を予知しながらも、彼もまた死の直前まで書写に努めたのである。

文庫の所蔵本について、川瀬一馬は次のように述べている。〝漢籍は申すまでもなく、国書をも含めて仏書以外でわが国の伝存本の中で最も古く、かつ形の上からもすぐれている書物は、金沢文庫本であります。（中略）金沢文庫本というものは和漢書の古書の最優秀群として目立っているのであります。[13]〟それは、金沢氏が三代にわたり、幕府執権職の一門としての権力と富を背景にして、購入できるものは購入し、それ以外では当時伝存する和漢の古典籍のもっとも筋のいいものを、最良の料紙に書写校合せしめた努力によるものであった。

金沢文庫本の形態的な特徴として、川瀬一馬は、〝大型の斐紙を用いた巻子本が原則で、姿も堂々としており、文字も立派です〟[14]と指摘している。平安朝後半以来、物語や歌書の多くは小型の枡型本であることが多かった。それに対して金沢文庫本が、とくに貴重な斐紙の大型を用いていることに、北条氏一門である金沢氏の権力を見ることができる。

しかし、金沢文庫本に見られる優秀さは、ただ金沢氏一族の権力を誇示するものでも、また、ただ彼らの好学好書だけに基づくものではない。それは、政治権力を獲得した武士階級が、自らの文化的向上を意図するとともに、新しい時代を担当する階級の文化的責務として、過去の争乱を経て伝存してきた貴重な古典籍を収集し、これを後世に伝えようとする鎌倉武士の図書文化に対する責務と熱意を示すものと見ることができるであろう。

文庫は鎌倉から隔たった金沢の地にあったため、鎌倉幕府滅亡の際、金沢氏は幕府とともに亡びたが、文庫は兵火の災を受けなかった。その後、主を失った文庫は、その後称名寺の学僧によって管理されたが、時代とともに文庫からは多くの貴重な書籍が流出した。しかし、七〇〇年を経た今日なお幾多の貴重な古典籍、古記録を伝存し、現在は神奈川県立金沢文庫という名称の博物館施設として活動している。

3・6 『本朝書籍目録』

『日本国見在書目録』と『本朝書籍目録』　十三世紀後半に国書の目録として、初めて『本朝書籍目録』が成立する。この目録について和田万吉は、〝その目録の特色は平安朝の藤原佐世『日本国見在書目録』と正反対に、日本人の選述のみを集録せし点に在り。和書の目録としては第一のものなり。(15)〟と述べている。

『日本国見在書目録』の場合は、前述のように編者は明らかであり、編さんの時代も推測される。また、奉勅撰とあることから、単なる私撰の目録ではなく、公的な目録であることが明らかである。それに対して『本朝書籍目録』は、序文も跋文もなく、編者及び編さんの時代、目的等が明らかでない。

『本朝書籍目録』の成立　江戸期以来この目録の成立に関し諸説があったが、和田英松『本朝書籍目録考証(16)』を始めいくつかの研究によって、編者及びその成立時期がおおよそ明らかにされた。それらによると、この目録の写本の一つに、〝此抄、入道大納言実冬卿密々所借賜之本也　永仁二年八月四日書写之　師名在判〟という奥書があるところから、実冬は滋野井実冬であり、彼が大納言であったのは弘安十一（一二八八）年で、すぐに辞している。その実冬が編さんした目録を借りて、中原師名が永仁二年（一二九四）八月に書写しているから、目録はその前には成立していたことになる。目録成立の正確な年月は解らないが、それは再度にわたる蒙古軍の襲来を撃退した後の、まだ騒然とした時代であったと思われる。

この目録は実冬の自撰と考えられているが、『日本書籍総目録』とか『本朝書籍総目』などの名で伝えられている写本もある。しかし、『日本国見在書目録』とは異なって、この目録は当時の国書の見在書目録であるよりも、その採録されている書籍から判断して、五味文彦はこの目録は〝つまり全体は実冬家の蔵書が中心〟になっている目録であって、しかもその〝蔵書全体を示したものではない〟[17]と述べている。その点では、『日本国見在書目録』とは成立の事情を大きく異にしていることになる。

『日本国見在書目録』の集録数が一五七九部であるのに対して、この目録は僅かに四九三部に過ぎない。漢籍、仏典を除き、国書に限定しての目録となれば、収録点数としては前者に比して大きく劣るのは当然であった。

目録は全体を神事以下二十項目に分類して、書名、巻数を記し、撰者や簡単な注記を加えたりしている。書名数が多いのは政要八十四部、詩歌六十五部、仮名五十四部、人之伝四十八部である。そのうち和歌の項は、七十部あることだけを誌して書名を省略している。政要の部には、律令格式や儀式書など、政治に関する基本的な書物が挙げられ、和歌、詩歌の部は合計すれば一三五部に達する。政治権力を失った京都の貴族階級が、文化面では依然として和歌、詩歌の面に強い関心を示すとともに、承久の乱（一二二一年）で武士政権に大敗しても、なお政要の面にかなりの関心を持ち続けていたことを、この目録は示しているのかも知れない。

〔注〕

（1）川瀬一馬『日本出版文化史』日本エディタースクール出版部、一九八三、六八頁
（2）水原堯栄「高野山と印刷図書に就いて」『図書館雑誌』三二号、一九一七年一一月、三五頁
（3）木宮泰彦『日本古印刷文化史』冨山房、一九六五、三九頁
（4）藤堂祐範『浄土教版の研究』大東出版社、一九三〇
（5）木宮泰彦　前掲書、一一八頁
（6）川瀬一馬『書誌学入門』雄松堂、二〇〇一、六八頁
（7）和田万吉『日本文献史序説』青裳堂書店、一九八三、一三〇頁、（日本書誌学大系三二）
（8）木宮泰彦　前掲書、一四八―一五九頁
（9）和田英松『本朝書籍目録考証』明治書院、一九三六、一一頁
（10）小野則秋『日本文庫史研究』上巻　臨川書店、一九八八、四七三頁
（11）鎌倉における武門の文庫の詳細については次のものが詳しい。
小野則秋『日本文庫史研究』上巻　第四章第一部　鎌倉に於ける武士の文庫事業
（12）小野則秋『日本図書館史』、六八頁
（13）川瀬一馬『日本における書籍蒐集の歴史』ぺりかん社、一九九九、一八頁
（14）川瀬一馬　前掲書、二〇頁
（15）和田万吉『日本文献史序説』青裳堂書店、一九八三、一五六頁
（16）和田英松『本朝書籍目録考証』明治書院、一九三六
（17）五味文彦『書物の中世史』みすず書房、二〇〇三、一四頁

4 僧侶文庫時代（II）

（南北朝、室町時代）

一三三三年鎌倉幕府が滅び、政治権力は平安朝以来再び京都の朝廷に帰ったが、後醍醐帝の新政は、歴史の流れを十分に踏まえることなく、平安朝初期の天皇親政の復活を試みることであり、結局は帝の恣意に基づく専制政治にほかならなかった。

後醍醐帝の新政に対して、早くも湧き起ってきた天下の不満を背景に、倒幕に功のあった足利尊氏が、やがて帝と対立するようになる。その対立は間もなく軍事的対立となったが、朝廷軍の敗北により、一三三六年帝は尊氏に降伏した。尊氏はただちに持明院統の光明天皇をたてて京都に幕府を開いた。後醍醐帝は吉野に逃れ、ここに朝廷をつくる。南朝（大覚寺統）である。ここに二朝対立という皇統分裂時代（南北朝時代）に入る。貴族、武士たちも、それぞれ両朝のいずれかに属し、一三九二年に足利三代将軍義満により、両朝の合一が実現するまで、争乱の時代がほぼ六十年間続いた。

義満は一三八〇年に京都室町に「花の御所」と呼ばれた華麗な邸宅を構えたので、足利幕府の時代を室町時代と呼んでいる。しかし、足利幕府は義満の時代を頂点として、統治能力は低下し、一四六七（応仁元）年には京都を戦場として応仁の乱が起り、乱終熄まで十年間で京都を焦土と化した。天皇を中心とする貴族階級の政治的、文化的な力は、この乱によってほぼ崩壊した。都の戦乱を逃れて多くの貴族が地方の有力武家に頼ったが、このことが京文化の地方への普及となり、全国各地に地方文化を育てることになった。

4・1　五山版と五山文化

禅僧の活躍と五山文化　南北朝、室町時代を通じ、貴族階級は没落したが、それに替った新興の武士階級は争乱に明け暮れ、文化担当能力を十分に備えるまでに至らず、この時代の文化を担当したのは、鎌倉期に引きつづいて僧侶階級であった。とくに新来の禅宗は政治権力と深く結びついていく。それは一面で禅門の堕落を招くが、中国や朝鮮との外交や通商の面では、中国語や漢文に通じていた禅僧は貴重な存在であり、そうした面でも彼らは活躍した。とくに鎌倉、京都における五山の制は禅院の官営化となり、禅僧に要求される漢文、漢語の知識は、彼らの詩文の才を開花させることになった。五山を中心に花開いた文化を五山文化と呼ぶが、五山文化はまた五山版の盛行をもたらすのである。

平安朝後期から鎌倉時代は、各宗派の開版活動が活発な時代であった。しかし、南北朝から室町時代には、戦乱とそれにともなう社会的混乱のため、禅門による五山版のほかは開版活動は衰えていく。興福寺を中心とする春日版は、前時代ほどではないが、なおその活動を続けていくが、高野版は南北朝期には遺品が見られず、室町時代には若干のものが見られるにすぎない。一方、浄土教関係の開版活動は、浄土教の一般民衆への普及にともない、室町期にはかなり活発であったが、この時期もっとも活発な開版活動を続けたのは、禅門を中心とする五山版であった。

五山版の定義　五山版という名称は、江戸時代の田口明良『典籍秦鏡』に見えているが、その定義については、川瀬一馬によれば、〝鎌倉中期から南北朝を経て室町末期までの約二百数十年間に、鎌倉、京都の両五山を中心とした禅宗関係者の手に拠って出版せられた書籍[1]〟と説明されている。

禅文化の発展

五山版は鎌倉期に始まるが、その最盛期は南北朝期である。それには、大陸における宋の滅亡と元の建国（一二七一年）という動乱を避けて、禅の高僧があいついで来朝し、貴族、武門の尊崇を集めたことが、禅門の興隆に大きく貢献した。また、旧仏教のように、教団内部における昇進が、門閥などにとらわれることなく、本人の能力を重んじた禅宗においては、門閥に恵まれない若い俊秀が競って禅門を叩いたことも、五山の賑いを生み、そのことが開版活動の活発化をもたらしたと考えられる。

鎌倉時代の二度にわたる元の来攻にもかかわらず、禅僧の入元する者は多く、優れた元僧の来日もあり、両国間の禅僧の往来は活発であり、漢詩文に才能を発揮する禅僧も出た。鎌倉末期より南北朝、室町期に栄えた禅僧による漢詩文を中心とする文学的作品を五山文学というが、禅僧たちによる日中間の交流は、単なる禅門間の交流に留まらず、わが国に中国の新しい学問、芸術を将来することになった。学術の面では朱子学の将来であり、絵画の面では水墨画の発展であった。水墨画はこれまでの大和絵を中心とする絵画の伝統とははっきり異なった、新しい伝統を形成するものであった。さらに造園や茶道、能楽といった分野も、この時代の禅に基づく精神文化に胚胎するものであった。

春屋妙葩《しゅんおくみょうは》と中国刻工の来日

五山版は鎌倉中期以降まず鎌倉で始まった。鎌倉幕府滅亡後は京都の五山を中心にして、南北朝期に最盛期を迎えた。それには春屋妙葩の功によるところが大きい。彼の刊行したものの多くは宋元の禅籍の覆刻であった。

一三七〇年に中国の刻工が大勢京都に来住した。元が滅び明が建国した激動期であったことが、彼らの来住の一つの原因であったと思われるが、中国刻工の来住はこの時が最初ではない。すでに鎌倉期末にも、禅籍の開版に中国人刻工がかかわっていたことが知られているが、この時期の中国刻工の来住は、朝廷、幕府の援助を受けて経済的に豊かであったわが国禅門の開版活動の隆盛を助けたと思われる。

とくに妙葩は、京都嵐山の天竜寺、臨川寺の開山である夢窓疎石に師事し、臨川寺で盛んに開版活動を行なった。臨川寺で開版されたものを、とくに臨川寺版と称することがあるが、妙葩の開版活動でとくに注目すべきことは、中国刻工たちを嵯峨野に住まわせて、開版事業に従事させたことである。中国刻工が盛んに活動したのは、足利義満の将軍就任（一三六八年）初期の三十年間ほどである。

経済活動としての開版活動　これまでのわが国における開版事業は、貴族や寺院関係者の発願で、有力な後援者の援助あるいは広く一般に募縁して、開版するのが常であった。

それに対して、中国人刻工たちの開版活動は、彼ら自身の宗教的行為であるよりも、生活の資を得るための経済的行為であった。したがって、寺院の開版事業に従事して生活の資を得るだけでなく、刻工の中には自らの資で開版して、利を得ようとする者が現れたとしても不思議ではない。彼らの故国においては、元代にはすでに営利的な出版活動が行なわれていたので、利のために開版することは、中国刻工にとっては自然なことであった。

五山版開版活動の地方への普及　五山版は妙葩が住した天竜寺や臨川寺で多く刊行されたほか、京都では相国寺、南禅寺、東福寺等その他の禅寺でも、少数ながら刊行されている。さらに、南北朝時代には禅宗の普及とともに、京、鎌倉以外の地方にも十山、諸山などと呼ばれる禅寺が建立された。これらの寺院から京都の五山に移る者もあれば、また反対に地方寺院に退く者もあり、禅僧の中央と地方との交流は密接であった。そのため、京都五山等における開版活動は地方にも影響を及ぼし、各地方においても開版が行なわれるようになった。

禅籍以外の外典の開版　五山版は室町期の一三九〇年代半ばから一四二〇年代末頃までの盛行期を過ぎると、ようやく開版活動は衰えを見せる。とくに応仁の乱（一四六七－一四七七年）以後は、京都の禅寺の開版活動は衰え、かえって全国各地、とくに山口や鹿児島、さらに堺などで開版が行なわれる。さらに時代とともに、寺院以外の民間でも開版が行なわれるようになり、それとともに、禅籍以外の儒書や字書のような外典の開版が多くなったが、これらをどこまで五山版として見るかが問題である。

4・2　五山版と包背装

包背装　五山版では、書籍の形態の上で包背装という新しい装訂形式をとるものが出てきた。包背装は、粘葉装が書写または印刷面を内側にして、料紙を二つ折にするのとは反対に、後の袋綴と同じように、書写または印刷面を外側にして料紙を二つ折にする。二つ折にした料紙を一枚一枚重ねてそろえ、こよりで下綴じをする。これを一枚の丈夫な紙で表表紙、背、裏表紙となるように、下綴じしている本の中味を包み、背の部分で中身と糊づけして仕上げる方法である。今日の洋装本で一般的なくるみ製本（casing）と、原理的には同じである。

包背装が五山版に見られるのは、この装訂様式が、中国では元から明にかけて用いられているので、それがわが国にも伝えられたのである。明朝の有名な『永楽大典』は、包背装の優れた見本と言えよう。

包背装から袋綴へ　中国では清代（一六四三年建国）に入ってもなお宮中の写本には、包背装をとるものがあるが、一般の刊本には見られなくなる。わが国でも室町末期になると、包背装にかわって糸で綴じる袋綴が一般化し、江戸期に入るとほとんど袋綴になる。

粘葉装や包背装は、糊づけで製本を仕上げるのであるから、特殊の糊が用いられたにせよ、年月とともに剥がれて製本が崩れ易い。後世それを修理する時、粘葉装で両面書写または印刷のものは、袋綴に直せないが、片面書写、印刷のものは、その面を外側にして二つ折にし、包背装のものは、そのまま前後の表紙をつけ直して、袋綴に容易に改装できる。しばしば多くの包背装が、後になって袋綴に変えられていることが多い。

4・3　寺院文庫

明からの書籍の将来　足利幕府は三代将軍義満の時代には政権の基盤もようやく確立し、明との政府間の貿易も行なわれ、多くの書籍が将来されるようになった。明と室町幕府の貿易の実務に従ったのは、中国語にも通じていた僧侶であった。彼らは幕府の正式の遣明使節として中国に渡り、多くの書籍が彼らによって将来された。

とくに八代将軍義政（一四四九年将軍就任）は、一四六四年に中国に書籍の目録を添えて、仏書と共に外典を求めている。彼はさらに一四七六年にも、再び目録を添えて書籍を求めているが、その目録には一四六四年の目録に挙げられている書籍が何部も再掲されている。十二年前に入手できなかったものを再度要求したのか、その時入手できたにもかかわらず、国内の需めにより、再度また要求したのかは解らないが、中国書に対する国内の需要が強かったことが想像される。

高麗版大蔵経の将来　この時代多くの中国書が将来されたにもかかわらず、明版の大蔵経は求得されなかった。その理由について、木宮泰彦は朝鮮の高麗版大蔵経を輸入することが多かったたからではないかと考えている[2]。高麗版大蔵経はその精刻で知られているが、四代将軍義持は既にその一蔵を得ていた。一四二一年にはさらに一蔵を得ていた。その後義持は大蔵経の板木までも高麗朝に要請したが、さすがにこれは拒絶されている。その後も幕府は朝鮮に大蔵経を求め、また地方の大名でも周防の大内氏は、朝鮮との縁もあってこれを求めている。

室町時代の寺院文庫　室町時代を通じて、明や朝鮮から多くの書籍が将来され、その任に当った禅僧の寺院には、大蔵経を収める経蔵を持つものがあったが、それらの寺院では、仏典だけでなく外典まで幅広く集められた。

東福寺普門院書庫　多くの書籍を集めた禅寺のうち、とくに知られているものとして、小野則秋は京都東福寺の普門院書庫と海蔵院文庫を挙げている[3]。

東福寺は九条道家によって一二三六年に創建され、そのうち普門院は円爾弁円を開山とするが、弁円は在宋七年の後一二四一年に帰朝。その際経典数千巻を将来したと伝えられている。弁円は仏教だけでなく、儒老の二教にも通じていたので、その蔵書には多くの外典が含まれていたという。

東福寺海蔵院文庫　海蔵院の文庫は東福寺山内海蔵院に、虎関師錬によって集められたものであるが、ここも儒釈の図書を集めていたことで知られ、師錬の日本高僧伝『元亨釈書』（一三六四年、三十冊）の資料となったと思われる。このほかにも蔵書の豊かな寺院文庫があったが、いずれも寺門の奥に秘蔵された文庫であった。

4・4　宮廷、貴族の文庫

『仙洞御所目録』　南北朝期における朝廷の集書を示すのは、一三五四年（文和三）編の『仙洞御所目録』である。この目録はこの折に行われた蔵書点検の記録であるが、興味深いのは、書籍、文具類をまず杉櫃に収め、杉櫃十五個から二十個ほどを甲、乙、丙、辛、丁、庚の六台の文車《ふぐるま》収蔵していることである。各文車ごとに大まかな分類になっていて、櫃ごとに収めている書名を簡単に記していることもあるが、多くは〝一合　主上御元服〟とか、〝一合　諸社行事〟というような簡略な記述である。

　この目録について、和田万吉は〝この目録僅に紙員五枚にて、部数巻数の確たる記載無けれど、凡そ三四百部を超えざるべし[4]。〟と述べている。小さな目録であるが、当時宮廷で日常的にどのような文籍が利用されていたかを知りうる点で貴重である。

桃華坊文庫　『仙洞御所目録』は当時の北朝方の宮廷の目録で、分裂抗争の時代であったこともあって、文車に収載した六台分の記録にすぎないが、古い伝統を誇る貴族階級の中には、『仙洞御所目録』よりも大量の集書を持つ者もいた。その代表的な一人が一条兼良（一四〇二－一四八一）である。

　彼の博学多識は当代随一と称され、『樵談治要』（一四八〇年）をはじめ多くの著書がある。自らの文庫を桃華坊文庫と称したが、多くの和漢の書籍を収蔵しただけでなく、摂関家伝来の公私の記録、文書も集め、その量は七百合に達した。それらを瓦屋根、土壁造りの文庫に収めていたので、応仁の乱で京都の町が焼き払われた時も、さすがに火災には耐えたが、焼野原に焼け残った文庫を、銭帛を納めていると思った雑兵、盗賊どもが、やがて蔵を打ち破り、〝十余代家につたへし和漢の書籍どもは一巻も残らずなりにけり〟（『筆㮦』）と彼自身が述べている。応仁の乱では公私の数多くの文籍が、戦乱の中で滅び去ったのである。

その他の貴族文庫　しかし、この応仁の大乱を凌ぎ、その後の京都市中の火災の難ものがれ、後世にまで伝えられたこの時代の貴重な集書には、近衛家の文庫をはじめ、三条西家、冷泉家、柳原家等がある。紙で作られている書物は、自然や人間による災害によって、まことに滅び易いものであるが、わが国は中国などと比較しても、古い書物がはるかに豊かに残されている国である。それは貴重な典籍を後世に伝えようとする、それぞれの時代の人たちの大きな努力によるものであったことを思わざるをえないのである。

4・5　武家文庫と武士の開版活動

4・5・1　武士階級の文化的能力の向上

武士階級が政治権力だけでなく、領国経営の発展により、経済的にも実力を備えてくるとともに、文化的能力もようやく向上してくる。足利義満時代の北山文化、義政時代の東山文化といった新しい武家文化が育ってきたのである。

政権担当者としての武士階級の文化的向上の努力は、鎌倉時代の金沢北条氏による金沢文庫の創設をはじめ、武士によるいくつかの文庫形成の努力にも見られるが、その多くは金沢文庫を除いて、鎌倉幕府の滅亡とともに亡んだ。室町期に入ると、武士階級による文庫の形成は、戦乱や災害の続いた京都よりも、実力を蓄えてきた地方の武士たちによって行なわれる。

4・5・2　足利学校

足利学校の創建　そのもっとも代表的なものが足利学校である。足利学校は教育機関に学校という名称を用いた最初と言われるが、そこには文庫が設けられていた。足利学校がいつ誰によって創建されたかについては、諸説があり明らかでないが、関東管領上杉憲実《のりざね》がこの学校の再興に力を尽くして以来、足利学校の名は中国だけでなく、十六世紀半ば以降来日したキリスト教宣教師たちによって、遠く西欧にまで伝えられている。

憲実が関与する以前の学校の歴史について、結城陸郎は、足利氏によってこの地に開かれた鑁阿《ばんあ》寺の教学活動との関連を重視している(5)。この寺は足利義兼が男児出生を祈願し、一一八九（文治五）年に無事男児を得たので、邸内に持仏堂を建て、真言僧理真を護持僧として居住せしめたのに始まる。寺は義兼の意により、『大日経疏』と『周易註疏』の講書を行なうようになったが、内典のほかに、外典とくに易学が教育の中心に置かれた点に特色があった。後に上杉憲実が足利学校を再興した時、易学が教学の主流であったことと軌を一にしている。

こうしたことから、結城はこの寺の教学活動が、〃やがて、時代の推移とともに、寺院とは分離した教育機関の設立をもたらすようになり、それが鎌倉末期ないしは南北朝ころ、遅くとも足利尊氏の時代までに、聖廟を中心とした学校の設立をみるに至ったものであり、これが直接、後の足利学校の祖型となったものであろう。(6)〃と、述べている。


上杉憲実による足利学校の再興　その後足利学校は一五六一年に火災にあい、かなりの文籍が失われたものと思われるが、憲実が関わるようになってからの足利学校については、その歩みを辿ることができる。

憲実の学校への直接の関与で知られているのは、一四三九年に五経の註疏本を寄進し、各冊ごとに〃足利学校の公用地〃とか、〃此書学校の圏外に出るを許さず　憲実（花押）〃といった識語を、彼が加えていることである。

さらに一四四六年には「学規三條」を規定し、教学方針を定めているが、彼が註疏本を寄進した一四三九年は、永享の乱で、憲実がこれまで仕えていた鎌倉公方足利持氏を、室町幕府の命令に従って鎌倉に囲み、自刃させた年である。持氏の死後憲実は出家し、諸国をめぐって、山口の大内氏のもとで客死する。彼のこうした生涯を、和田万吉は〃…高風雅懐、当時武人中無雙と謂ふべし。(7)〃と、激賞している。

初代庠主《しょうしゅ》快元　憲実以後学校は栄え、全国から集まる生徒三千人と称したこともある。三千は誇大に過ぎるにしても、東北から西国は九州からも来学している。遠隔の地からも来学者があったこと自体、足利学校の盛名の程を推察させる。

来学の学生は僧籍にある者が原則であった。時代が下がるにつれ、僧でない者が見られるようになるが、就学中は僧体であった。憲実は足利学校の復興に当り、鎌倉円覚寺の禅僧快元を招いて初代庠主（校長）としたが、快元は易学を以て知られていた。憲実が快元を招いたのもそのためであった。兵乱の時代、軍を動かすには占筮が重んじられ、その任に当ったのが、武将に伴われて戦場に赴いた禅僧であった。

兵乱の絶えないこの時代、足利学校が当時の武門に重用されるこのような人材の教育機関として、門閥に恵まれない若い才能の登龍門となりえたのである。足利学校の歴代庠主の中にも、〝いずこの人たるか知らず〟とか、〝姓氏を詳かにせず〟とか誌されている者があることは、以上のような事情を示すものといえよう。

足利学校の再興につくした上杉家は、尊氏の生母の出た家であり、そのような関係もあって、上杉家は関東で重きをなし、憲実も関東管領という重職にあった。その憲実が尊氏の出身地の足利にある学校の再興に力を尽すことになったのであるが、彼の後も上杉家が学校を支援し、その後の学校の発展に寄与した。

足利学校文庫の発展　学校の名声が高まるとともに就学の学生も増えれば、必然的に多くの書籍が必要になる。学校にはいつ頃かは解らないが文庫があり、後の一六六八年の絵図には独立棟の文庫が示されている[8]。蔵書も時代による増減があるが、一七二五年の蔵書数については、結城陸郎の推定によれば、国書二十四部（一二五冊）、漢籍二五六部（二〇五六冊）、仏典二二一部（七一四冊）となっている[9]。

足利学校文庫の特色　金沢文庫では、初めて政権の座についた武士階級が、支配者にふさわしい文化、教養を求めて、漢籍だけでなく国書や仏典まで幅広く収集した。それに対して足利学校では、争乱の世を生き抜く武門の要求に応じうる人材の養成を目的としたので、それに直接必要な漢籍が収書の中心になったと考えられていた。憲実が一四四六年に定めた「学規三条」では、儒学のほかはこれを学校で講じてはならないと定めていた。

このような教育方針から、足利学校の文庫では儒書が中心であったと思われるが、室町期の蔵書目録がないため、実際どのような蔵書であったかは解らない。江戸期に入っての学校の蔵書目録（一七二五年）から結城が推定した蔵書の状況は前述の通りで、国書や仏典も含まれている。これは、時代とともに学校の教育方針も変ってきたと思われるので、当初の教育方針をそのまま示す蔵書状況とは言えない。金沢文庫本には仏典のほか、平安貴族が尊重した和漢の古典籍の写本が多いのに対して、この文庫には宋版の優品をはじめ、多くの漢籍が所蔵されて今日に至っている。

4・5・3　武士の開版活動と文庫

中央文化の地方への普及　室町期を通じて幕府は、政権の中心となる足利氏一門の絶えざる内部対立のため、常に不安定であった。それは同時に、全国各地に有力な守護大名を輩出させることになった。また、これまで文化の中心であった京都が、絶え間ない戦乱で荒廃することにより、古来からの貴族文化の保存者であった貴族たちが、地方の自分の荘地に下ったり、地方の有力な豪族に迎えられて、地方に下って行った。

このような、人による中央文化の地方への直接的な伝播とともに、各地の有力者たちの依頼により、貴族が伝えてきた古典籍の写本が作成されて、地方にもたらされた。このように、人及び書籍による中央文化の地方への伝播により、各地の有力者たちの下で地方文化の興隆が促され、文庫も形成されていった。

武士による開版活動　武士が開版にかかわった事例としては、鎌倉時代に北条氏一門の安達泰盛が高野版の開版にかかわったことはすでに述べたが、南北朝期に入ると、武士による開版が多くなる。たとえば、尊氏と共に戦った高師直《こうのもろなお》は、一三三九年罪障消滅を願って『首楞厳義疏注経《しゅりょうごんぎしょ》』を開版した。尊氏自身も一三五二年『大般若経』六百巻を印摺し、諸国の寺院に納めた。いわゆる尊氏の願経として知られているものである。尊氏の子で関東管領になった基氏も、一三五三年に『大般若経』を印摺している。尊氏等による印摺は、これまでの戦乱の中で多くの人を殺生した罪障消滅を祈願し、また戦陣に斃れた多くの人を供養するためであった。

地方の武士では、開版事業を行う者はまだ少なかったが、応仁の乱後は各地に見られるようになってきた。とくに、瀬戸内を通って博多から大陸に往来する従来の航路のほかに、堺から四国の南を経て薩摩の坊の津に寄り、そこから大陸に渡る南海路が開かれると、瀬戸内の航路を支配した山口の大内氏のほかに、薩摩の島津氏、さらに商業都市として発展した堺では、庶民による開版活動が見られるようになった。ここでは、地方の武士階級による開版活動として、山口を本拠とした大内氏をまず見ていこう。

大内氏の開版活動　大内氏は義弘の代には和泉、紀伊を領有していたこともあり、貿易都市として発展しつつあった和泉の堺を通じて、中国、朝鮮との交易も行なった。義弘によって大内氏は大きく発展したが、将軍義満の挑発にのせられ、一三九九年の応永の乱で義満に討たれ、大内氏の勢力は故地周防、長門に退かざるをえなかった。

義弘は中央でも活躍したことから、教養に富み、和歌をよくし、また李氏朝鮮に一切経を求めたりしている。その後も大内氏は代々文化の面に意を用い、画僧雪舟も一時山口に留まったことはよく知られている。そのほか京都の荒廃を避けた多くの貴族文化人も山口に留まり、書籍の収集にもかかわりを持ったと思われるが、大内氏に文庫としてどのような収積があったかについては、知られていない。大内氏について、図書文化の上でとくに注目すべきことは、義弘の弟盛見の代の応永年間に、『蔵乗法数《ぞうじょうほっすう》』（一四一〇年）、『理趣分』（千巻　一四二六年）、『法華経』（一四二八年）を開版していることである。いわゆる大内版の初めである。

義弘、盛見のあと、教弘、政弘、義興、義隆と続いて文事を重んじた。足利学校を再興した上杉憲実が、永享の乱後出家し、諸国を廻り、長門の大寧寺で晩年を終えたのが、教弘の時代であったのも、大内氏の気風を示すものであろう。教弘が書籍の収集家であったことも、彼の旧蔵本であることを示す蔵書印のある書籍が残っていることからも、明らかである。

教弘を嗣いだ政弘は、朝鮮に一切経を求めたり、中国、朝鮮との交易を通じて多くの書籍を集めたと思われる。また、一条兼良をはじめ京都の貴族文化人との交流を通じて、多くの写本を入手している。政弘の子義興も、中国、朝鮮との交易を通じて多くの書籍を買い求め、一四九四年には正平版の『論語集解《しっかい》』を覆刻させている。

義興の子義隆の時代は、大内氏の最も華やかな時代で、京都から多くの貴族文化人を招き、文教の興隆をはかるとともに、中国、朝鮮から多くの書籍を求め、書籍の収集は相当の量に達していた筈である。また、『聚分韻略』（一五三九年）をはじめ数点の漢籍を開版し、大内文化の繁栄を誇ったが、一五五一（天文二十）年に家臣陶晴賢《すえはるかた》の反逆によって、戦乱の中に多くの貴重な書籍とともに滅び去ってしまった。

太田道灌の静勝軒文庫　地方の好学の武将で、大内氏ほど代々熱心に書籍を集め、かつ開版活動を行なった者は少ないが、武蔵の太田道灌は静勝軒文庫を持っていたことで知られている。彼は歌人でもあったが、一四七六年に彼の居城江戸城内に静勝軒文庫を設け、数千余函を貯えていたと伝えられている。しかし、一四八六年に道灌が仕えていた相模の守護上杉定正に討たれ、蔵書も散逸した。

島津氏の開版活動　明との交易ルートとして南海路が開かれるとともに、中国文化の輸入に関係があった薩摩の島津氏も、代々好学を以て知られていたので、それなりに蔵書があったと思われるが、文庫の存在は明らかでない。

薩摩では、島津氏の家臣伊地知重貞が鹿児島で一四八一年に『大学章句』を刊行、やがて一四九二年には鹿児島の桂樹院で再刊された。この本はわが国で朱子学の著述が刊行された最初と言われている。桂樹院再刊の『大学章句』は桂庵玄樹の開版であるが、彼は肥後の菊池重朝のもとに留まった後、一四七八年に島津忠昌に迎えられ、桂樹院にあって盛んに朱子学を講じた。一四八一年には薩摩の和泉で『聚分韻略』が、一五四六年には日向で『四体千字文』が刊行されているが、開版者の名前から、武士によるものと思われる。これら島津氏の領内で開版されたものを薩摩版と称することがある。

4・6　図書文化の一般庶民への普及

庶民のリテラシーの向上　わが国では、中世後半までは読書は貴族及び武士階級と、その庇護のもとにあった僧侶階級に限られていた。それ以外の一般の庶民がいつ頃から、どのような書物を手にするようになったかについては、まだ十分には明らかにされていない。

十四世紀の南北朝の争乱、さらに十五世紀の下剋上の社会的混乱を通じて、十四世紀後半以降の庶民の社会的成長は、一揆を通じて直接的に支配層を脅かすまでに至った。庶民の社会的成長は、農業生産力の上昇、商工業の発展、さらに海陸の交通網の発達に基くものであったが、それにともない、庶民へのリテラシーの普及も徐々に進んだと思われる。

しかし、室町期頃までは、庶民はたとえば『平家物語』にしても『太平記』にしても、語りものとして耳で享受してきた。室町期後半になると、高級読書人対象でない庶民小説とでも言うべきお伽草子が現れてくる。それは児女にも読み易いように仮名書きを主体とし、それが江戸初期に開版されて仮名草子になる。また、極彩色絵入りの棚飾り本とも称される、上層階級の児女のための奈良絵本となる。さらに江戸期の木版印刷及び出版活動の発達によって、浮世草子に展開して、一般民衆の読物として広く普及していく。

このように、室町期後期の十五世紀以降、庶民向けの読物が現れてくる。十六世紀に入ると、まだ庶民の中でも裕福な町衆や上層農民に限られていたにしても、連歌や俳諧の世界に、作者として参加してくる。まだ限られた分野であったにせよ、一般の庶民が読者として、また作者として、ようやく図書文化の世界にその姿を現してくるのである。

庶民による開版活動　図書文化の世界への庶民の参加は、開版活動の面においても見られるようになる。それは先ず、国内だけでなく国外との通商交易で繁栄した商業都市堺で始まった。それが一三六四年に刊行された正平版の『論語集解《しっかい》』(十巻)である。刊行者は道祐居士と称しているから、禅に帰依した武士出身の者であろうと考えられている。しかし、すでに武門を離れ、また寺院に所属するのでもなく、市井の一庶民として刊行に当ったのである。

『論語集解』は一般に正平版論語として知られている。この書物が重要視されるのは、庶民階級の者によって初めて刊行されたものであることと、仏書以外の外典の漢籍の開版としては、現存最古のものであるということである。漢籍のわが国における最古の開版として、川瀬一馬は奈良大安寺の僧素慶による鎌倉末期の『古文尚書』を挙げているが[10]、この版本は現存しない。

庶民による開版活動は、この後暫く見られないが、堺では一五二八年阿佐井野宗瑞によって『医書大全』（十冊）が刊行された。この本はわが国における医書開版の最初のものであるが、明本の覆刻である。『医書大全』の刊行と同じ年に、堺で阿佐井野宗仲によって『韻鏡』が刊行されている。阿佐井野家は代々堺にあって、医を業とした好学の家のようで、開版した書籍の序や跋に、清原宣賢等のような当時の著名な学者が文を寄せているところから、彼らと交流があったことが解る。また家蔵の蔵書も相当あったと思われる。

『節用集《せつようしゅう》』の刊行

市井の人の刊行による正平版論語にしても、医書にしても、一般の人たちによって広く利用されるものではなかったが、十六世紀末になると、堺で『節用集』が刊行される。刊行者は堺南庄石屋町経師屋の石部了冊である。石部はすでに一五七四年に『四体千字文』を刊行しているが、『節用集』は十五世紀半ば頃編まれて以来（編者未詳）、写本で一般に広く普及していた字引である。石部による刊行以来、一五九七年には有名な『易林本《えきりんぼん》節用集』が刊行される。この本は易林なる人物が、従来の『節用集』の内容に改訂を加え、京都七条寺内の平井勝左衛門休与が開版したことが、跋文及び刊語から明らかである。

『節用集』の刊本には、さらに饅頭屋本がある。これは、中国から来住した奈良の饅頭屋林《りん》家の者によって、慶長の頃（一五九〇年代）または天正の頃（一五七〇年代）に刊行されたと考えられている。

〔注〕

（1）川瀬一馬『日本書誌学用語辞典』雄松堂、一九八二、一一七頁
（2）木宮泰彦『日本古印刷文化史』冨山房、一九六五、三三五頁
（3）小野則秋『日本図書館史』玄文社、一九七六、九二―九四頁
（4）和田万吉『日本文献史序説』青裳堂書店、一九八三、一三九頁
（5）結城陸郎『金沢文庫と足利学校』至文堂、一九六六、二六九頁、（日本歴史新書）
（6）結城陸郎　前掲書、一七八頁
（7）和田万吉　前掲書、一四七頁
（8）結城陸郎　前掲書口絵　足利学校平面図
（9）結城陸郎　前掲書　第一五表、二三六頁
（10）川瀬一馬『日本出版文化史』日本エディタースクール出版部、一九八三、一二〇―一二一頁

5

武家文庫時代

（安土、桃山、江戸時代）

5.1　古活字版時代

5.1.1　外来文化と古活字版の出現

中世から近世へ　応仁の乱の始まり（一四六七年）から、織田信長による最後の将軍足利義昭の追放（一五七三年）までの約百年間は、全国的に戦乱が続いた戦国時代であった。この時代はこれまでの守護大名に替って戦国大名が成立し、武士階級が民衆の抵抗を抑圧し、土地、人民を直接支配する封建体制が確立していく時代である。その意味では、戦国時代百年の動乱は日本史上の大きな転回点となり、中世を終らせ近代の幕が開かれていく時代であった。

鉄砲伝来　この時代は世界史的には、ポルトガル、スペイン両国によるいわゆる大航海時代である。一四九二年にはコロンブスが大西洋を渡りアメリカを発見し、一四九八年にはヴァスコ・ダ・ガマがアフリカの南端を廻ってインドに到達している。さらに一五二一年には、マゼランが世界周航に成功するなど、大航海時代の幕明けにより、西欧の文化は遠くわが国にまで及んできたのである。このような歴史の波に乗り、一五四二年にポルトガル船が種子島に到着、わが国に初めて鉄砲が伝えられた。間もなく鉄砲は紀伊、和泉などに伝えられ、そこで早くも生産されるようになり、わが国の戦闘様式に大きな変化を与えることになったのである。

鉄砲を武器として大量に採用し、戦国の覇者となったのが織田信長であったが、武士階級が鉄砲を持つことによって、領国人民の抵抗を排除し、人民支配が容易になったと言えるであろう。

活字印刷術の伝来　信長の次に天下の覇者になった豊臣秀吉が、朝鮮への侵攻を開始した文禄（一五九二年）、慶長（一五九七年）の役でも、鉄砲が大いに利用された。この戦役は朝鮮側には社会的、文化的に大きな被害を与えたが、わが国には、とくに図書文化の点では、当時の朝鮮の優れた図書文化に直接接触し、大量の朝鮮本と優れた活字印刷術を持ち帰ったことで、わが国の図書文化発展の上に大きな影響を与えることになった。それは、朝鮮の精妙な活字本と、金属活字による印刷術の将来で、わが国における活字印刷本の作成を一気に促すことになった。いわゆる古活字版時代の到来である。

文禄年間から正保、慶安頃までのおよそ五十年間程の間に刊行された活字版を、古活字版と称する。古活字版に対して、江戸後期から明治初頭にかけての木活字による刊行物を近世活字本と呼ぶ。

西洋式活字印刷術の伝来　同じ頃活字印刷術のいまひとつの流れが、鉄砲伝来と同じルートで将来された。一五四九年にカトリック教会の一派のイエズス会（耶蘇会）の宣教師フランシスコ・ザビエルが日本布教のために来朝、それ以来多くの司祭（バテレン）や修道士（イルマン）が来日したが、当時カトリック教及び教徒のことを切支丹《きりしたん》（吉利支丹）と呼んだ。彼らはまず西国の大名と結びつき、その保護のもとに布教しようとした。一方、海外貿易の利を求めようとする九州の大名たちの中には、彼らの布教を積極的に援助する者が現れた。豊後の大友宗麟、肥前の大村純忠や有馬晴信等である。

これらの切支丹に関心を寄せる大名たちの名代として、二名の少年を正使、二名の少年を副使として、さらに三人の日本人随員を同伴した天正遣欧少年使節がバードレ（司祭・神父）のA・ヴァリニァーノに引率されて、長崎港を出発したのは、一五八二（天正十）年の二月であった。正使、副使の少年達はいずれも当時十三、十四才の少年であった。使節一行が長崎に帰着したのは一五九〇年七月で、九年間にわたる世界半周の大旅行であった。少年使節はローマ法王やスペイン国王に拝謁し、大歓迎を受けたが、彼らの帰国の際、布教のための印刷物をわが国で作成するため、初めて西欧式の金属活字による印刷機がわが国に将来された。

切支丹版　遣欧少年使節団を引率して長崎に帰着したヴァリニァーノは、間もなく島原半島南端の加津佐で印刷に着手。こうして完成した切支丹版第一号が一五九一年の『サントスのご作業のうち抜き書』（Sanctos no gosagveo no vchi nvqigaqi）であった。その後切支丹の信仰は秀吉、家康によって弾圧されることになり、そのため、文化史的には極めて貴重な切支丹版は、二十年ほどの短期間行なわれただけで、今日国内、海外に僅かに二十九種程が現存しているに過ぎない。切支丹版には西欧式の金属活字によるもののほか、木活字によるものもある。国内で切支丹版をもっとも多く所蔵しているのは、奈良の天理図書館である。

一五九〇年代にまず切支丹によって西欧式金属活字印刷術が、それに少し遅れて、文禄、慶長の二度の戦役により、とくに最初の文禄の役（一五九三年）後に、朝鮮から金属活字による印刷技術がわが国に将来され、その後のわが国の活字版印刷の発達に大きな影響を与えることになった。その際、多くの朝鮮本も持ち帰られたが、今日国内にある朝鮮版本の多くが、その際に持ち帰られたものと言われている。

勅版　朝鮮から持ち帰った金属活字を、秀吉は後陽成天皇に献上した。好学の天皇は側近の西洞院時慶ら十二人に命じて、この活字によって『古文孝経』を印刷させた。その作業については、時慶の日記『時慶卿記』によれば、一五九三（文禄二）年十一月六日に完成したことが記録されている。『古文孝経』がわが国最初の活字刊本として刊行されたことは明らかであるが、今日に伝わらない。

後陽成帝はさらに一五九七（慶長二）年以降、金属活字ではなく木活字によって『勧学文』や『錦繡段』、『古文孝経』、一五九九年には『日本書紀神代巻』や『四書』、『職原抄』等を、一六〇三（慶長八）年に至るまで相次いで刊行した。いずれも大型活字による堂々たる版本である。このように、天皇によって刊行された版本を勅版と称し、勅版のうち文禄期のものを文禄勅版、慶長期のものを慶長勅版と称する。

勅版のうち初期の『勧学文』の跋文には、〝命工毎一梓鏤一字〟とあるから、工に命じて新しく木活字を作ったことが解り、〝棊布之一板印之　此法出朝鮮　甚無不便〟とあるから、活字版による印刷法は朝鮮に由来するものであり、極めて便利であることを明記している。『錦繡段』の跋文にも、〝此規模頃出朝鮮　伝達天聴　乃依彼様　使工摹写焉〟と、活字による印刷が朝鮮に由来し、朝鮮活字版の様式によって印刷したことを述べている。勅版としては、後陽成帝を嗣いだ後水尾天皇が、一六二一（元和七）年に銅活字によって『皇宋事実類苑』（七十八巻十五冊）を開版したことが伝えられている。

こうして、朝鮮式活字印刷法はまず宮中において用いられたが、間もなく徳川家康や寺院のほか、民間においても活字印刷法が広く採用され、古活字版時代を迎えるのである。

切支丹版と古活字版　十六世紀末に西洋と朝鮮から、ほとんど時を同じくして活字印刷術がわが国に将来されたが、切支丹版の活字印刷術が、古活字版の発展にどのように影響したかについては、切支丹版が作成された期間が二十年間ほどで、地域も島原半島や天草、長崎にほとんど限られていたため、古活字版への影響を否定する見方が一般的である。しかし、古活字版の植字組版技法は、当時の朝鮮式の組版技法と異なる点があり、その点に切支丹版の組版技法の影響を見ようとする見解もある。(1)十六世紀末の文禄勅版に始まった古活字版は、ほぼ五十年近く続いた後衰えて、再び整版の時代を迎える。

高麗朝における金属活字印刷術　この時期慶長勅版の跋文に見るように、活字印刷法は朝鮮に由来するという認識があったのは、朝鮮における印刷技術、ことに金属活字による印刷技術の高い水準に、強く印象づけられたことによると思われる。しかも、朝鮮における金属活字印刷術は、十五世紀の半ばにドイツのグーテンベルク（Gutenberg, Johann）（一三九四／九九－一四六八）によって始められた金属活字印刷術よりも時間的に先んじている。朝鮮におけるそれがいつの時代に始まったかは、遺品が乏しいので明らかでないが、高麗期における金属活字の発明は一一〇二年

以後とする説がある。(2)

一一〇二年高麗では通貨として海東通宝が鋳造されたが、それは高麗活字として伝えられているものと同じ成分であった。一一二六年には李資謙による内乱があり、宮廷の蔵書の多くが焼失した。しかも、翌一一二七年には、中国大陸では金の侵入によって宋の首都が陥落、皇帝も金に捕えられた。高麗にとっては、これまでのように、宋に書籍を求めることも困難になった。必要な書物を備えるためには、自力で刊行せざるを得なくなったが、大量の板木のための良材を確保し、木版を作成することに伴う多額の経費と労力の負担は困難であった。その時すでに海東通宝の鋳造に成功していた高麗において、多品種少部数の刊本作成のため、金属活字による印刷を考えたのは自然であったと言えよう。

高麗朝時代の金属活字による確かな刊本の遺品は僅かであるが、十五世紀以降の朝鮮王朝時代に入ると、多くの金属活字本の遺品があり、十五世紀以降の金属活字本の量と質の高さは注目に値する。

中国における活字印刷術　もともと版本の歴史は、西洋よりも製紙法において古くから進んでいた中国において、いち早く発展した。活字本の場合も同じで、中国では宋の慶暦年間（一〇四一－四九年）に畢昇《ひっしょう》が膠泥活字版を造ったことに始まる。これは粘土に文字を刻し、これを焼いて固くして作った活字で印刷するものである。ついで元の大徳年間（一二九七－一三〇八年）に、王禎が木活字によって本を印刷したと伝えられている。宋元時代にはすでに金属活字もあったと推測されているが、宋元時代の活字印本で現存するものは無い。

朝鮮王朝の金属活字印刷術　高麗朝時代の金属活字本については疑問視する研究者があるにしても、十五世紀以降の朝鮮王朝時代のものについては、多くの刊本が現存し、疑問の余地はない。十五世紀初頭以来の金属活字本に限っても、グーテンベルクのそれよりも半世紀近く早いことになる。したがって、秀吉軍によって朝鮮から金属活字本やその印刷技術が将来されるまで、朝鮮ではすでにほぼ一世紀にわたって、金属活字本の歴史を確実に持っていたのである。

高麗版大蔵経　高麗王朝は倭寇の侵害に苦しめられていたので、室町幕府に倭寇の禁圧をしばしば求めてきた。それに対して、足利義満は倭寇の禁圧を約束するとともに、高麗版大蔵経をその摹刻極精と称賛して、これを高麗に求めている。そのほかにいくつかの経論も将来されているから、木版（整版）の高麗大蔵経のほかにも、金属活字印本も将来されたのではないかと推察されるが、十五世紀以降秀吉の時代に至るまで、朝鮮の金属活字本についてわが国で言及したものを見ない。秀吉軍によって朝鮮の金属活字印刷術がわが国に伝えられるや、朝野を挙げて古活字版時代を現出するのである。

古活字版時代の到来　中国において活字版がかなり行なわれたのは明の中期で、足利義政の頃からである。当時日明両国は倭寇の難を排除するため、私貿易を禁じ、両国政府の承認を受けた勘合貿易船による交易を行なった。日明間には頻繁な交流があり、漢籍も多く将来されたが、朝鮮の活字版に対すると同様、明国の活字版についても、当時のわが国の知識人がなんらかの関心を示した様子は見られない。

文化の伝達は微妙なものであって、水が高所から低所に自然に流れるように、文化は自然に伝達されていくものではない。火を近づけても、相手に可燃性が備わっていなければ燃え移らないように、文化の火も相手に可燃性がなければ点火しえない。秀吉軍による朝鮮の活字印刷術との接触が、わが国に古活字版時代幕明けの火となりえたのは、わが国の図書文化がこの時期、外からの点火に対する可燃性を持っていたからにほかならない。

十五世紀末にはわが国の図書文化は、すでに僧侶階級から武士階級の手に移り、さらに一般庶民層に及びつつあった。ようやく読者の範囲は広がりつつあったが、数はまだ限られていた。このような状況に応ずるための多品種少部数の書物生産に適した方法が、この時代の活字版による印刷であった。わが国や朝鮮よりもはるかに大国である中国において、膠泥活字や木活字がいち早く始められたにもかかわらず、活字印刷が大きく発展することなく、木版印刷が盛行したのは、当時の活字版による印刷部数が数十部から百部程度という印刷能力の低さのためであったと思われる。中国は大国であるだけに、日本や朝鮮よりもはるかに多くの読書人口を持っていた筈である。その点では、木版印刷は板木となる良質の木材の確保、彫工の人件費、さらに板木の保存のための大きなスペースの必要というように、活字による印刷よりも経費的に高くなるが、板木の保存が良ければ、必要に応じてより多くの部数を、幾度も刷り出すことが可能である。中国では木版印刷が栄え、朝鮮では活字印刷が栄えたのは、それぞれの国の文化的・社会的事情、とくに読書人口の多少に大きくかかわってくる。わが国で古活字版が半世紀ほど盛行した後急激に衰え、木版印刷にとって替られたのも、読書人口の増加に応じたものであった。

5・1・2　古活字版の発展

古活字版から整版へ　古活字版では活字の準備を最小限にするため、一丁（二頁分）ごとに植字、印刷、解版をくり返すのが通例であった。そのため、需要に応じて増刷ができない。また、印刷部数も百部程度と限られているため、書籍に対する需要が量的に増大してくると、古活字版方式では応じきれなくなる。これまでの整版に結局帰らざるをえなかった。

古活字版から整版への移行は、一六二〇年代頃からであるが、この移行期には整版の版下として、古活字版を使った覆刻版が見られる。その場合、もとの古活字版そのままではなく、漢籍の場合は送り仮名や返点が加えられ、仮名交り文では、振り仮名や句読点が加えられる。古活字版の場合、訓点や句読点をつけることは大変手間を要するので、そのようなものをつけない無点本が多い。また、古活字版には刊記のない無刊記本が多い。無点本、無刊記本が多いのが古活字版のひとつの特色である。それは、古活字版はまだ余り広い範囲の流通を予定していなかったからと思われる。しかし、古活字版から整版に移行するにしたがって、書物を読み易くする工夫が一般化してくる。このこと自体、読者層が従来の貴族、武士、僧侶以外に拡大していったことを示している。

古活字版は天皇や家康のような権力者によって刊行される場合、銅活字が用いられることがあったが、一般的には技術的な容易さから木活字が用いられた。木活字による印刷は、板木による整版印刷に比して手軽であり、経済的にも負担が少ない。そのことが木活字版の一般的な盛行をもたらし、多くの書籍が刊行されることになった。従来専ら写本によってのみ伝えられてきた国書までが、古活字版として刊行されるようになり、多品種の書籍が印刷されることにより、写本の場合よりも、はるかに多くの人が書籍に近づけるようになったのである。それはまた同時に、特権的な階層以外の人たちにも、書籍刊行を容易にする。十七世紀後半には民間人による出版業が活発化してくるのである。

寺院による古活字版　新しい時代の流れを受けて、寺院も古活字版を開版しているが、南都の寺院によるものは極めて少ない。高野山においてはいくつかの古活字版が刊行されたが、この時期京洛の諸寺院では、古活字版の刊行が活発に行なわれている。それも前の時代に書籍刊行の主流であった禅宗寺院ではなく、天台宗や日蓮宗の寺院であった。天台では比叡山延暦寺が天台宗の仏書を活発に刊行し、日蓮宗では要法寺や本国寺が開版を行なった。とくに要法寺が刊行したものは、要法寺版として知られている。要法寺版は家康の伏見版と同じ時期に開版されたものが多く、伏見版の彫工であった慈眼や正運が、要法寺版の彫工としてもその名を留めているのも興味深い。

一切経の刊行　この時期における寺院の刊経としてとくに注目すべきは、一切経の刊行である。すでに述べたように、わが国では中国及び朝鮮からしばしば一切経を将来するとともに、奈良、平安時代には一切経の書写もたびたび行なわれたが、一切経の開版は試みはあっても実現しなかった。江戸期に入り江戸寛永寺の天海僧正が、将軍家光の援助によって、初めは活字版で後に整版で一六三七（寛永十四）年から十二年を要して六千余巻を完成した。これは『天海版一切経』または『寛永寺版蔵経』と称されている。江戸期にはさらに四十年後、鉄眼《てつげん》が宇治の黄檗山万福寺で、明の万暦年間の蔵経を版下にして、十八年の歳月を費して、一六七八年に『鉄眼版一切経』を完成した。これは活字版ではなく、整版で、その板木は今も同寺に保存されて利用されている。

民間刊行の古活字版　古活字版では、これまで開版事業と無縁であった庶民階層の人たちが、開版者として登場してくる。一三六四（正平十九）年に堺で道祐が『論語集解』を初めて刊行した。その後も整版による民間有志の開版は少数ながら見られたが、古活字版時代に入るとともに、民間における開版活動が賑かになっていく。

文禄年間の古活字版としては、一五九三年の文禄勅版と、一五九六年の小瀬甫庵（道喜）の『補註蒙求』の二点が知られている。甫庵は初めは関白豊臣秀次に仕えたが、秀次が亡んだ後は、出雲の堀尾吉晴や加賀の前田利常に仕えた。彼は『太閤記』や『信長記』の著者として知られているが、『蒙求』刊行時は秀次の死後二年で、まだ堀尾氏に仕えていない浪人の身分であった。同書刊記には、京都の西洞院通勘解由小路南町住居甫庵道喜新刊一字板云々とある。一字板とは活字版を意味する。

『補註蒙求』が刊行された後、刊行年、刊行者名の明らかな民間刊行の古活字版を、和田万吉『日本書誌学概説』[3]から、一六一〇（慶長十）年頃までのものを挙げてみると、以下のようなものがある。『元亨釈書』（一五九九、洛陽如庵宗乾刊）、『太平記』（一六〇三、富春堂新刊）、『徒然草寿命院抄』（一六〇四、洛陽如庵宗乾刊）、『元亨釈書』（一六〇五、下村生蔵刊之）、『太平記賢愚抄』（一六〇七、医徳堂刊行）、『五家正宗賛』（一六〇八、花園一枝軒板行之）、『古文真宝』（一六〇九、室町通近江町本屋新七刊）、『太平記』（一六一〇、才雲刊）、『太平記』（一六一〇、春枝開板）。それに刊年不明ながら、跋文に慶長二年とある『伊勢物語闕疑抄』（御幸町通二條　仁右衛門　活版之）がある。この仁右衛門刊の刊記については、和田万吉は〝活版ノ語ヲ刊記ニ出セルモノ恐ラクハ本書ヲ始メトセン〟(4)と述べている。また、一六〇九年の『古文真宝』では本屋新七刊と、初めて本屋という名称が出ており、書籍の刊行や販売が、早くも営業として成立し始めたことがうかがわれるのである。

刊行者のうち、如庵宗乾とか医徳堂は医師であったと思われる。いずれも医書だけでなく、漢籍や仏書、国書も活字版で刊行しているが、医師は学問とともに、経済的にも豊かであったことによるものと思われる。

古活字版で注目すべきことは、仮名交り文の国書が初めて刊行されだしたことである。仮名交り文として開版されたものは、すでに一三二一年の『黒谷上人和語燈録』や、康永年間（一三四二―四五年）に開版された夢窓疎石の『夢中問答集』等があったが、その後は極めて少ない。ところが古活字版の時代になると、一六〇三年には富春堂刊の『太平記』が刊行され、翌年には如庵宗乾によって『徒然草寿命院抄』が刊行された。この本は、本文引用の個所は平仮名であるが、全体としては片仮名が用いられている。このように、国書の刊行は初めは片仮名交りであるが、間もなく平仮名にかわっていく。それには、活字本でありながら、写本の国書の美しさを追求した光悦本、嵯峨本の果した役割が大きかったと思われる。

光悦本と嵯峨本　古活字版の国書のうち、その美しさの点でもっとも有名なのは、光悦本と嵯峨本である。光悦本は本阿弥光悦が意匠をこらした料紙に、自分で版下を書いた木活字により印刷した美術工芸的な刊本である。川瀬一馬は光悦本の最初を一六〇八（慶長十三）年刊の『伊勢物語』絵入本としているが[5]、それ以降慶長期後半にかけて刊行された。これに対して角倉本《すみのくらほん》とも称される嵯峨本は、京都の嵯峨に住んだ豪商角倉了以（素庵）が刊行にかかわったものであるが、光悦風の書風の版本である。両者とも整版によるものもあるが、多くは活字版である。しかし、これまで能筆家の手になる写本として伝来してきた国書の伝統的な美しさを、活字版で再現するため、平仮名の二字、三字を連続活字として使用している。

活字版は一字板とも呼ばれたように、本来は一字一字活字は独立したもので、それを自由に組み立てて組版が可能であることがその特色である。連続活字は活字本来の機能から言えば、変則であるが、連続活字の使用は印刷面を伝統的な写本の美にできるだけ近づけることを意図したものと言えよう。とくに光悦本の観世流『謡本』百冊は、特別本と普通本の二種があるが、特別本は用紙、表紙とも豪華にして華麗を極めた。書物としての実用性よりも、書物の美しさの追求に重点があった。これに対して嵯峨本は、〝広く世に行はれんことを主とし贅沢気味を減じたもの、光悦本は趣味に出発して豪華を旨とした[6]。〟と、和田万吉は両者の違いについて述べている。

美しい書物　書物というものは、単に必要な情報を伝達したり、受取ったりするために役立てばすむというだけのものではない。書物は宗教と結びつく時、信仰心に支えられ、書物自体聖なるものとして美しくあることが望まれた。平安朝の平家納経に見られるような華麗な装飾経や、西洋中世の宗教書の豪華な彩色写本（illuminated manuscripts）がその例である。

書物が宗教との結びつきを離れても、魂の養いとなるような文学的な書物の場合は、ただ内容が読めればいいというだけではなく、美しい思想、美しい言葉はまたできるだけ美しい形態の書物で読むことを願う。そのため、写本はできるだけ能筆家の手による美しい筆跡の、用紙も優美な写本が尊重され、刊本であれば用紙、装訂とともに印刷面の美しさが愛好される。平安朝貴族の宋版に対する愛好は、単にテキストの正確さに対する尊重だけによるものではなかった。古活字版の中から光悦本のような華麗な書物が生れたのも、図書文化史の流れの中で折々に開く大輪の花であった。

5・1・3　出版業の成立

開版活動の世俗化　中世を通じてわが国の図書文化は、寺院と結びついていた。とくに刊本は一部武士その他による開版もあったが、多くは寺院によって刊行された。それが江戸期に入り、古活字版による開版が行なわれるようになるとともに、開版活動は宗教と結びついた聖なる事業から、世俗的な事業に変っていく。いまその変化を開版活動の場の移動から見てみよう。

要法寺版の『論語集解』の巻末刊記には、「慈眼刊正運刊　洛汭要法寺内開板」とある。この本には刊年は示されていないが、慶長十（一六〇五）年頃の刊行ではないかと考えられている。同じく同時代の刊行と考えられている『孟子抄』の刊記には、「於洛陽本能寺前開板」とある。また、少し時代の下がった寛永十七（一六四〇）年刊の『往生要集』には、「洛陽三條寺町誓願寺前安田十兵衛版」とある。ほんの数例を挙げただけであるが、これまで寺院内で開版事業に従事していた彫工などの実務者が、江戸期に入るとともに、寺院の外にだんだんと出ていく。それも当初はまだ門前に居住して、寺院の開版事業に従事するだけでなく、自らも開版事業を行なうようになる。寺内から門前へと開版事業の場が移行するのである。それは同時に開版事業が、宗教的な聖なる事業から、世俗の営利的業務に変っていくことを示している。

開版事業はさらに門前から京都の市内へ、京都から大坂へ、さらには時代とともに江戸へと、営利的業務として拡大し、出版業の盛行となるのである。

出版業の発展　出版業が京から大坂に広まることによって出版書の種類も大きく変化する。大坂では十七世紀後半から、西鶴ものをはじめとする浮世草子や、庶民の日常生活に直接役立つ各種の重宝記の類が一気に増える。京都では伝統的な仏書、儒書の出版が中心であったが、大坂で新しい分野の出版物が増えてきたこと自体、新しい読者層が成立してきたことを意味する。十七世紀後半は江戸の本屋の多くは、まだ京都の出版書肆の出店であったが、十八世紀に入るとともに、江戸の出版業も京、大坂とならんで活気を呈してくる。

販売用全国書籍目録の刊行　十六世紀末から十七世紀半ば頃までの民間出版業の発展は著しい。十七世紀後半になると、早くも販売用の全国的な書籍目録が刊行される。その最初は『和漢書籍目録』で、刊記がないので刊年、刊行者名は不明であるが、一六六六年頃（寛文六年頃）の刊行と推定されている。二十二部門に分類され、約二六〇〇部の書名がリストされている。続いて一六七〇（寛文十）年に『増補　書籍目録　作者付大意』が、京都の西村又左衛門により刊行される。三十六部門に分類して約三八〇〇部の書名がリストされ、著者名とともに書物の内容が、ごく簡単に誌されている。寛文六年（?）版より四年ほど後の刊行であるが、全国的な販売目録としての内容の充実ぶりには驚かされる。
さらに翌年（一六七一年）には、同じく京都の山田市郎兵衛によって『増補書籍目録』が出る。同じように、著者名及び内容の略記があり、収録数は約三九〇〇部に近く、百部近く増加している。このような相次ぐ販売目録の刊行は、当時の出版業の成長ぶりを如実に示している。それ以後も、一七七二年の武村新兵衛刊の『大増　書籍目録』に至るまで、京都の書肆による販売目録の刊行が続く。

江戸の全国書籍目録　江戸の出版販売業は、まず京都の書店が江戸に出店を出すことにより、徐々に発展する。一六七五（延宝三）年には早くも江戸で『新増　書籍目録』が刊行される。刊行者は『江城下之書林』とあるだけで不明であるが、一六八一（天和元）年には山田喜兵衛によって、『書籍目録大全　直段付大意』が刊行される。この目録は慶長から延宝に至るまでの書籍約六千部を、初めて値段付で示した目録である。刊行者山田喜兵衛はもと京都の書肆で、延宝以後江戸に下った。
江戸で刊行され始めた書籍目録は、京都刊行のものが分類別になっているのに対して、書名のいろは順排列になっている。しかし、数千の書名がすべていろは順というのではなく、いろは別のそれぞれの項目が儒書、医書、仮名書、仏書の四部門に分けられている。ここで儒書というのは、本来の儒書、経書だけに限らない。漢文で書かれた詩集や日本の歴史書等も含まれる。医書も医書以外の技術書も含む。仮名書は和歌、俳句等の国文学書だけでなく、一般の人が読み易いように漢文を用いずに書かれたもので、内容は多岐にわたるものを含む。このように、仏書以外の儒書、医書、仮名書の部門分けはきわめて大ざっぱであるが、それでも儒書は教養層向き、仮名書は一般大衆向きの書物と言える。また、これまで京都で刊行された書籍目録の分類では、仏書が常に最初に置かれたのに対して、江戸のそれでは、いろは順の各項の四部類の最後に置かれている。ここにも、江戸刊行の書籍目録が、特色を出そうとしている意図が現れていると言えよう。

しかし、いろは順書籍目録の江戸での刊行は、一六八一年の『書籍目録大全』が最後で、一六九六（元禄九）年の『増益　書籍目録大全』から京都に戻り、版元は京都の河内屋利兵衛である。それ以後増修と版元を変えながら、一七二二（享保七）年頃まで続く。一方京都で一六六六年頃から始まった部類分け書籍目録は、江戸でのいろは順目録刊行中も京都の版元から、増補改訂を加えながら、引き続いて刊行された。

江戸時代の出版目録の最後は、一八〇一（享和元）年大坂の多田勘兵衛刊『合類書籍目録大全』である。しかし、この目録はそれ以前に出版された四種類の出版目録の〝不完全にして且つ無秩序な集成である〟(7)と評されているように、目録としては不完全なものであるが、収録部数は一万九三〇〇部の多きに達している。十八世紀後半における出版業が極めて活発であったことを知ることができる。

5・2　徳川家康の開版事業

5・2・1　伏見版、駿河版の刊行

家康の文事への関心　織田信長の後に続いた秀吉によって、戦国乱世の世はようやく終りを告げ、全国的な統一政権が成立するが、武力で天下を統一した秀吉は文事にうとく、その政権は短命で終ったため、文事の面では見るべきものはなかった。

徳川家康は天下統一後の余命に恵まれ、かつ若年の時、初めは織田家に、その後は文化大名と称された今川義元のもとに人質としており、そこで禅僧大原雪斎から六年間にわたって儒学、兵学の教育を受けたので、文事に関心があった。彼が古活字版の刊行にかかわったのも、その一つである。

伏見版の刊行　秀吉政権の五大老の筆頭として伏見にあった時に、家康は足利学校の第九代庠主であった三要元佶《げんきつ》を招き、伏見の円光寺で木活字を用いて、幾つかの典籍を開版させた。これを伏見版と呼ぶ。その最初は一五九九（慶長四）年の『孔子家語』である。跋文を元佶が書いているが、その一部に〝為後学刻梓文字数十万而賜予〟とある。家康は木活字数十万を造らせて元佶に与えたとされている。

翌一六〇〇（慶長五）年九月には関ケ原で石田三成と戦ってこれを破り、覇権を確立していくが、このような激動の中にあったにもかかわらず、伏見版は『孔子家語』のあとも、一六〇六（慶

長十一）年まで相次いで刊行され、全部で七種に及んでいる。

駿河版の刊行　一六〇三（慶長八）年に家康は征夷大将軍に任ぜられたが、一六〇五年には将軍職を秀忠に譲り、一六〇七年から駿府に引退する。やがて、十年近く中絶していた開版事業を再開するが、駿府において彼は銅活字で、一六一五年三月『大蔵一覧集』（十一冊）の刊行を命じている。この年五月には大坂夏の陣で豊臣氏を滅し、家康による天下統一は名実共に完成した。六月には『大蔵一覧集』の刊行事業は完成、印刷部数は一二五部であった。

続いて一六一六（元和二）年に家康は林羅山、金地院崇伝に『群書治要』（四十七巻）の刊行を命じている。刊行のための底本としたのは金沢文庫本であった。銅活字は『大蔵一覧集』に使用したものが主に使われたが、不足の分は新しく鋳造した。『群書治要』は一六一六年六月に印刷を完了したが、家康はその完成を見ることなく、同年四月没した。家康が駿府において銅活字で開版したものを駿河版と呼ぶ。

家康の駿河文庫　家康はその晩年、伏見版、駿河版と木活字、銅活字を用いて活字本を開版したが、彼はまた駿府城内に駿河文庫を設け、金沢文庫から伝来したものをはじめ、朝鮮の役で秀吉軍によって将来された朝鮮本のほか、一六一〇年以降京、鎌倉の五山の禅僧たちに、多くの古書や古記録の類を書写させて、それらを文庫に収めた。家康没後は文庫の書物は、尾張、紀伊、水戸の御三家に五対五対三の比率で分与された。その当時の駿河文庫の蔵書数は約千部一万冊ほどと言われているが、その半ばは明版や朝鮮本であった。(8)

5・2・2　紅葉山文庫

家康の富士見亭文庫

これよりさき家康は一六〇二年江戸城内の富士見亭に文庫を設けた。これを富士見亭文庫という。一六一四年七月には、駿府にいた家康から三十部の書籍が富士見亭文庫に贈られた。そのうち二十二部が現存、十四部が朝鮮本、五部が明版、三部が朝鮮写本である。

紅葉山文庫と書物奉行

一六三九（寛永十六）年七月三代将軍家光の時、江戸城内紅葉山に書物庫を建て、富士見亭文庫の書物をこれに移し、文庫名も紅葉山文庫と改めた。楓《かえで》山文庫とか楓山秘庫などと称することもある。これより六年前の一六三三年には、文庫担当の書物奉行四名が置かれ、蔵書の整理、管理に当ることになった。近藤正斎の『好書故事』（巻八十四、八十五）によれば、それまでは〝文字アルモノヲ撰バレテ臨時ニ其用ヲ奉リシ事ト聞ユルナリ〟とあるように、文庫の専任者は置かれなかったが、〝司書ノ任或ハ曠カランコトヲ慮ルカ為メニ新ニ御書物奉行ヲ置レシナルベシ〟とある。司書という言葉の使用とともに〝司書ノ任或ハ曠カランコト〟と述べていることに、興味を覚えざるをえない。司書の任は、ただ文字が読めるだけの才では勤まらないことを指摘しているのである。

書物奉行の職は一八六六（慶応二）年十一月に廃され、二三四年間にわたる歴史の幕を閉じたが、その間この職にあった者は九十人ほどで、とくに一八〇八（文化五）年から一八一九年までこの職にあった近藤重蔵（正斎）は、優れた書誌学者であるとともに蝦夷地の探検家としても著名である。紅葉山文庫の蔵書は維新後明治政府に引きつがれた。

紅葉山文庫の蔵書と目録　文庫の目録は何度か作成されているが、それは蔵書の増加に対応するものであった。蔵書は代々の将軍によって必要に応じて収集されたが、蔵書数の大きな増加は、まとまったコレクションの寄付によることが多かった。たとえば六代将軍家宣は、甲府家から入って将軍職をついだ（一七〇九年）が、江戸屋敷に多くの書物を集め、これを櫻田文庫と称していた。将軍として江戸城に入ってから、蔵書を紅葉山文庫に移している。そのため、書庫一棟を一七一三年に新築した。

その他に諸大名からの献上本も多いが、とくに著名な献上本は、豊後佐伯藩八代藩主毛利高標収蔵書である。高標は好書好学の大名として知られたが、高標一代の集書である佐伯文庫は数千種八万巻に達した。彼の没後一八二八年に文庫蔵書から儒書一六五三部、医書九十部、計一七四三部、二万七五八巻の善本が幕府に献上された。これはとくに大量の献本であるが、紅葉山文庫自体の購入によるものや諸方面からの献上本を含め、一八六四年の『元治増補御書籍目録』によると、経史子集の計四五九二部十四万三六九六巻、国書九四三部一万八〇七巻、その他三一二部五四一六巻で、総計五八四七部十五万九九一九巻に達した。紅葉山文庫は江戸時代武家文庫の第一にあるものであった。

5・3　昌平坂学問所の文庫と官版

政治思想としての儒学　江戸幕府も、徳川家による人民支配を正当化し永続的にするためには、支配体制を思想的に正当化する必要があった。家康以来江戸幕府がそのために採用したのが儒学、とくに朱子学であった。

儒学は奈良朝以来、仏教とともにすでに将来されていたが、それは貴族、僧侶階級の教養として学ばれるだけで、政治思想として利用されるまでには至らなかった。儒学は貴族のうち儒学担当の清原家のような特別の家や、僧侶階級とくに五山の禅僧たちの教養として学ばれていた。五山禅僧たちの儒学は、宋代末期（十二世紀後半）の中国で発展した朱子学であり、禅僧の指導を受けた武士階級もまた朱子学を重んじた。朱子学は天が上にあり地が下にあるように、君臣というような上下の社会秩序があるのは、宇宙の「理」であるとする。このような朱子学は、江戸幕府の身分制社会秩序を根拠づけるのに最適の思想であった。

儒者林羅山の登用　朱子学は江戸幕府のもとで官学となるが、当時中国（明、清）においても朝鮮国においても、朱子学は官学であった。一六〇五（慶長十）年儒者林羅山が初めて家康に用いられた。当時家康の周辺には、幕臣のほかに、京都南禅寺の僧金地院崇伝や川越喜多院の天台僧南光坊天海、さらに三浦按針《あんじん》（英人ウィリアム・アダムス）等がいて、幕政のほかに寺院に対する統制や、通商、外交関係等の処理に当っていた。そこに儒官として羅山が家康の側近に加えられたが、その地位は低く、また仕官とともに剃髪して僧体となり、道春《どうしゅん》という僧号を称さねばならなかった。儒学はまだ前時代と同じように、禅僧と結びつけて考えられていたのである。

羅山のあとは代々その子孫が嗣いだが、五代将軍綱吉の一六九一年に、僧位でない大学頭《だいがくのかみ》に林家を初めて任じた。儒学が宗教との結びつきを離れて非宗教化、世俗化されたことを意味すると言えよう。

林羅山の塾舎と文庫　羅山は家康に仕えて駿府にいた時、駿河文庫の管理にも当ったが、家康没後の一六一八年に将軍秀忠により、江戸神田に宅地を与えられてこれに移った。一六三〇年上野忍ヶ岡に別荘の地を賜ったので、ここに羅山は塾舎と文庫を建て、塾生の教育に当った。一六三二年尾張藩主徳川義直が、林家のために忍ヶ岡に孔子堂を建て、翌年三代将軍家光が孔子堂を拝した。

一六五五年には四代将軍家綱から、羅山は江戸城内にあった銅瓦葺きの文庫を与えられたので、これを神田の私邸に移して蔵書を納めた。しかし、一六五七年正月十八日と十九日の江戸の大火で、この文庫は焼失した。羅山は難をのがれたが、多年収集の蔵書を一拠に失ったことで、気力を失い、文庫焼失の四日後七十五才で死去した。

昌平坂学問所の成立　羅山の後を嗣いだ春斎は、一六六三年家綱から家塾に弘文院の名を与えられた。その子鳳岡の代に将軍綱吉は一六九〇年に孔子堂を上野から神田台に移築させ、自ら孔子を祭る祭典を行うとともに、その後孔子堂（聖堂）のある地名を、孔子の出身地昌平郷にちなんで昌平坂と改め、塾舎も昌平坂学問所（昌平黌）と称した。孔子堂及び塾舎は林家の私的な性格のものから、幕府の公的な学校の性格を持つものになったのである。

その後昌平校はしばしば火災にかかり、その都度幕府の援助により復興したが、規模は縮小していった。昌平校が正式に幕府の官学となったのは、松平定信が一七九〇（寛政二）年に、寛政異学の禁を行なって以後である。異学の禁とは、昌平校で教授される学問が朱子学と定められただけのことであって、朱子学以外の学問が禁止されたのではなかった。それとともに昌平校の改革が進められ、一七九七年十二月以降、これまで士庶共学の制をとってきたのを廃し、旗本及び諸藩の子弟を主として教育する純然たる官学となり、明治維新を迎えるのである。

昌平校の文庫　昌平黌（校）は本来林家の私塾として始まったが、その校地は幕府から賜ったものであり、数度の火災後の復興も幕府の援助を得てきた。しかし、それは官学ではなかったように、昌平校の文庫も羅山の文庫から始まった。最初の文庫は火災で失われたが、その後将軍家や諸大名等からの援助を得て、次第に充実していった。それに、林家が幕府から『本朝通鑑』の編纂を命じられていたことも、書籍収集上好都合であった。『本朝通鑑』三一〇巻は一六七〇年に完成したが、林鵞峰は編纂事業のために使用された建物、経費を、学生教育のために当てることを許され、学問所としての基礎が固まったのである。

それからかなり遅れて、一七九〇年以降ようやく幕府の官学となり、年々の図書費も得て、教育上必要な書籍が収集されていく。昌平校が官学となった寛政期の文庫の蔵書は約二四二〇種一万八七〇〇冊、それに聖堂所属の図書約二四五〇種一万二千冊。さらに『本朝通鑑』編纂のための図書約五二〇種、そのほかに林家代々の著書等があったようである[9]。したがって、総計では約五四〇〇部四万冊に近い蔵書であったと思われる。

その後も年々の図書費による購書、幕府や諸大名等からの寄贈本のほか、一八四二（天保十三）年六月の書物出版取締令により、昌平坂学問所が出版物の原稿を検閲することになり、「学問所改」を得た出版物は、出版後一部を昌平校に納本することになった。わが国における納本制の早い例であるが、それは検閲、出版物取締りのための納本制であった。この制度で文庫の蔵書が大きく増加したことは、これまで二棟であった書庫が、その後二棟増築されていることからも推察される。

昌平校文庫の利用

文庫の蔵書が、当時諸規則で稽古人と呼ばれていた昌平校の学生たちに、貸出されていたことは言うまでもない。当初は貸出規則も明らかでないが、徐々に整えられたようで、一八〇九（文化六）年頃には貸出部数も五部に制限された。その理由として、〝寄宿人借覧之書籍部数多く候ては多端相成、勤学のため不宜、心も散乱いたし候間、向後部数五部限りと定〟めたと述べている[10]。一八一三年頃にはさらに三部に制限されている。借覧の書籍部数が多いと、心が散って勤学のため不宜というところに、当時の勉学法がうかがわれる。

官版の刊行と目録

徳川家康が開版事業に熱意を示し、その後も五代綱吉、八代吉宗が開版を行なっているが、一般に官版というのは一七九九（寛政十一）年以降、昌平校で出版されたものを指す。官版は幕末まで刊行されたが、一八三九年の編刊かと言われる『昌平坂御官板書目』は一六六部を挙げており、一八四七年刊の杉山精一の『官版書籍解題目録』も同じく一六六部を挙げているが、すべて漢籍である。官版はそのほとんどが整版であるが、そのうち数部は木活字本という[11]。これらの官版は昌平校だけでなく、甲府の徽《き》典館、駿府の明新館、日光学問所などの幕府直轄学校の学生たちの勉学の資として利用されたほか、学問普及のため、書肆にも希望によって売りさばかせた。

幕府による藩版刊行の奨励　幕府は昌平校から官版を相次いで刊行させたが、諸藩においても開版を行うよう奨励した。一八四二（天保十三）年には、〝大身之輩ハ心掛次第大部之書一二部宛モ蔵板イタシ普ク後来ニモ相伝候様有之度事ニ候　此段十万石以上ノ面々エ急度可被相達候[12]〟と、通達している。もちろんこの通達以前すでに諸藩での開版はあったが、天保期（一八三〇－四三年）以後諸藩の刊行物は増加している。

5・4　諸大名の文庫と藩校文庫

5・4・1　徳川御三家の文庫と藩校文庫

一六一六年四月家康が駿府で没した後、駿河文庫のうち一部が紅葉山文庫に送られたが、その残りが五対五対三の比率で、尾張、紀伊、水戸の徳川御三家に譲与された。御三家ではそれを駿河御譲本《おゆずりぼん》と呼び、それを中核として御三家の文庫が成立するのである。

（1）尾張藩文庫と明倫堂文庫

徳川義直　尾張藩の藩祖義直《よしなお》は家康の第九子、紀伊藩祖頼宣《よりのぶ》は第十子、水戸藩祖頼房は第十一子で、いずれも晩年の家康の膝下で育ったこともあって、好書好学の藩主となった。義直は一六〇七（慶長十二）年尾張に入ったが、一六二〇年代後半には名古屋城内に孔子堂（聖堂）を建てるとともに、その傍に文庫を設け、書籍約千部を収蔵した。義直が孔子堂を建てた正確な年月は明らかでないが、江戸期における孔子堂では最古のものであろう。義直はまた前述のように、一六三二年に林羅山の上野の宅地に孔子堂を建て、孔子を祭った。これが後の昌平坂学問所に発展する。

尾張藩の文庫の中核は駿河御譲本であるが、尾張藩への御譲本の総計三六九部のうち、朝鮮版本一五九部（活字版本三十九部）、朝鮮写本二部の合計一六一部、中国の版本八十四部、国書が版本、写本合わせて一二四部で、朝鮮本の多さが特に目立つ。このことからも、家康の手元にはかなり多くの朝鮮本が集まっていたことが推察される。

義直は後年『神祇宝典』を選述したほか、神道関係書を刊行する。江戸期の神道研究は義直に始まると言われている。神道研究に必要な多くの書籍を彼は収集したが、その死去時（一六五〇年）の蔵書数は一万五一四四冊に達していた。[13] この文庫に書物奉行が置かれたのは、義直没後の一六五八年からであった。

藩校明倫堂の成立　義直は教育にも意を用い、学問所を開かせて子弟の教育に当らせたが、義直の死去により学問所は廃された。これはまだ正式の藩校ではなかった。八代宗勝の時代、私塾を開いていた儒者布施養斎に一七四八年二月土地を与え、宗勝自ら明倫堂の額を自書して掲げた。しかし、一七五一年藩の事情あって僅か四年で閉鎖された。九代宗睦になって、藩の学校が一七八一年に再興され、藩校としての明倫堂が成立したのである。

明倫堂文庫　明倫堂の文庫は一七八六年に新設された。義直時代の学問所や、宗勝時代の明倫堂では、まだ文庫の存在は知られていない。明倫堂文庫の蔵書は、購入、寄贈によって充実していき、文庫管理のため典籍三名から五名が置かれた。典籍は書物の管理だけでなく、学生に対する素読、講釈なども行なった。

学生に対しては書物の貸出も行なわれたが、一八一一（文化八）年以来、「読書次第」が定められ、読むべき書名が具体的に示されている。「読書次第」は一八六七年六月には「明倫堂読書階級」として、初級から五級まで、学生の学力によって、読むべき書名をさらに詳細に定めている[14]。しかし、時代はもう間もなく明治維新である。文庫の「読書次第」を見ても、読むべき書物としては、当初は漢籍ばかりが挙げられていたが、一八六七（慶応三）年六月の「読書階級」では、国書が初級から若干挙げられており、四級には一七九二年に幕府から絶版を命じられて処罰を受けた林子平の『海国兵談』が入っているのも、時代の変化を示している。

尾張藩の文庫を蓬左文庫と称するようになったのは、大正時代に入ってからで、蓬左とは名古屋の雅名である。一九三三年に尾張黎明会蓬左文庫が創立された時の蔵書数は、七万冊に近かった。

翌年文庫を名古屋から東京目白に移して公開されたが、戦後の一九五〇年に名古屋市の所有となり、文庫は再び名古屋に帰り、古典籍の宝庫として知られている。

(2) 紀州藩の文庫と南葵文庫

藩校学習館と文庫　家康の第十子頼宣が紀州和歌山に入ったのは一六一九年である。紀州藩でも御譲本は城中の宝蔵に長らく納められていたが、一七九一年治宝《はるとみ》の時代に藩校学習館を設け、その文庫に御譲本を移し、大いに文教の振興を計った。治宝はさらに別邸偕楽園にも文庫を設けて、和漢の図書を集めた。

一七八七（天明七）年には江戸を始め、全国各都市で打壊しの騒動が起きたが、この年十二月伊勢松坂の国学者本居宣長は『秘本玉くしげ』を書き、藩主徳川治貞に献上した。当時伊勢松坂は紀州藩領であった。この書物で宣長はこのような騒動が起るのは、いずれも〝下の非はなくして皆上の非なるより起れり〟と説いている。宣長の養子大平は招かれて和歌山に移り、国学を講じ、国学所が置かれたが、ここにも国学関係の書物が集められた。そのほかに紀州藩では蘭学所、兵学所等にも書物を置いた。

徳川頼倫と南葵《なんき》文庫　紀州藩では尾張藩のような集中的な大きな文庫は設けなかったが、維新後紀州徳川家の十五代藩主に当る徳川頼倫は遺書を集めて、一八九八（明治三十一）年に東京麻布の邸内に南葵文庫を設けた。初めはごく一部の者に公開されたが、一九〇八年十一月から新館を増築し一般に公開した。一九二三年九月の関東大震災で東京大学図書館が壊滅したので、翌二四年七月南葵文庫の蔵書一切が東大に寄贈された。冊数は和洋合わせて九万六千余冊、東大に移された後も、もとの名称のままで保存、利用に供されている。なお、徳川頼倫は一九一三年から一九二五年まで、日本図書館協会の初代総裁として、わが国の図書館界の発展に貢献した。

(3) 水戸藩彰考館文庫と藩校弘道館

水戸光圀の修史事業と彰考館　家康の第十一子頼房が水戸藩主として封ぜられたのは一六〇九年である。水戸藩集書の基礎となったのも、駿河御譲本であるが、藩の集書が大きく成長するのは、光圀が藩主となってからである。江戸幕府も開府後半世紀を過ぎると、政権の正統性を歴史的に裏付ける必要性にせまられ、三代将軍家光の時代から、林家に命じて修史事業が開始され、一六七〇年に『本朝通鑑』が完成した。しかし、光圀の始めた『大日本史』の編纂はもっと大規模のものであった。

光圀の修史事業には、伯父に当る尾張藩主義直の影響が考えられる。義直も歴史編纂の志を持ったが、神代の部に当る『神祇宝典』を編んだだけで終ったので、光圀がそのあとを継いだのである。光圀は一六五七年に江戸駒込の邸宅に史館を設けて『大日本史』の編纂に着手し、多くの侍臣を諸国に派遣して資料を収集したが、その際入手できない資料は借用して写しを作り、原本は返却した。こうして神武天皇から第百代後小松天皇に至るまでの本紀、並びに公武諸臣の列伝の分二五〇巻が完成し、幕府に献上されたのは一七二〇年のことであった。その後もさらに志や表の作成の事業が続けられ、全体の完成には、明治後期までの時日を要したのである。

光圀時代はこの修史事業で藩財政は大きく傾いたと言われている。しかし、『大日本史』編纂事業を中心にして水戸学が興り、幕末の政治状勢に大きな影響を与えることになる。一六七二年には史館を小石川の藩邸に移して彰考館と称し、文庫を設けて書物奉行を置いた。以後修史事業の進行とともに、資料の収集に努めたため、文庫の蔵書も充実した。

藩校弘道館　一六九八（元禄十一）年から修史事業の一部が水戸に移され、水戸と江戸の両方で事業が続けられたが、一八二九年斉昭の時代になってからは、修史事業のすべてを水戸に移した。さらに、城内に藩校弘道館が開かれると、彰考館文庫は学生たちにも公開された。斉昭は好書好学の藩主で、彰考館文庫とは別に、自分の潜龍閣文庫を持っていたが、一八四六年に小山田（高田）与清が、自分の収集した擁書楼文庫の蔵書二万余巻を水戸家に寄贈、斉昭はこれを潜龍閣文庫に加えた。小山田は財力に富んだ商人であったが、和漢の学を学び、集書に努め、擁書楼と称した文庫の建物は一八一五年に完成し、文庫を中心に多くの文人と交遊を持った。一八三一年水戸家の史館に出仕、その縁で水戸家に蔵書を寄贈し、一八四七（弘化四）年に六十五才で没している[15]。

彰考館は修史事業の終了とともにその役割を終えたが、文庫は維新後も維持された。しかし、第二次大戦の戦火で、ほとんどの蔵書が失われてしまった。

5・4・2　諸大名の文庫と藩校文庫

藩校文庫　徳川幕府は家康以来文事に努めたので、親藩の御三家をはじめ、好書好学で知られる大名たちも現れてきた。また、幕府が一七九七年に昌平校を設置したのにならって、諸藩でも藩士の子弟教育を中心とした藩校が設けられ、教育上必要な書籍が収集され、藩校文庫が設けられた。中世の寺院文庫も僧侶の教育のために利用されたが、江戸期の藩校は純然たる教育機関であり、その文庫は今日の大学図書館や学校図書館に類するものであった。ただその教育が、朱子学を中心とする儒学教育を中心としたので、その多くは聖堂を設けて孔子を祭り、収集する書籍も漢籍が中心であったが、時代が下るとともに国書が加わり、さらに時代とともに医書や洋書まで加わってきた。

大名家の収書活動のタイプ　江戸期に多くの書籍を収集した大名には、いくつかのタイプがある。まず第一は、修史事業または編纂事業のための集書で、水戸光圀の彰考館がその典型的な例である。尾張藩文庫も当初は修史が考慮されていた。修史または編纂事業のための集書は、史料としての価値が集書の基準になるので、貴重書、善本であることに必ずしもこだわらない。第二は貴重な書籍の散逸を防ぎ、その保存を目的とした集書で、その代表は加賀藩前田家の集書である。前田家では、水戸藩のように貴重な書籍の書写による収集も行なったが、購入できるものは大金を投じても入手に努めた。前田家は貴重な書籍を努めて入手、保存することにより、これを永く後世に伝えることを目ざした。その集書活動は貴重な書籍の保存に重点があったので、入手できない資料は借用して写本を作り、原本を返却する際には、必要があれば修補を加えたり、保存のための書函を作ったり、書庫を修復したりして返却した。この種の集書による文庫は貴重な書籍に富むことになる。第三は藩主自身の好学好書に基くもので、十八世紀以降の大名文庫の成立の多くは、このタイプである。このタイプには、豊後佐伯の毛利氏のような小大名が案外多い。このような大名の集書には貴重な善本が多い。

第四には、これは江戸中期以降になるが、幕府の昌平坂学問所にならい、諸藩でも藩校の設置が相次いだが、これらの藩校には文庫が設置された。これは一種の学校図書館であるが、江戸期の武家による文庫設置の一形態であった。これらの藩校は単に教育のみではなく、教育上必要な書籍の刊行を行なうものが多かった。江戸期に各藩が刊行したものを藩版と称する。藩版には藩校だけでなく、藩主が刊行したものもある。要するに藩の費用で刊行したもので、その多くは漢籍である。江戸後期になると、民間の書店が藩から板木を譲り受けて刊行したものが多くなる。

江戸期の大名による文庫には、以上のようないくつかのタイプがあるが、次にそれらの代表的な例をいくつか見ていきたい。

(1)　前田家の尊経閣文庫と藩校文庫

前田家の集書活動　江戸期諸大名のうち、とくに外様大名で最大の文庫を作りあげたのは、加賀百万石の藩主前田家である。加賀藩の藩祖利家は秀吉を助けて天下統一に貢献したので、豊臣家の盟友と見られ、家康に天下が移った後は、徳川幕府によってとり潰される危うさが常にあった。その憂いを除くため、利家の妻松子（芳春院）は人質として江戸にあったが、その間多くの歌書や物語類を集めた。『桂本万葉集』も松子の集めたもので、後に桂宮家に献じられた。前田家の集書は実に芳春院に始まり、三代利常、五代綱紀（松雲）に至って、新井白石が〝加州は天下の書府〟と称した程の一大文庫（尊経閣）を築きあげた。

前田綱紀　綱紀（一六四三年生）の母は水戸光圀の姉に当る。彼は十七才の頃から集書を始めたが、光圀が史局を設けたのがその二年前の一六五七年であった。綱紀の集書の意図は、自らの勉学のためだけでなく、古今の稀書、珍籍の散逸を防ぐため、これを集めて保存し、後世に伝えることにあった。そのため、数人の書物奉行を置いて蔵書の管理に当らせただけでなく、書物調奉行を置いて書籍だけでなく、古記録、古文書等の探索、収集に当らせた。目的が古典籍の保存にあったので、購入できないものは借り出して書写し、原本は保存のための書函まで作成して返却した。東寺の『百合《ひゃくごう》文書』の修理に力を尽くしたことは、広く知られていることである。また、古寺や公卿家の保存庫が破損している場合は、それを修理したり、新築したりしている。彼が古典籍の保存に、いかに熱意を抱いていたかを察することができる。

彼自身また好学の大名であったので、貴重な典籍をただ収集、保存するだけでなく、多くの学者を招き、集書に基づいて多くの藩版を刊行している。彼はまたとくに明律に関心があり、『大明律諸書私考』、『明律資講引用書目』の著作がある。

藩校明倫堂と明倫堂文庫　加賀藩の藩校設置の意図は、五代綱紀にすでにあったが、実現したのは十一代治脩の時代で、一七九二年二月に藩校明倫堂が設けられた。加賀明倫堂の特色は藩士の子弟だけでなく、毎月二と七の日には、士分以外の者の自由聴講を許したことである。修学期間は八才から二十三才までで、漢学が中心で、読むべき漢籍が指定されていたが、ここでは指定図書は各自に所持させた。したがって、明倫堂文庫では他藩の藩校文庫のような文庫管理の専任者は置かれず、利用規則等も明確なものは制定されていない。図書出納のための職員が置かれたのは、一八四〇年代頃であった。

したがって、明倫堂文庫では文庫活動としてとくに述べるほどのものはないが、さすがに天下の書府の藩校文庫だけに、蔵書数はかなり多い。小野則秋が一八三七年頃の『明倫堂蔵書目録』によって計上したものによると、経部一三七部、楽部七部、史部九十四部、子部一三五部、集部八部、和歌書十五部の合計三九六部で、総冊数はおよそ七万六千冊であった[16]。維新後は藩主の文庫である尊経閣の蔵書とともに、石川県に寄託されていたが、一九二六年からは財団法人前田育徳会が管理に当り、戦後の一九四七年からは、尊経閣文庫の名称で東京目黒で公開されている。

(2)　脇坂安元

大名家の文庫の始まり　江戸時代初期には諸藩は藩政の確立に追われ、親藩御三家や加賀前田家のような大藩以外では、藩主が好書、好学のために書籍を収集していくような余裕に乏しかった。大名の文庫や藩校文庫が一般的に充実してくるのは十八世紀、それも半ば以降が多いが、なかにはすでに十七世紀に始まるものもあった。

脇坂安元の八雲軒文庫　一六一七年に伊予大洲から信州飯田に転封された脇坂安元（一五八四－一六五三）の八雲軒文庫は、蔵書数数千巻に達したと言われ、江戸初期の大名文庫としては出色のものであった。安元がどのような文庫を設けたかは不明であるが、「八雲軒」「安元」等の蔵書印のある本が伝存している。それらの多くは、安元が書写させたものが多く、古活字版や唐本は少なかったようである。安元の死後脇坂家が播州龍野に転封になったため、蔵書も移されて龍野文庫と称されたが、その多くは後年散逸した(17)。

安元の父（安治）は秀吉が近江賤ヶ岳で柴田勝家と戦った際、秀吉軍の七本槍の一人として勇名をはせたが、晩年京都に住み、烏丸光広と交って歌文の心得があり、単なる武辺者ではなかった。安元自身も歌道に秀でて八雲軒と号したが、彼の集書活動には父の影響もあったと思われる。

（3）　池田光政と藩校文庫

池田光政と藩校設置　光政が備前岡山に封ぜられたのは一六三二年であるが、好学の大名として知られており、参勤交替などの旅行の際にも、携帯用の特別の書函を作成させて、書物を手離さなかったと伝えられている。彼は近江の儒者中江藤樹の陽明学に心を傾け、その弟子熊沢蕃山を招き、藩政の確立に当るとともに、藩内士庶の教育にも意を用いた。

光政がどのような書籍を集め、文庫を持ったかは知られていないが、他藩にさきがけて、転封後十年目に藩校を設置した。その後施設の改善、拡大が行なわれ、一六六九年には講堂、学寮、文庫等を完備した藩校を設け、士庶の子弟の入学を許した。

閑谷学校と文庫　岡山藩藩校は明治維新後廃校となり、校舎、書籍は岡山県に引きつがれたが、同藩藩校のうち今日に残るものが有名な閑谷《しずたに》学校である。この学校は藩校と寺子屋の中間の教育施設である郷学《ごうがく》の、今日に残る代表的な例であるが、閑谷学校の設置はきわめて早く、光政によって和気郡木谷村に一六六八年に、手習所として設けられたのがその始まりである。一六七四年に孔子廟をはじめ諸施設が整い、学校を閑谷学問所と称した。一六七七年には文庫も新設され、これまで藩内各所の手習所にあった書籍類もこの文庫に移された。その後藩主や藩校の書籍も移されることがあったが、閑谷学校は藩士の子弟よりも庶民の子弟の教育を主とした郷学であったので、その蔵書にはとくに善本としてとりあげる程のものはない。

(4)　松平定信の楽亭文庫

元禄期の文化的発展　十七世紀後半になると、ようやく農業生産力の向上、都市における商品経済の活発化にともない、五代将軍綱吉の元禄期（一六八八－一七〇三年）には、江戸文化の高揚期を迎える。井原西鶴（一六四二－九三）の小説、松尾芭蕉（一六四四－九四）の俳句、戯曲における近松門左衛門（一六五三－一七二四）の活躍は、一般民衆の文化的発展と結びついていた。また、儒学研究の発展は、官学である朱子学に対する批判を生み、いくつかの学派が発展する。一方には儒学の立場によらずに、日本古来の文化を見直そうとする国学も、十七世紀後半から確立してくる。こうした文化活動一般の活発化により、書籍の出版も一六七〇（寛政十）年から九一（元禄五）年にかけて二倍以上となり、しかも儒書、仏書よりも一般民衆向きの仮名書の増加が顕著である。このような一般的な文運の発展とともに、十八世紀に入ると、好学好書の大名たちが多くなる。好学の大名による文庫のいくつかを見ていこう。

松平定信の楽亭文庫　松平定信（一七五八－一八二九）は天明の大飢饉、田沼意次の老中罷免という世情騒然とした時に、一七八七年幕政改革のため老中首座になり、彼の祖父に当る八代将軍吉宗の享保の改革につぐ寛政の改革を行なったことで知られている。彼は奥州白河藩主としてだけでなく、一七九三年に老中を退くまで、幕閣の中枢にあり、政治家として業績を挙げるとともに、生涯に一八二部という多数の著作を残した好学の人でもあった。彼の著作は歴史、政治以外にも多方面にわたっているが、とくに『集古十種』八十五巻は有名である。多数の著作活動のために収集された書籍は、楽亭文庫または白河文庫と称し、一八二二年の目録によれば、蔵書は二万五千巻を超えていた。嫡子定永が一八二三年に伊勢桑名に転封になったため、蔵書も桑名に移され桑名文庫と称した。蔵書は明治以降早くも散逸し始め、文庫としては今日に伝わらないが、文庫の蔵書印のある書籍が伝存している。

藩校立教館と郷学敷教舎《ふきょうしゃ》　定信は白河藩に藩校立教館を一七九一年に設け、一七九九年には一般庶民の教育機関として、郷学敷教舎を城下と須賀川に設立、読み書き算盤を習わせた。定信は幕閣にあった時、昌平校で教える儒学を朱子学と定めた。これを寛政異学の禁と称している。彼は朱子学を重んじたが、立教館には他の藩校に多く見られたように、聖廟を置かず、代りに大神宮の御祓を安置したという。定信の父は歌人として知られ、国学に造詣の深い田安宗武である。定信も国学に通じ、異学の禁で朱子学を官学と定めたにもかかわらず、偏狭な朱子学者ではなかったことを、立教館で孔子を祭らなかったことが示しているであろう。

(5) 平戸藩楽歳堂文庫と藩校文庫

松浦静山　松平定信より二年ほど遅れて、一七六〇年に生まれた平戸藩主松浦静山も、『甲子夜話』等の著者として知られる好学の大名であるが、石高は僅かに六万石程度であった。彼の蔵書は五万巻を超え、江戸の藩邸と平戸城に分置されたが、平戸の文庫を楽歳堂文庫、江戸藩邸の文庫を感恩斎文庫と称した。一七八五年に『楽歳堂蔵書目録』が編纂されたが、目録は国書の部の内篇と、漢籍、洋書の部の外篇に分かれている。この目録で特に興味深いのは、外篇中の「蛮国」の篇で、洋書が著録されていることである。目録の凡例に、〝予庫中西洋之書多ク有リ荷蘭、払郎察等ノ書ナリ〟とある。しかし、彼がオランダ語やフランス語の書物が読めたわけではない。洋書名には片仮名で読みを示しているが、さきの凡例に続けて、〝…崎陽ニ訳人アリ　之ニ問テ其一二ヲ記トイヘトモ　予其音ニ不通ヲ以テ　キワメテ誤謬アラン而已〟と述べている[18]。いずれにしても、わが国における洋書目録の早い例として興味深い。また、文庫に洋書が架蔵されていることも、早くから海外との交易の窓口となった平戸藩の歴史を物語るものと言えよう。

藩校維新館　静山はまた一七七九年に藩校維新館を設け、子弟の教育と藩風の改善に努めた。平戸松浦藩は海上交易に活躍した中世の松浦党の後裔であり、藩風はややもすると慓悍で殺伐に過ぎるところがあった。したがって、藩校教育においても、文武両道よりも文に重点を置いたので、読書教育が重視され、文庫を設けて書籍を貸与したが、館外に持出すことは許されなかった。静山の後、平戸藩は小藩にしては多くの藩版を刊行している。藩の文教重視を示すものであろう。

一九五五年平戸市は旧藩主松浦家より什器類、文書、書籍等の寄贈を受け、松浦史料博物館を開設。図書約一万部の中には蘭書約一五〇冊がある。

(6)　堀直格の花廼家文庫

十八世紀の好学の諸大名の文庫は上記の二、三の例のほかに、全国各地にいくつか見られる。その特色としては、十七世紀の大名文庫では、藩政上の拠り所として儒書、史書を中心とした漢籍が主であったのに対して、十八世紀後半の国学発展の影響もあって、国文、国史関係の書籍、さらには医書、農書に至るまで、集書の範囲が広がったことである。

そのうち特に国書の収集で知られていたのは、信州須坂藩主堀直格の花廼家文庫である。直格は文学を好み絵をよくしたが、一八四五年江戸の下邸花廼家に隠棲し、花廼家文庫を設けて、いくつかの著作を残した。その中には『扶桑画人伝』五十一巻がある。蔵書は明治に入って散逸し、目録も伝わらないので、文庫の内容については明らかでないが、彼の著作から、豊富な蔵書があったものと推察されている。

(7)　毛利高標《たかすえ》の佐伯文庫

愛書家大名の出現

これまでに江戸期の好学大名の若干の例を見てきたが、十八世紀後半から幕末にかけて、愛書家（bibliophile）と呼ぶべき大名の文庫が現れてくる。十七世紀半ばからまず京都、次いで大坂で営業的な出版活動が盛んになり、さらに十八世紀半ばには、江戸の出版活動が京坂を上廻るようになる。そのことは、多くの人が書物に近づき易くなったことを意味し、書物に対する人々の関心を高めた。その結果、十八世紀後半から書誌学上の著作、たとえば吉田篁墩『活版経籍考』二巻が現れる。そして大名の中にも、好学というより、愛書家と呼ぶべき人たちが現れてくる。そのような大名は案外小藩の大名に多い。

毛利高標《たかすえ》の佐伯文庫

その代表的な大名の一人が、豊後佐伯藩主の毛利高標（一七五五－一八〇一）である。彼は僅か二万石の小藩主であった。父の死の後を嗣いで、六才で藩主となったが、藩主としてお国入りするのは十七才の時で、それまでは江戸で育ち学問に努めた。一七七七年に四教堂という藩校を設けたが、一方城内にこれまでに収集していた図書のために、一七八一年に文庫を設けた。それが佐伯文庫である。彼はこの文庫に八万巻の書物を集めた。

蔵書は儒書はもとより、道、仏、医さらに蘭書にまで及んだ。漢籍については、新渡の書籍を求めるため、中国との通商の窓口であった長崎に侍臣を派遣し、必要な漢籍は財を惜しまずに購入した。そのため、小藩の財政は一時傾いたと言われる。彼はまさにヨーロッパ近世の愛書家に類すると言えよう。愛書家も愛書狂（bibliomania）になると、物としての書物自体を愛玩して、書物は

読まないと言われる。彼はその蔵書の利用を乞う者にはこれを許すとともに、自らも〝二六時中手に巻を釈かず。以て識を博め、聞を洽む〟と評されたことを小野則秋は伝えている。[19] 彼は愛書のマニアではなく、愛書家であるとともに、また好学の士であったのである。

高標はまた一七七七年には藩校四教堂を設け、ここにも文庫を置いた。藩校文庫の蔵書は、これも小野則秋によれば、明治維新の当時、経、子、史、集、雑部合わせて一七七部、四七一七冊があったという。[20]

高標の死（一八〇一年）後、一八二七年に第十代藩主によって、佐伯文庫の中から二万七五八冊が幕府に献上された。献上本の中には宋、元の古版本も多く、これらは紅葉山文庫及び昌平坂学問所に納められた。紅葉山文庫では献上本を納めるため、新庫一棟を建てている。これらの書物は今日なお、図書寮及び内閣文庫に毛利侯献上本として伝えられている。献上本以外の残りの書物は、維新後大分県庁、さらに後に大分県立図書館に入った分を除き、他は散逸した。佐伯文庫については、梅木幸吉『増補訂正　佐伯文庫の研究』（著者自刊　一九八九）がある。

(8)　市橋長昭の黄雪書屋

毛利高標と同様の好書好学の大名として、近江仁正寺藩藩主市橋長昭（一七七三－一八一四）を挙げることができる。所領は僅か一万八千石の小藩であるが、寛政期には毛利高標と、鳥取池田藩支藩の藩主池田冠山とともに、三賢侯と称され、互いに交流があった。長昭はとくに古版本の収集に努め、一八〇八年には蔵書中の宋、元の版本三十部を昌平校に献上した。同校蔵書目録中の『諸

家献納御書籍日録』には、長昭献納の宋版十六部、元版十四部の書名と冊数が挙げられている。宋元版献納書に添えられた文章によれば、これらの貴重書も将来いつか散逸のおそれがある。それを免れるためには、聖堂に献ずれば永く後世に伝わるであろう。これが〃即ち長昭の素願也[21]〃と述べている。彼が単なるビブリオマニアでなかったことを、明らかに示していると言えよう。彼の蔵書印に「黄雪書屋」がある。彼は金木犀を愛し、その花の散り敷いた様子が、黄色の雪のようだということで、黄雪園と号したことに由来するという[22]。

(9)　水野忠央と『丹鶴叢書』

幕末の蔵書家大名で、善本を集めただけでなく、蔵書中の善本を次々に公刊した大名に、紀州藩支藩新宮城主水野忠央《ただなか》がいる。彼も石高三万五千石の藩主であったが、国学や有職故実に通じ、その新宮城文庫蔵書中で稀世のものを『丹鶴叢書』として公刊した。丹鶴とは新宮城の雅名である。同叢書は川瀬一馬によれば数年間にわたって一五四冊刊行。その他に叢書以外に『丹鶴外書』が数冊出ている[23]。

この叢書の大きな特色は、一般に藩版では漢籍が中心であったのに対して、国文学関係のものが多いこと、印刷が精美であること、とくに有職故実にかかわるものや、道具類の図録の色刷が優れていることとである。『丹鶴叢書』は一八四九年に幕府に献上されるとともに、江戸の書肆を通じて発売された。べている。『丹鶴叢書』の基となった「新宮城書蔵」「丹鶴城図書記」等の蔵書印のある優れた文庫も、明治維

新の際に散逸したが、これらの蔵書印のある善本は、宮内庁書陵部をはじめ、いくつかの図書館に所蔵されている。

5・5　神社文庫

神道の理論化　わが国の神道は本来自然宗教であって、特別の教義を持たず、したがって特別の教典もなかった。仏教が入ってくると、平安時代には神は仏と一体のものであるとする神仏習合論が一般化し、仏教理論が神道に適用された。鎌倉期から室町時代にかけて、伊勢外宮の神官らが、仏教から区別された独自の神道理論を提唱し始めたのが伊勢神道である。さらに下って室町期に、京都の吉田神社の神官である吉田兼倶《かねとも》（一四三五－一五一一）によって吉田神道が樹立され、神道の理論化が進んだ。

寺院には僧侶の学ぶべき仏教教典が収蔵され、寺院文庫の発展をみた。しかし、神道には拠るべき教典が本来無かったから、仏教教典の収蔵庫である経蔵のような文庫は成立しなかった。したがって、神社そのものは古い歴史を持ち、文書、記録や図書を所蔵していたが、それが単なる貯蔵ではなく、なんらかの機能を持つ文庫として成立してくるのは、江戸時代に入ってからである。

国学の勃興　江戸期に入ると、神道は国学の勃興に大きな影響を受けることになる。儒学は江戸幕府によって、朱子学が官学となり一気に隆盛をみるが、儒学研究が進むとともに、やがて儒学研究は、朱子の註釈によって儒学の古典を読むのではなく、古典そのものの研究に帰るべきだとする古学派が、十七世紀後半に現れてくる。それと同様に、日本人の古来からのやまと心を知るためには、儒仏の説によらずに、日本の古典を研究すべきだという考え方が現れてくる。そこから日本の古典を研究対象とする国学が起ってきたのである。

一般に国学は僧契沖の『万葉代匠記』に始まるとされる。契沖後の代表的な国学者が荷田春満《かだのあずままろ》（一六六九－一七三六）、賀茂真淵《かものまぶち》（一六九七－一七六九）、本居宣長（一七三〇－一八〇一）、平田篤胤（一七七六－一八四三）の四人で、国学の四大人と称されている。契沖が除かれているのは、彼が僧侶出身であるからである。儒仏に対する国学の徒の見方を示していると言えよう。

四大人のうち、荷田春満は京都伏見の神官の出身であり、賀茂真淵は浜松の神官の出身であるが、その姓が示しているように、京都の賀茂神社社家の末流である。宣長は伊勢松坂の町人の出身であり、篤胤は秋田藩の下級武士の出で、宣長没後の門人であるが、宣長の学問の正統を受けついでいるのは自分だと確信していた。四大人のうち二人が神官の出身であるところにも、国学と神道との深いかかわりをうかがうことができる。

神官の出ではない宣長は、『古事記』の研究を通じて、儒仏の思想によらない古代からの神の道があると主張して、復古神道を発展させた。篤胤は多くの著作を通じて平田神道を唱え、その在世中及び没後の門人を加えると、隠岐一国を除く全国に二千人近い門人を擁するまでになった。儒仏の説によらず、日本人の古来からの心である神の道を明らかにしようとする国学は、必然的に儒仏の排撃となり、幕末にはそれが攘夷の排外思想となり、いわゆる尊皇攘夷の政治運動と結びついた。

神社文庫の成立　江戸時代における神社文庫には二つのパターンが考えられる。第一のパターンは、寺院文庫が僧侶の仏教研究を目的としたように、神官等の神道研究とそれに基づく神道宣揚のための文庫である。第二のパターンは、十八世紀前後頃からの出版業の発展とともに、書物屋仲間による新刊書の神社への寄進によって、文庫として成立したものである。まず第一のパターンとして設立された神社文庫の例として、伊勢神宮の神官等によって設立された文庫を見ていこう。

5・5・1　豊宮崎文庫と林崎文庫

伊勢神宮は古来本朝の宗廟として広く尊崇を集めてきた。内宮ではすでに奈良朝以来、外宮でも鎌倉期から、神宮関係の文書類とともに、奉納された図書類が秘蔵されていた。それで、両宮ともに文殿または神庫として、書庫が造営されてきたことが知られている。しかし、これらは全くの秘庫で、公開利用の意図を持たず、収蔵されているものも、なんらかの目的のもとに集められたものではなく、自然に集まったものをただ集積しただけのものであった。それはまだ文庫と称することはできない。

外宮の豊宮崎文庫　それに対して、外宮の豊宮崎文庫は一六四八年に、また内宮の林崎文庫は一六八六年に、それぞれ神道研究と講学を目的として設立された。豊宮崎文庫はまた宮崎文庫とも称するが、外宮の神官出口（渡会）延佳等の発起により、神官等七十人余りの人たちが資を投じて設立したもので、典籍を集め文庫を設け、神官の子弟等の講学を目ざした。文庫は一六四八年十二月に竣功し、豊宮崎文庫と称して、儒書及び神祇の秘籍や歴代の歌集を集めたが、仏書は全く収めなかった。仏教から独立して、独自の神道理論を提唱した伊勢神道の伝統をここに見ることができる。一六六一年には幕府からの援助があり、その頃から一般貴紳の図書寄贈も相次ぎ、一八一五年には新たに書庫が建設された。

文庫は単に図書の収集、閲覧だけでなく、付属の講堂では神典、儒書の講義が行なわれた。文庫で講じた学者には貝原益軒、室鳩巣、伊藤東涯、さらに大塩平八郎等著名な人たちが多く、大塩はまた自著『洗心洞劄記』のほか、数冊を文庫に贈っている。

内宮の林崎文庫　内宮の林崎文庫は一六八六年に宇治会合所の有志が丸山に設立したが、四年後の一六九〇年に高燥の地である林崎の地に移したので、以来林崎文庫と称した。移転とともに新たに講堂を設け、豊宮崎文庫と同じように、当時の著名人による講義も行なわれた。さらに天明年間（一七八一－一八八年）に、神官の荒木田尚賢が同志とともに、書庫、講堂、さらに塾舎を拡大するとともに、文庫への図書の寄進を広く求めた。荒木田は賀茂真淵に師事、本居宣長とは同門の関係にあり、荒木田の文庫充実の活動に協力して、文庫への図書の寄進を広く求めるため、宣長は「林崎ふみくらの詞」を一七八二年に書いている。その二年後、京都の国学者村井古巌が蔵書二千六百余部を文庫に寄進したのも、宣長のこの文章に応じたものと言われている[25]。

明治維新後は、林崎文庫は一八七三年に神宮司庁に図書、建物の一切を献納した。さらに一九〇六年には、神宮文庫が新たに完成したので、内宮文殿や外宮神庫その他のもの一切を合わせて、ここに収めた。外宮の豊宮崎文庫は、明治の末一時一括して民間に出たが、一九一一年そのすべてが神宮文庫に献納されて今日に伝えられている。

5・5・2　賀茂三手文庫

上賀茂神社の三手文庫　京都にある古代からの神社賀茂社は上、下の二社に分かれ、皇室をはじめ一般の尊崇を集めてきたが、そのうち上賀茂神社には、今に伝わる三手文庫がある。上賀茂神社ではすでに室町時代に文庫が設けられ、三手文庫と称されていた。この神社一帯の地は、賀茂社の社家の人たちが今に至るまで住んでおり、東、中、西の三手から成っていた。三手文庫の名称は、三手から成る社家全体によって設立された文庫を意味したと伝えられている。三手文庫は社家の人たちの学問的研究に資するためのものであるが、江戸時代にこの文庫の充実にとくに力を尽したのが、社家の岡本清茂（一六八〇－一七五三）であった。

三手文庫の似閑本　小野則秋によれば、清茂は社家の協力のもとに、一七〇二年文庫の建物を新築するとともに、広く図書の寄進を求めた[26]。京都の国学者今井似閑（一六五七－一七二三）の蔵書が文庫に献納されたのも、彼が岡本清茂と親交があったことによる。三手文庫の似閑本としてとくに知られるのは、僧契沖が旁注または校正した手沢本である。明治になって文庫の図書は売却されたが、幸い似閑本その他の貴重な写本、版本千数百点が、今なお文庫に伝えられている。

以上の神社の他にも、全国各地の大社、古社には図書、記録の類が、他の什宝とともに、神庫等に秘蔵されていることがあるが、これらは図書館としての機能を持たないものが多い。

神社文庫の信仰的意義　上述の伊勢の二文庫と賀茂三手文庫について、小野則秋は、〝これが神社との関係は、ただ単に文庫が神社の関係によって、神社の一部もしくは神域に設けられたというに止まり、その成立の基礎には信仰的なものが見出されないのが普通である[27]〟と、述べている。しかし、伊勢や賀茂の文庫は、神社関係者によって、神社の一部に設けられただけのものでは決してなかった。文庫設立者たちには、神道研究を通じて神道信仰、またはその神社に対する信仰を宣布しようとする信仰心があったことは明らかである。とくに、このような神道宣揚の拠点として神社文庫を設立した例としては、次に述べる羽田八幡宮文庫や櫛田神社文庫に明らかに見ることができるであろう。

5・5・3　羽田八幡宮文庫と櫛田神社文庫

羽田八幡宮文庫　十九世紀に入ると神社文庫の中には、神職の信仰や研究のためだけでなく、氏子や一般庶民にも神道信仰を宣揚するために、文庫を公開するものが現れてくる。その例として、ここでは、三河の羽田八幡宮文庫と福岡の櫛田《くしだ》神社文庫を見ていきたい。

羽田八幡宮文庫は同宮神官の羽田野敬雄が中心になって、一八四八年に神社への書籍奉納を広く勧進したことに始まる。小野則秋によれば、書籍の奉納は順調に進み、一八五五年には蔵書は千部に、一八六一年には八千部に達した(28)。一八五五年には松陰学舎と称する図書の閲覧所を建て、一般の閲覧に供した。文庫は明治以後まで存続したが、その後散逸した。

文庫への書籍奉納の勧進趣意書には、奉納書籍は〝永代不朽に相伝申度願望に候〟とあるだけで、文庫活動の目的については明らかでないが、蔵書が千部に達すると、松陰学舎という閲覧所を建てたとあるので、図書の閲覧のみだけでなく、他の神社文庫の場合と同様、神典講義なども行なわれ、神道の宣揚が企図されていたと思われる。このことは、福岡の櫛田神社文庫の場合にも明らかである。

櫛田神社文庫に対する小野則秋の見解　この文庫について小野則秋は、桜雲館という名称のもとに、神社文庫としてではなく、一般市民への公開図書館として紹介している(29)。小野によれば、文庫は福岡藩主が庶民教化のために、櫛田神社境内に一八一八年八月に設立したものとしている。とくに興味深いのは、文庫設置後五年目の一八二二（文政五）年十二月に〝両市中若者共も閑々に参り合い閲覧致し来り候折柄、読書に耽り家業怠り勝ちに相及び風紀面白からず候趣風聞有之候に付、文政五年十一月十六日限り文庫御取止めに相成候〟と、文庫設立にかかわった福岡藩大目附岸田貞教が記録していることである。これについて小野は、〝文庫の利用者が増大した事が原因となって閉止するに至ったという事は、我が国図書館史上の珍例と見なければならぬ(30)。〟と、書いている。

同神社文庫に対する菊池租の見解　しかし、これが果して図書館史上の珍例であるかどうかについて、当時の文書類に基づいて検証し直したのが、福岡県立図書館長であった菊池租の「櫛田文庫顛末—ある図書館の運命—」[31]である。菊池によれば、文庫は取止めとなったと記録されている一八二二（文政五）年以降も存続し、明治時代に至っていること、神社現存の文庫蔵書目録では、最後の奉納書が明治三十九年五月六日であること、さらに蔵書目録を調べてみると、蔵書のほとんどが神道、国学、漢籍等の古典であって、一般の町人の子弟が気楽に利用できるようなものではないこと、さらに集書に当っては、書籍自体の寄附よりも金銭の寄附を受け、文庫側で計画的に購入収集しているように思われること、こうした根拠に基づいて、菊池は櫛田神社文庫は、まず同社神職の神道の教育研究機関として設立されたと見られる点が強いこと、藩が文庫設立を神社に働きかけた形になっているが、実は神社側から積極的に文庫設置を藩に働きかけていたと見られること、文庫開設とともに櫛田神社神職による神書講義が行なわれ、その講義では仏教排撃が行なわれ、それが講義に参加した人たちに熱心に支持されたことを、資料に基づいて推定している。

櫛田神社側がこのように仏教排撃を行なったのは、徳川幕府の基本政策が神仏習合論に立ち、神社の管理を寺院に委ねる政策をとり、櫛田神社の場合も隣接した東長寺がそれに当り、神社と寺院の間に確執があったこと、それに幕末期における国学の普及とともに、神道の仏教からの独立運動が高まっていた。このような一般的な状勢のもとで、櫛田神社の文庫建設と、それを足場にした神書講義が、排仏運動へのアジテーションとなって、若い人たちに刺戟を与えたこと、それが藩側からすれば、〝風俗面白からず候趣風聞有之候に付〟と、万事について波風の立つことを好まない幕藩体制下においては、文庫活動に基づいた神道イデオロギーの宣揚活動を、藩が抑えこんだのではないかと菊池は解釈したのである。

櫛田神社文庫を小野は桜雲館という名称で紹介しているが、菊池によると、この名称は櫛田神社文庫関係の書類では、さきに見た一八二二年の文庫取止めに関する覚書に出てくるだけで、他の文庫関係書類には一切出てこないこと、また、文庫の蔵書印も「櫛田社神庫」とある。文庫関係者である櫛田社神官や、文庫設立を推進した国学者たちは、文庫とともに神道、国学研究のための学問所設置を願い出ていたが、藩はそれを許さず、結局書籍手入所ということで、閲覧や事務室的なもののみ許可された。したがって、桜雲館という名称は文庫名ではなく、この学問所の名称として、文庫関係者が計画していたのではないかというのが菊池の推論である。

菊池によれば、櫛田神社文庫は文庫活動が取止めとなったとされる一八二二年以後も、文庫自体は存続したが、神道宣揚のイデオロギー的活動は藩によって抑圧された。したがって、神道の学問所としての桜雲館なるものも、文庫設立者たちによる計画にはあったが、実際は実現せず存在しなかったということになる。このように見てくると、櫛田神社文庫の顛末は、図書館史上の珍例ではなく、幕末期における神社文庫の性格を示す一例と見ることができよう[32]。

5・5・4　天満宮文庫と住吉文庫

北野天満宮文庫と京都書物屋仲間

江戸期における神社文庫の第二のパターンとして、書物屋仲間による新刊書の寄進による神社文庫の例を見ていこう。

京都の北野天満宮は菅原道真を祭神とするが、道真は文神として祭られているだけに、古くから書籍が奉納されていたようで、一一三一年に書籍が奉納されたことを示す記録があるという[33]。したがって、時代とともに書籍の集積は増大していったと思われるが、はっきりと文庫の設置が知られるのは、北野では一七〇二年に菅公八百年祭が行なわれた時で、京都の書物屋仲間が文庫講を組織して、新版摺立ごとに一部を文庫に奉納することになった。

大坂天満宮文庫と大坂書物屋仲間　大坂の天満宮にも古くから文庫があった。それが一七四〇年に大坂の書物屋仲間によって再建されて、書物屋仲間の文庫講によって維持され、新版一部ずつが奉納されるようになった。納本には「天満宮御文庫奉納書籍不許売買」の印をおした。文庫は一八三七年の大塩平八郎の乱の際焼亡したが、神社と文庫講が協力して、広く書籍の寄進を勧進して再建された。

京都の書物屋仲間のうち仏書を専門とする書物屋は、仏書を神社に奉納するのを遠慮したようであるが[34]、実際には北野でも大坂の天満宮でも、文庫の蔵書の中には仏典もある。神道研究に基づく神道の宣揚が意図されていた第一のタイプの神社文庫では、意図的に仏書を排したが、第二のタイプの神社文庫の場合は、奉納されるものはなんでも受納している。ここに第二のタイプの神社文庫の蔵書の無性格性が見られる。

大坂住吉神社と文庫講　同じことは大坂の住吉社の文庫についても言える。住吉神社は古来摂津一の宮として敬まわれてきた。書籍の奉納も古くから行なわれていたと思われるが、文庫の成立は一七二三（享保八）年で、京都、大坂、さらに江戸の書物屋が合同して文庫講を組織して、書籍を奉納し文庫を管理した。同年の記録によると、〝住吉文庫之儀は享保八年書林仲間之内にて発企致銘々奉納之書籍貯蔵〟してきたが、それは〝先第一は神徳を奉仰候ため且は書物焼失及び絶燬等出来有之候節は右奉納の書籍を更に拝借取下し再版可致節之備本[35]〟のため、文庫講によって維持、管理された。京都、大坂の天満宮文庫の場合も、文庫設立の目的には、神徳奉仰という信仰心とともに、焼失等の万一の場合、再版のための備本という、いかにも書物屋仲間の文庫講らしい二重の願いがあったと思われる。

神社文庫と図書の永続的保存　自分の著作なり、物心両面にわたる多年の苦労の結晶である自分の蔵書なりを、末長く世に残したいと願う場合、最も有効な方法は、聖俗両界における有力かつ永続的と思われる組織に献納することである。江戸期においては、俗界においてはそれは幕府であり、多くの好書大名たちは、善本を紅葉山文庫なり昌平校に献上した。たとえば、前に述べたように（5・4・2の（8）参照）好書大名市橋長昭が一八〇八年に、宋元版三十種を昌平校に献上した際の文章には、〝……物聚れば必ず散ずるはこれ理数也……挙げてこれを廟学に献ずるに若かず聖徳を獲籍して以て永く其れ伝はらんこと即ち長昭の素願也[36]〟とあった。もちろん、俗界の権力への書籍の献納は、その永く伝わらんことを願うだけでなく、自藩に対する幕府の好意の期待という、世俗的な願望も含まれていたことと思われる。

長昭の献本後六十年の後、江戸幕府は瓦解した。世俗の権力はいつか崩壊するが、聖界の有力なもの、とくに神社のように、自然宗教的な信仰に支えられたものはより永続的である。自分の著作なり収書なりが、永く後世に伝わることを願う場合、神社に文庫があり、書籍を受納し、しかも文庫講のような文庫を末長く管理運営してくれる組織があれば、神社文庫への書籍の献納は良策であろう。大坂の天満、住吉の文庫講は明治に至るまで続いて活動した。なお、住吉文庫の蔵書印には、天満宮文庫と同じように、「住吉宮御文庫奉納書籍不許売買」の印記があり、両文庫とも今日に伝えられている。

5・6　出版活動の発展と貸本屋

5・6・1　出版活動の発展

第一期　十六世紀末から十七世紀半ばまで　川瀬一馬は江戸期の出版文化の展開を四期に分けている。[37] 第一期は十六世紀末から十七世紀前半で、慶長から慶安（一六四八－五一年）の頃までである。この時期は古活字版全盛期であるが、古活字版は当時の多品種少部数の出版需要には適応したが、寛永期（一六二四－四三年）に入ると、古活字版では量的需要に応じえなくなり、再び整版に移っていく。古活字版は無刊記のものが多いが、それは書物の刊行の多くがまだ営利事業でなかったことを示している。しかし、時代とともに刊記を持つものが増え、刊行者に本屋と称する者も現れてくる。営利事業としての本屋の登場である。営利事業としての出版ということになると、古活字版ではなく、整版でないと事業として成り立たない。当時は本屋のほとんどは京都の本屋で、刊行書としては仏書や漢籍といった伝統的な書籍のほかに、新しく仮名草子や俳諧書等が刊行され始めていた。

第二期　十七世紀半ばから十八世紀初めまで　第二期は承応、明暦（一六五二－五七年）の頃から元禄期（一六八八－一七〇三年）までである。この時期も仏書、漢籍が多く刊行されるが、その多くは訓点本である。古活字版では訓点を施すことが技術的に難しかったが、整版になると、訓点を附刻したものが非常に多くなる。訓点本によって読者層が大きく拡大する。とくにこの時期の後期、浮世草子は西鶴の出現によって大きく発展するが、『好色一代男』（一六八一年）を初めて刊行したのは、大坂の本屋であった。その後も西鶴ものは多く大坂で刊行されたが、京都が儒、仏、国書のような伝統的な書籍を刊行し、その読者層も公卿、僧侶、武士といった従来の読書階層であったのに対して、大坂の出版物は一般庶民層を対象としていた。大坂での出版物は浮世草子のほか、日常生活に必要な知識を集めた重宝記類等の実用書の多いのが特色であった。

十七世紀後半江戸にも本屋が発展するが、その大半は京都の本屋の江戸出店であった。やがて仏書や漢籍類については、京都と江戸の本屋との間で、共同出資して刊行する例が増えてくる。しかし間もなく、刊行費の共同出資ではなく、刊行物の販売面での協力提携が多くなる。こうして京都、大坂、江戸の三都の本屋間の販売提携だけでなく、三都と地方、たとえば名古屋とか金沢、仙台といった地方の本屋との間の販売面の提携組織も成立し、刊行物の全国的な流通が進み始める。

第三期　十八世紀初めから十八世紀末期まで　江戸期出版文化史の第三期は、宝永（一七〇四－

一〇年）から天明期（一七八一－一八八年）頃までのおよそ八十年間で、出版文化の中心が江戸に移っていく。大坂の本屋が西鶴ものや実用書の出版で独自の領域を開拓し、従来の読者とは異なった新しい読者層を開拓、獲得したように、江戸の本屋も独自の出版領域と、新しい読者層を開拓していかなければならなかった。それがまず草双紙であった。

江戸の生んだ出版物である草双紙は、十七世紀半ば頃から売り出された赤本、黒本、青本と移り変り、十八世紀後半から十九世紀初めにかけて黄表紙となり、さらにそれを合本した合巻《ごうかん》となり、絵を主とした読物であった。こうした草双紙を出版する本屋を地本問屋《ぢほんどいや》と称したが、地本とは京都からの下《くだ》り本に対して、地元の江戸でできた本の意味である。これに対して、従来からの硬い本を出版する本屋を書物問屋《しょもつどいや》と呼び、江戸では本屋仲間もそれぞれ別に組織されていた。京都、大坂では単一の書物屋仲間だけで、その仲間所属の本屋が草双紙類の出版も行なった。上方の本屋に対抗して、独自の出版領域と読者層を開拓した江戸の出版業は、十八世紀末からは上方を凌ぐようになる。

第四期　十九世紀初めから幕末まで　第四期は寛政十一（一七九九）年頃から幕末までのおよそ七十年間ほどである。一七九九年には昌平校が漢籍の教科書を中心に様々のものを官版として出版し始める。官版についてはすでに述べたが（5・3参照）、諸藩においても幕府にならい多くの藩版を刊行した。藩版の場合は十八世紀初め頃から刊行され始めるが、その盛期はこの第四期である。第四期の出版も多くは整版であるが、寛政期（一七八九－一八〇一年）頃から、藩版や私塾のテキスト、さらに私家版等小部数の刊行には活字版が用いられてくる。これらを古活字版と区別して近世活字版（本）と呼ぶ。木活字版は十七世紀後半以降全く用いられなくなったのではなく、江戸期を通じて細々と続いていた。かつて時代の大きな変革の時期に古活字版が一気に花開いたように、江戸後期再び時代の変化の予兆とともに、近世活字版の胎動が始まるのである。しかし、すでに幕末である。欧米列強からの政治的、文化的な外圧により、幕府もついに門戸を開き、やがて明治維新である。わが国の図書文化は、用紙、印刷、造本の面で和装本から洋装本へと、全く新しい一大変革の時代を迎えるのである。

5・6・2　貸本屋の成立と発展

出版業と読者　十七世紀前半から営業的出版活動が成立してくるが、三都を中心として出版された本は、どのようにして読者の手に渡ったのであろうか。京都の本屋のように、伝統的な読書階級である公卿や僧侶、上層町人層という固定的な読者層を持っていた場合と違い、大坂や江戸で出版業が成立するためには、新しい読者層を開拓し、また新しい読者層に迎えられる出版物の刊行が企図されねばならなかった。

今日では出版社と、出版物を小売りする書店とは一応別であり、読者の多くは書店の店頭で欲しい本を入手するが、江戸期では本屋は出版もし、店頭で販売もし、古本も取り扱った。今日のような分業体制にはなっていなかったのである。

貸本屋の成立　三都にしても本屋の数は限られていたので、三都の住民でも、必要に応じてその都度本屋まで足を運ぶことは困難であった。都市地域以外の人にはなおさらのことである。そこに貸本屋が成立し、本屋と本屋まで足を運び難い読者を結びつけたのである。貸本屋の成立は、本屋と読者の空間的距離をただ結びつけただけではない。まだすべて製作が多くの人の手仕事からなる書物の値段は、一般の物価に比して割高であった。したがって、とくに娯楽的な読物は、読むことができれば自分の蔵書にする必要はない。貸本で用は足りるし、買うより借りる方が、はるかに安くつく。とくに草双紙や洒落本、滑稽本、人情本等の類は、伝統的な仏書や学術書より見料も安かった。

出版者と貸本屋　出版者である本屋にとっても貸本屋は、とくに娯楽的な出版物の場合は、もっとも上得意の顧客であった。それに、貸本屋は読者の好みがよく解る。貸本屋はどんな本がよく借りられるかで、直接に読者の好みを知ることができ、貸本屋はそれを出版元である本屋に伝える。こうして、貸本屋は出版者と読者を結ぶ重要な仲介者となるのである。したがって、貸本屋の成立は営業的出版者の成立を前提とする。貸本屋の出現は、京都で営業的出版が本格的に成立する寛永期（一六二四－四三年）以前に遡ることはできないであろう。

貸本屋に関する記録　営業的な出版業については、出版物そのものに刊記があったり、本屋仲間が組織されたりして、記録が残りうるが、貸本屋には貸本屋だけの正式の組織もなかったので、はっきりした記録がない。貸本屋は本を貸すだけでなく、場合によっては本を売ることもある。そうなると、正式の本屋仲間に加入していない者が本を売買したということで、本屋仲間と争いごとになって記録に残ることがある。あるいは読物や俳句や狂句等の中に貸本屋が登場したり、貸本利用者の日記等の個人的な記録の中に、貸本に関することが記載されたりする。いずれにしても、貸本屋については組織立った記録に乏しいが、いろいろな記録類からの発掘により、いくつかの研究成果がすでにあり[38]、その実態も明らかになってきている。

江戸期貸本屋の実態　十八世紀を通じて三都を中心に発展していった貸本屋の中からは、出版業に転じたり、貸本向きの娯楽作品の著者になる者も現れた。十九世紀に入ると、貸本屋で店を構えて客を待つ者も出てくる。利用者のもとまで出かけていく貸本屋では、本の種類や量がごく限られるのに対して、店構えの貸本屋では、大量の書物の中から利用者は本を選ぶことができた。従来の貸本屋がごく小規模の有料巡回文庫であるとすれば、店構えの貸本屋は小型の有料公開図書館であった。

江戸期における貸本屋の成立と発展は、十七世紀末からの草双紙類を始めとする大衆向きの娯楽読物の隆盛と、十八世紀以降急速に広まった寺小屋を中心とする庶民教育の普及による、一般民衆の識字率の向上に支えられていた。江戸初期の日本の一般民衆の識字率は、すでに三〇－四〇％はあったと考えられている[39]。

十九世紀初頭の江戸における貸本屋は、一八〇八年で約六五〇軒、一八三二年には約八百軒もあった。大坂ではその頃約三百軒が営業していたという[40]。三都だけでなく、貸本屋は全国各地で営業するようになり、明治期に至っている。明治初期の貸本屋については、〃……己が背よりも高く細長い風呂敷包みを背負い込んで、古風な貸本屋が我々の家へも廻って来たのは明治十五、六年までで（中略）背取りの貸本屋はボツボツ引退、代って居付きの貸本屋が増え……〃[41]たと、前田愛は書いている。

大野屋惣八　このような居付きの貸本屋として明治まで続いた有名な貸本屋に、名古屋の大物こと大野屋惣八がいる。大惣は一七六七年の創業と言われ、一八九九年の廃業まで一三〇年間ほど続き、武士から一般庶民に至るまで幅広く利用された。江戸期には曲亭馬琴や十返舎一九も立ち寄っており、明治期では坪内逍遙や水谷不倒も利用客であった。大惣は創業以来、その蔵本は一冊も売らなかったと言われ、したがって、明治中期の廃業に至るまで、その蔵書は江戸後期以降の利用者の読書傾向や出版状況などを知りうる好個の資料である。その目録による長友千代治の計算によれば、廃業時の蔵書数は一万六七三四種類、置本四七一〇種、不明本五四三種で、総数二万一四〇一種であったという[42]。

置本というのは、貸本屋であるからよく利用されるものは複本を備えていたが、その複本の種類数である。後の帝国図書館である東京図書館が、湯島から上野に移転した一八八五年の蔵書数は和漢書一万二千部、洋書五二〇〇部であったから、質はともかく量だけみれば、当時の国立図書館は名古屋の一貸本屋に及ばなかったのである。大惣本の大部分は、今日国立国会図書館、東京大学、早稲田大学、京都大学の各図書館に、それぞれ大惣本としてまとまって所蔵されている。

5・7　江戸幕府の出版物取締と本屋仲間

5・7・1　江戸幕府の出版物取締

カトリック教会の禁書目録　わが国における図書文化史の上では、江戸期に至るまで、中国や西欧におけるような焚書、禁書というような、聖、俗の権力の側からの特定の図書に対する断罪は、切支丹版の場合を除いて、余り見られなかった。わが国においては、図書文化は貴族、僧侶、武士といった支配階級の間にのみ専有されてきたからと考えられる。

中国では紀元前三世紀秦の始皇帝によって焚書坑儒が行なわれ、大量の書物が火中に投じられた。西欧においてはギリシア、ローマの古代から、特定の著者の書物が権力者によって焼かれ、近世ではローマ・カトリックの宗教裁判所が、一五五九年に『禁書目録』(Index Librorum Prohibitorium) を刊行し、特定の書物に対する組織的な弾圧を加えた。この禁書目録が廃止されるのは、実に四百年後の一九六六年六月のことであった[43]。

十五世紀半ばに近代活字印刷術がグーテンベルクによって始められた時、カトリック教会はこの新技術を歓迎したが、やがて教会は、新技術が反権力の側に武器を与えることになることに気づいた。十五世紀後半から早くも印刷者だけでなく、出版者さらには著者まで処罰しうるような体制が次々と作られ、処罰の対象とされた書物のリストが、一五五九年に初めてまとめられ、時代とともに相次いで禁書目録が、西欧では作成されていったのである。

幕府の出版物取締　江戸幕府を開いた家康は、朝鮮から新しく伝来された活字印刷術を積極的に採用し、伏見版、駿河版を刊行し、政権の思想的基盤である儒教思想普及のため、印刷業の発展に努めた。しかし、印刷文化の発展により図書文化が普及するとともに、やがて支配階級による図書文化の独占は崩壊し、間もなく印刷文化、図書文化の発展は、被支配階級に権力に対抗する武器を与えることになっていく。

こうして、わが国においても、権力の側からの、書物の出版に対する抑圧が行われ始める。一六二一（元和元）年にまず切支丹関係書の輸入が一括禁止になったが、やがて、それ以外の国内の出版物に対しても、幕府からの弾圧が行なわれ始める。とくに五代将軍綱吉以後、貞享、元禄と繰り返し出版物取締令が出され、従来の見方、考え方と異なった〝猥成儀異説等《みだりなる》〟をとりまじえた書物の刊行は、堅く〝無用たるべき事〟とされたのであった。この享保七（一七二二）年の八代将軍吉宗の時代の取締令は、それ以前及びそれ以後にしばしば出された取締令の代表的なものであるが[44]、こうした取締令はようやく発展を始めた江戸期の庶民文化の、創造的な展開を押し潰すことになるのである。

享保の出版条令　江戸期における代表的な出版物取締条令として、一七二二（享保七）年の条令を見てみよう。この条令は五項目から成っている。第一条では、いい加減なことや異説等を書いてはならない。第二条は好色本は絶板にする。第三条は人々の家筋や先祖のことについて書いてはならない。第四条では、すべての出版物は奥書に著者名、板元名の実名を示すこと。第五条では家康公や徳川家のことは、一切書いてはならないと定めている。これでは、自由な意見は全く封じられてしまうことになる。その後、相次いで多くの書物が、こうした条令に違反したとして、著者、出版者が厳しく処罰されるのである。

好色本の禁止

享保の条令は、当時すでに出版され続けていた全国的な書籍の販売目録にすぐに影響してくる。この条令の後の一七二九年の『新撰書籍目録』では、享保の条令で禁止されたため、これまでの目録では掲載されていた好色本の部門が、この目録では除かれてしまった。これ以後に出る目録でも、好色本はすべて除かれるのである。

出版条令による刊記の明記

条令ではその第四項で、作者ならびに板元名を実名で奥書に示すよう定めているが、このことは、明治維新後の一八七二年に公布された「出版条例」の第一条〝出版ノ書ハ必ス著述者并ニ出版人ノ姓名、住所等記載ス可シ〟に、そのまま引きつがれている。刊記を奥書に明記することは、日本の書籍の一つの特色となっている。

奥書の刊記に当るものを、西欧ではColophonと呼ぶ。ギリシア語で「仕上げ」を意味する言葉に由来するが、西欧中世の写本時代には、写本を書き終えた写字生が、巻末に自分の名前や日付を書きこむことがあった。これがコロフォンであるが、十五世紀半ばに活字印刷術が始まった時、初期活字印刷本（incunabula）では、写本の慣行に従って、印刷者や出版者の名前をコロフォンとして、巻末に印刷した。しかし、十五世紀末頃からタイトルページが一般化してくると、コロフォンに記載されていた事項がここに移されたが、十六世紀半ば頃まではコロフォンのあるものがある。

寛政期以後の出版条令　幕府による出版に関する取締条令は、その後も幕末までたびたび出される。たとえば一七九〇（寛政二）年五月には、老中松平定信による寛政の改革の一環として、改めて出版取締りの条令が出る。享保のそれと大体同じであるが、その第二項には、〃書物類古来より有りきたり候通りにて事すみ候間、自今新規に作り出し申すまじく候〃とある。すべて今まで通りの書物がありさえすれば、それで事はすむ。新しい書物は無用と述べているところに、当時の封建的体質が露呈している。今日では全く考えられない言説である。また第四項には、〃浮説の儀を假名書や写本等にして、見料をとって貸出してはいけない〃とある。書物流通の上で、大きな役割を果たしていた貸本屋に対する取締りの一端が、ここに現れている。

このような取締令を何度か出しても、時日の経過とともに守られなくなる。そこでまた改めて条令を出すということの繰返しであった。そして最後に一八四二（天保十三）年に、また改めて書籍出版に対する条令が出るが、基本的には享保の条令となんら変るところはない。

出版条令違反者に対する処罰　幕末に至るまでに、これらの条令違反者として処罰を受けた者として、小林善八は一六六六年の山鹿素行に始まって幕末の平野国臣に至る四十二名の氏名と、処罰対象となった書名及び処罰の種類をリストしている。(45) それは獄門、死罪から流罪、籠舎、幽閉、武士の場合は切腹と様々であるが、幕府が体制維持のため、いかに出版物に対して神経質なまでに、対処していたかがうかがわれるのである。

明治期最初の出版条令　政治権力による出版物に対する取締りは、明治維新後にも引きつがれる。一八七二（明治五）年の明治期最初の「出版条令」も、第二条で〝妄ニ成法ヲ誹議シ人罪ヲ誣告スル事ヲ著スルヲ許サズ〟とあり、第四条では、〝図書ヲ出版スルニ先ツ其書名著述出版人ノ氏名住所書中ノ大意等ヲ具へ文部省へ出シ文部省ニテ検印シ彼ニ付ス　此レ即チ免許状ナリ〟とある。これはまさに検閲にあたる。さらに第七条では、〝官ニ告ゲズシテ書ヲ出版スル者并ニ之ヲ売弘ル者アレバ板木及ビ製本ヲ没入シ罰金ヲ出サシム可シ〟とある。まず板木を没入すると述べているところに、当時出版ではまだ活字印刷より整版が本流であったことが解るのである。江戸期以来、活字版は整版よりは私的な印刷物と見られ、活字版の場合、幕府の取締りも比較的緩やかであった。

5・7・2　本屋仲間

本屋仲間に対する布令　享保七年の条令で注目すべきいま一つの点は、その最後で、〝仲間で吟味を致し違反これ無きよう〟に心得よと、述べていることである。ここで仲間というのは、本屋仲間のことであり、出版物取締りのために、まず本屋仲間の間での自己規制を求めているのである。一七九〇（寛政二）年の条令では、さらに厳しく、条令に触れるような書物の出版を、〝若し見のがし聞きのがしに致しおき候はば、当人は勿論仲間の者までも咎め申しつくべく候〟と、本屋仲間の連帯責任を厳しく問うている。

一般に出版物の取締りにおいてもっとも効果的であるのは、個々の出版物について個別的に処罰するよりも、出版側にまず自己規制を行なわさせることである。そのことによって、取締まる側は自ら手を下すことなく、最大の効果を挙げうるのである。不法があれば、本屋仲間まで処罰することは、出版側の自己規制を促すに十分である。

本屋仲間　ここで江戸期の出版業に大きなかかわりを持った本屋仲間について、簡単に見ておこう。戦国時代以来の農民一揆や一向一揆のように、民衆が団結してその目的を貫徹しようとする行為は、全般的な反権力闘争に結びつき易い。なんによらず、民衆が特定の目的のために組織を作ることを恐れていた江戸幕府は、〝一味同心の寄合何事によらず御法度〟にした。また、江戸期に入り商品経済の発展にともない、同業者が仲間を作り、価格や流通を統制することも、幕府は制限してきた。一六五七年の町触れで、〝諸商人中ヶ間申合停止〟を幕府は命じている。

重板、類板の問題　しかし、出版業が発展してくると、本屋間での利害が絡む紛争が起りがちである。それは特に重板、類板の問題である。今日のように、著作権という知的所有権が確立していない当時、ある本屋の出版物が好調な売行きを示すと、他の本屋が早速同じものを出版する。これを重板という。あるいは、重板のように同じものではないが、少し違えて類似したものを出版する。これを類板という。たとえば一七一五年の『増益書籍目録大全』に出ている本屋の数は、すでに四百軒を超えている。まだその大部分は京都の本屋であるが、このように本屋が増えてくると、重板、類板の問題が起きてくる。こうした本屋間の紛争を調停したり、または紛争が起きる以前に、あらかじめ重板、類板でないことを確認するための組織が必要になってきた。出版業界の発展とともに、こうした紛争が起きないように、本屋間の申合せで自主的に本屋仲間が成立したのである。

その最初は、まず当然のことながら京都の本屋仲間であった。組織自体が自主的なものであったから、はっきりした資料が無いため、京都での仲間結成の時期は明らかでないが、蒔田稲城は元禄以前にすでにあったと推測している(46)。

本屋仲間の公認　しかし、本屋仲間が自主的な組織である限り、公的な権限は持ちえない。それで、大坂にも、京都と同じような本屋仲間の自主的な組織が成立したが、仲間うちで重板、類板禁止の申合せを行なっても、実効が挙がりにくい。それで一六九八（元禄十一）年に大坂、京都の本屋仲間が、それぞれ奉行所に願い出て、重板、類板禁止の町触が、大坂では同年八月、京都では十二月に公布された。

しかし、重板、類板をただ禁止しただけでは実効がともなわない。禁止が実効を挙げるためには、本屋仲間を公認し、それに取締りを委ねるのが早道である。これは単に出版業に限ったことではない。商業活動が一般に活発化してくると、各種商工業者の間に紛争が起きてくる。幕府自体がそうした事態にいちいち対応するのが困難になってくると、従来のように、商工業者の間の仲間を禁止するよりも、仲間を組織させ、仲間うちで紛争を処理する権限を与えるのが早道である。そこで一七二一（享保六）年七月に、〝諸商人諸職人仲間を究め月行事を相定め候こと〟という布令によって、諸商人仲間を公認したのである。四十七軒で構成されていた江戸の本屋仲間は、この年に公認された。

その翌年の一七二二年には、前に述べた享保の出版物取締り令が公布され、それにより、一七二三年大坂の本屋二十四人が連名で奉行所に願い出て、本屋仲間が公認される。大坂、江戸よりも出版業においては先行していた京都では、すでに一七一六（正徳六）年に本屋仲間が公認されていた。[47] こうして、三都では本屋仲間が公認され、本屋仲間によって仲間うちの紛争だけでなく、幕府の企図していた出版物の取締りに当らせたのである。

5・8　個人文庫と公開図書館への動き

5・8・1　武士の個人文庫

江戸後期には、大名の中に好学好書の人たちが多く現れ、優れた文庫を持つ者があったが、文教の発展は武士階級の間だけに止まらず、一般庶民層の間にまで好学好書の風が及び、優れた文庫を持つ者がでてきた。ここでは、まず一般の武士階層の間に見られた代表的な文庫について述べていきたい。

（1）　近藤重蔵（正斎）（一七七一－一八二九）

十八世紀末から十九世紀にかけて、幕臣で文庫の所蔵で名のある者としては、まず近藤重蔵を挙げることができよう。近藤は紅葉山文庫の書物奉行を勤めたこともあり、『御本日記』、『右文故事』、『好書故事』、『正斎書籍考』等の書誌学上の優れた業績を始め、その生涯において著した書物

は一五〇〇巻を下らないと言われている。(48)

小野則秋によると、近藤は擁書城と称する二階建土蔵造の書斎を、書物奉行の時自邸に建て、二階に書物を、一階には勾玉等の古物を置いたという。(49) 彼は書物奉行に任ぜられる前、幕命によって蝦夷地の調査開拓に当ったように、剛健の士であり、単なる書斎の人ではなかった。書物奉行に任ぜられるや、十二年間ほどの間紅葉山文庫の秘籍に触れ、彼の書誌学研究は大いに進んだ。一八一九年書物奉行の任を解かれ、大坂御弓奉行として二年ほど大坂にあったが、一八二一年江戸に帰ると、瀧川に別邸を構えて書物を集め、翌年瀧川文庫を設けた。しかし、子息の罪に連座して家は改易となり、一八二七年十月より江州大溝藩に幽閉され、一八二九年六月五十九才で幽閉の身のまま病没した。そのため、彼の文庫としてはまとまった形で後に伝わらないが、蔵書には「正斎蔵」「近藤守重」等の印記がある。

(2)　屋代弘賢（一七五八－一八四七）

近藤と同じく、幕臣の蔵書家として名を識られている者に屋代弘賢《ひろかた》がいる。彼の文庫を不忍《しのばず》文庫と称したのは、その蔵書を谷中不忍池畔宮下の三棟の書庫に収めていたからである。彼は能書家としても知られ、幕府の奥御右筆《ゆうひつ》として勤めた。

文庫の蔵書は五万巻を超えたと言われるが、文庫の成長とともに作成された数点の『不忍文庫書目』が、不完全なものであるが残されているので、蔵書内容を知ることができる。蔵書の特色は和書が多いことである。武士階級の文庫は漢籍に富むものが多いが、時代とともに大名家の文庫にも和書が増えたように、不忍文庫も和書に富むのは時代の反映でもあるが、弘賢はわが国の故事や起源を考証し、絵図入りの百科事典形式の『古今要覧』を企図していたからである。残念ながら、この企ては実現に至らなかった。

弘賢は、典籍を愛好し故実の研究に関心の深かった阿波の蜂須賀斉昌の知遇を得ていたことから、弘賢の没後その蔵書は一部を残して、すべて蜂須賀家に献納された。蜂須賀家の阿波国文庫は、昌平校の教授であり、寛政の三博士の一人と言われた柴野栗山の蔵書の献納も得た。弘賢の蔵書は和書に優れ、栗山のそれは漢籍に優れていたので、両者を併せ加えた阿波国文庫は、加賀前田家の文庫に匹敵すると称されていた。阿波国文庫は徳島県立光慶図書館に引きつがれていたが、同館が第二次大戦の際の戦火に遭った後、戦後ようやく復興した図書館がまたもや全焼したため、阿波国文庫中の不忍文庫の蔵書も失われてしまった。

(3) 新見正路(一七九一–一八五二)

屋代弘賢と親交のあった新見《しんみ》正路《まさみち》も幕臣で、一八三〇年には大坂西町奉行として治績を挙げた。彼の後任が跡部良弼《よしただ》である。跡部は一八三六年の飢饉の際、米価が高騰し、大坂の窮民の中からも餓死者が相次いだにもかかわらず、彼が適切な対処をなしえなかったため、翌年ついに大塩平八郎が乱を起すことになった。大塩はすでに大坂東町奉行所の与力を退いていたが、陽明学者として知られ、五万巻と言われた洗心洞文庫を蔵していた。彼は乱に先立って蔵書一切を売り、窮民の救済にあてたが、跡部はそれを大塩の売名行為とし、かつ奉行所の不手際を難ずるものと批難したので、大塩もついに決起したのである。

新見はその文庫を賜蘆《しろ》文庫と称したが、大坂町奉行の時代、それは三年足らずの間であったが、京畿の地はさすがに古版旧鈔の珍籍多く、かつ中国舶載の漢籍を得るにも便利であると喜び、大いに集書に努めた。蔵書数は三万巻をこえ、その蔵書目録に『賜蘆書院儲蔵志』十巻がある。その序文に〝脯資を節縮して購書の資に充つ〟とある。大名や富商でない一般の武士や庶民が書物を収集するには、新見のように生活費を節せざるをえなかった。近藤重蔵と同じく書物奉行の任にあった鈴木成恭（白藤）（一七六七－一八五一）も白藤文庫を持っていたが、蔵書印には「節縮百費日日積之」とあり、また本草家阿部春庵の蔵書印にも「損衣食所聚」とあるという。(50) 昔も今も、精神の糧を豊かに収蔵しようと望めば、衣食の資を節せざるをえなかったのである。

しかし、この時代の集書家たちは、集書のため衣食の資を節して購書に努めただけでなく、必要な書籍はまた借書して、自ら写本を作成した。写本の作成もまた集書の重要な手段であった。それには速筆であり、できれば能筆であることが望ましい。屋代はとくに能筆で知られ、近藤重蔵や新見正路は速筆で知られていた。鈴木は一日に数千紙を写したと言われ、近藤は一昼夜に七冊を謄写したと言われている。江戸期以来印刷の業は栄えたが、必要な資料について写本を作成することは、今日のような簡便な複写機器が発達するまで、なお続いたのである。

5・8・2　町人の個人文庫

(1)　狩谷望之《もちゆき》（棭斎《えきさい》）（一七七五－一八三五）

江戸後期とくに寛政期（一七八九－一八〇〇年）以降、武士階級以外の人たちの間にも、蔵書家が多くなる。そのうち特に有名な者に狩谷棭斎がいる。彼は青裳堂という本屋であった。店は不忍池の近くの屋代弘賢の邸に近かったので、弘賢とは商売上のつき合いとともに、和漢の学について教えを受けた。棭斎は一七九九年二十五才の年に、親戚狩谷家の養子となった。狩谷家は津軽藩御用達の米屋で財力豊かであった。幕臣の好書家が百費を節してようやく蔵書を積むことができたのに対して、彼は収書に必要な費には恵まれていた。その蔵書は二万巻を超え、青裳文庫と称した。文庫には和漢の善本、稀書が豊富に集められた。狩谷棭斎の学問の特色について、川瀬一馬は、彼が純粋に学問研究（国学）を貫き通したことを挙げている。その理由として、彼が学問を職業とする学者ではなく、町人であったこと、そのため当時の学者と異なって、政治と結びつく実学を修めず、純粋に学問研究を守り通したことを挙げている。彼の業績が今日もそのまま通用し、役立つのもそのためであると川瀬は指摘している(51)。

狩谷棭斎の蔵書に善本が豊かであったことは、彼が古典籍に対して、学識に基づく優れた鑑識眼を持っていたからである。わが国最古の漢籍目録である『日本国見在書目録』も、彼が京都の書肆で見出して、入手したものである。この目録については、すでに『河海抄』にも記録されているが、その存在は知られていなかった。京都西郊の梅宮神社神官で書誌学者であった橋本経亮は、その著

『梅窓筆記』下巻（一八〇六年刊）で、京都の書肆で〝大和室生寺ノ印アル古本粘葉一冊〟のこの目録を見たことを誌している。そして、〝希代ノ書ナリ。得テミルベシ。予写シオカサリシハ遺恨ナリ〟と、入手も筆写もしなかったことを悔いているが、この目録はいち早く江戸の棭斎の手に入っていたのである。それはやがて屋代弘賢に借出され、手写されている。その後目録は『続群書類従』に収められて、世に広く知られることになる。

棭斎の没後その蔵書は散逸した。宋元版の一部は、新見正路の賜蘆文庫に入ったという。

(2) 小山田与清《ともきよ》（一七八三―一八四七）

棭斎と同じく町人でありながら、優れた蔵書を持った者に小山田与清がいる。彼は武州小山田村に生れたが、棭斎と同様に一八〇三年二十一才の時、江戸の豪商高田家の養子となり、高田姓を名乗ったが、後年また小山田姓に復した。与清の蔵書は五万巻とも言われ、文庫名を擁書楼と称した。文庫の竣工は一八一五年であるが、弘賢の不忍文庫や棭斎の青裳文庫のように、好学の士には与清も書物を貸出した。ただ擁書楼で他の文庫と相違しているのは、「文庫私令」という貸出規則を作って、書物の借用を請う者は、「相当之物」を質として置かねばならないと定めていることである。彼の商人らしい一面を示していると言えよう。

与清は博学で知られ、その著作七十余種、とくに考証、注釈、校訂が多いが、彼がとくに畢生の事業として取り組んだのが、三十年間にわたって力を尽した『群書捜索目録』であった。これは多数の古典に出てくる語句や人名、地名等の索引で、採録の書名を略語で示したものである。まことに大がかりな仕事であるが、索引語のとり方に一定の規準がなく、索引としてはまだ不十分であった。一八一五年から始めたこの大事業は、一八三三年には一五〇〇巻、一八三九年までに二千巻に達したと言われるが、今日に伝わるものは、その一部にしかすぎない。

徳川御三家の水戸家の文庫の項で述べたように、与清はその博学を買われて、水戸家の『大日本史』の編纂事業に参加したが、一八四五年病を得、翌年文庫の蔵書を水戸家に献納、一八四七年三月六十五才で没した。第二次大戦までは水戸家の蔵書中に与清の献納書が所蔵されていたが、大戦の戦火にそれも失われた。

(3) 木村蒹葭堂(一七三六－一八〇二)

十八世紀後半以降大坂で町人を中心とした学問研鑽の組織として、懐徳堂と混沌社が知られているが、後者は詩文の面で名があった。ここは武士だけでなく、町人、医師と、その職業や身分の相違をこえて、詩文を中心として結ばれた結社であり、蒹葭堂もまたこのようなサークルに属して、その才能を開花させた。彼の交友は大名から庶民にまで及び、日々多くの来客を迎えた。

彼の学殖は世に知られた豊かな蔵書に基くものであったが、彼が収集したのは書籍だけにとどまらず、古人の書画、草木金石、珠玉、虫介鳥獣、古銭古器等、博物、本草から考古資料に至るまで収蔵されていた。しかも、彼の収集は単なる趣味、愛玩のためではなく、彼の言葉によれば、すべて〝考案の用〟として、研究を目的とした収集であった。彼と親交のあった平戸藩主松浦静山がその著書『甲子夜話』の中で、一七九〇年の蒹葭堂からの来翰で、その蔵書がすでに二万巻に達したと書き送ってきたと述べている。

また、『先哲叢談』には、〝浪華の木村巽斎、学を好みて嗜み博く、兼葭堂を築き、古今の書籍十万余巻を収蔵す〟とある。蔵書数がこのように急激に増加したのは、江戸の蔵書家吉田篁墩の蔵書を一括入手し得たことによる。

吉田篁墩（一七四五－一七九八）は清朝考証学の影響を受けて、わが国で書誌学を興した初期の学者である。その著書『活版経籍考』二巻は、わが国で初めて活字版の歴史を叙べたもので、今日から見れば失考が多いが、書誌学史上重要な著作である。篁墩もまた蔵書家として有名であり、兼葭堂もその蔵書の優れていることを知っていたので、『先哲叢談』によれば、千金を投じてもこれを入手したいと思っていた。一方篁墩は知命（五十才）をこえ、余命の少ないことを思い、蔵書を売って子孫のため田宅若干を得たいということで、その蔵書が江戸から大坂の兼葭堂のもとに移ることになったのである。篁墩は一七九八年五十四才で没したが、その蔵書を望み通り併せえた兼葭堂もまた、篁墩の死から四年後の一八〇二年正月に六十七才で没した。

ところが兼葭堂の没後間もなく、その年の四月、大坂の奉行所から遺族に対して、蔵書目録の提出が命じられ、さらに翌月には書籍以外の物八百点余の目録の提出が命じられている。そして翌年五月より数度にわたって、和漢の書籍をはじめ物産五十点余の幕府への献上を命じている。幕府はその代償として、一応五百両を交付しているが、これは全く強制的な買上げであって、買上げられた書籍、物産は昌平校学問所に収められた。こうした強制的買上げは他に例を見ないことで、何故そういうことが行なわれたかは明らかでないが、そのこと自体一面で、兼葭堂の蔵書の重要性を物語っているであろう。

5・8・3　公開図書館への動き

(1)　河本一阿の経宜《けいぎ》堂

江戸期も十八世紀後半以降になると、不特定多数の一般の人たちの利用を前提にした、個人の設置による公開図書館が現れてくる。そのうちもっとも早いものの一つとして紹介されるのは、岡山の経宜堂である。これは河本《こうもと》一阿の個人文庫である。河本家は岡山の町の総年寄をつとめ、各地に支店を持つ富商であった。小野則秋は現存する蔵書目録に宝暦七（一七五七）年七月改めの書入れがあり、最後の図書改めが文化五（一八〇八）年になっているので、この間五十年間程活動していたのではないかと推定している(52)。

河本家が蔵書に富んでいたことは、橘南谿の『北窓瑣談』にも、〝庶人にては備前の鴻本氏（河本氏）など甚だ書に富りと云。〟と、誌されていることからも解る。しかし、この文庫がどこまで一般に公開されたものであったかどうかは、はっきりしない。小野則秋は文庫が公開されていたことを示す証拠として、蔵書に「またがしならぬ」の印記があり、また複本が多く、しかも端本の多いことを挙げている。しかし、同じような印記に、本草家阿部櫟斎の「またがしはいや」がある(53)。また、貸本屋の本には、「またがし御無用」の印記が往々にあり、「またがしならぬ」の印記だけで、文庫公開の根拠とするのは不十分であろう。ただ、複本、端本の多いことは、公開利用を物語るかと思われるが、いずれにしても、経宜堂がどの程度に公開性を持ったものであったかについては、まだ十分に明らかにされたとは言い難いであろう。

経宜堂の蔵書は文化五（一八〇八）年改めの目録によれば、総計四五七四部、約三万二千冊を数えたが、文庫は一阿の孫訒軒《じんけん》の代に家運が傾き、蔵書も売却された。経宜堂の蔵書が貸出されたことは事実であろうが、それは単に文庫主の好意に基づくだけのものであったのか、それとも蔵書収集の段階から、公開利用を前提としていた公開図書館であったかについては、さらに今後の検討が必要であろう。

(2) 青柳文蔵の青柳館文庫

一八三一（天保二）年青柳文蔵が仙台に設立した青柳館文庫は、個人によるわが国での公開図書館のきわめて早い例であろう。この文庫については、一九一一年十一月の『図書館雑誌』(no. 13 一一一七頁）に掲載された、大槻文彦「天保二年設立図書館青柳館文庫並青柳文蔵伝」で、館界に紹介された。その文章の初めに、〝仙台の人青柳文蔵、天保二年に私費を以て、仙台に図書館を建てて青柳館文庫《せいりゅうかんぶんこ》と称し、衆庶に縦覧せしむ。是れ、我国公開図書館の嚆矢なり。〟と、大槻は書いている。

青柳文蔵は一七六一年九月仙台藩領の磐井郡松川村で生まれた。青柳家は代々農を業としたが、父は小野寺家に養子となって医を業とした。文蔵は幼時から怜悧であったので、父は医をつがせるため、他村の医師に師事させたが、彼は医業を嫌って家に帰ってしまった。父は怒って彼を勘当したので、父に許されなければ小野寺を称しないということで、父の生家の青柳を称することになった。その時彼は十八才、僅かの銭を持って江戸に出、学問に志した。しかし、資産が無ければ学問での成功は成り難いと気づき、以来いろいろの仕事に就き、五十才代には富を積むことができた。(54)富を得るとともに彼は収書に努め、蔵書は二万巻に達したが、文蔵はすでに七十才に近く、自ら学を成すことが困難であると思い、文庫を設立して、貧のため書物に接することのできない多くの人たちの利用に供することにした。

文蔵は一八二九年三月仙台藩に自分の蔵書二万巻を献じ、城下に土地を賜り、文庫を設けて衆庶の利用に供したいと願い出た。藩はこの願出を許し、藩校医学館の地に土地を与えた。文蔵は蔵書のほかに、文庫の基本金として千両を献じ、文庫は一八三一年二月に完成、青柳館文庫と称した。文庫は医学館に属し、藩から職員二人が与えられて一般に公開された。文庫の活動は明治維新まで続けられたが、維新後は蔵書は散逸、宮城県立図書館に三千余巻を蔵すと大槻は伝えている。青柳文蔵は一八三九年三月に七十九才で病没した。

青柳館文庫で注目すべきことは、その設置に当り、一私人の設立ではあるが藩の公認を得、人手において藩の援助があったことと、なによりも設置者が初めから衆庶の利用に供するという、パブリックな目的を持っていたことである。このような設置目的に対しては、藩も公的な援助を与えることが可能であったと思われる。他の私的な個人文庫が、文庫側の意図で公開したというだけで、公の側からのなんの位置づけも与えられていなかったのに対して、青柳館文庫が藩の援助を得たということは、この文庫が最初から公的な位置づけをある程度獲得した、あるいは与えられた図書館であったことを示すものである。幕末の動乱期にもかかわらず、この文庫が明治維新までの三十数年間活動を続けえたのも、文庫が持ちえたパブリックな面によるものであったと言えるであろう。

(3)　竹川竹斎の射和文庫

射和《いざわ》文庫は射和村（現松阪市）に、竹川竹斎が設立した文庫である。この文庫については、植松安が一九三六年に『図書館雑誌』（三〇巻八号）に報告したことから、館界の注目を集めるようになった。植松はこの文庫を、〝パブリック・ライブラリに殆ど近い性能を持った〟ものと紹介している。植松に続いて図書館史家竹林熊彦も、この文庫について紹介し、〝わたくしの手許にある資料から見ると、完全に公共図書館たる性能を備へてゐるものと言ひ得る。(55)〟と、述べている。

植松や竹林は射和文庫をパブリック・ライブラリとか、公共図書館の性格を持つものと述べているが、どのような点から、そのように規定したかは明らかでない。竹林はまた、明治以後竹斎が二十五名と社を結成し、新聞を共同購入し、社中で回読後は有志の人に貸読せしめたということから、〝組合図書館（サブスクリプション・ライブラリー）の如き観あるも、その公衆性には疑を挾む余地はない(56)〟と、述べている。

射和文庫を竹斎がいつ設けたかについては、植松と竹林の前記文章、および小野則秋の『日本図書館史』にも明記されていない。竹林はまたこの文庫について論じた後の文章で、射和文庫の起源を一八四八（嘉永元）年六月としているが(57)、細井岳登は竹斎関係資料を新しく精査して、竹斎は早くから文庫開設を考えていて、若い時から集書に努めていたが、公開の文庫を設立したのは一八五四（嘉永七）年四月としている。[58] 細井によれば、一八五二年一月の竹斎の日記に、射和文庫の印について、某氏のお世話になったとの記述があるので、射和文庫は、公開文庫としての射和文庫より以前に、自己の私文庫としてすでにあったことが解ると述べている。

射和文庫の蔵書目録としては、一八六六年刊行の『射和文庫、射陽書院略目録』がある。[59] この目録によると、射和文庫の蔵書は、竹斎の集書一万巻のほか父の集書五百巻、竹斎の親戚の幾人かから数千巻の寄贈を受けている。そのほかに、各地の知名士からの寄贈もあり、竹斎の交友範囲が、地域的に広範囲にわたっていたことを示している。竹川家は代々両替店を経営、江戸と大坂に出店を持つ富商で、その親族の多くも、それぞれに家業を営み豊かであっただけでなく、学問、文学を好む者が多かった。竹斎の公開文庫設立に当って、親族が多くの書籍を寄贈できたのも、そのためであった。竹斎が商人でありながら学問を好んだのは、このような環境の中で育ったことによると思われる。

竹斎は家業の経営に才能を示しただけでなく、郷村の開発に尽力し、黒船が浦賀に渡来して国内騒然となるや、『海防護国論』を幕府に呈したり、飢饉に際しては窮民の救済に尽したりし、単なる好学の富商ではなかった。このように、社会活動に常に関心を持ち続けていたことが、公開文庫開設に彼を導いたのであろう。

文庫の蔵書目録の板行は、この文庫の公開性を示すとともに、一面各方面からの書籍の寄贈を誘う意図もあったであろう。また、目録は書籍だけでなく、書画、短冊、和漢古鏡、曲玉類、古銭、古瓦、古土器、古銅鉄器類といった古器類の所蔵も示している。これまで見てきたように、江戸期文人は武士であれ商人であれ、いずれも書籍のほかに、こうした古器類も所蔵していることが多いことも、当時の特色である。文庫がまたミュージアム的性格も持っていたのである。

文庫設置後の一八五四年には鳥羽藩から、文庫敷地の地租その他の諸役を免ぜられたほか、文庫維持のための若干の費用も与えられている。このことも、文庫に公共的性格を与えることになる。しかし、文庫が実際にどのように利用されていたかについては、今のところ明らかではない。ただ、この文庫の場合も、明治以降の記録であるが、日を定めて一般への講義や時事解説的な会合を開いている。文庫目録には、射和文庫と並んで射陽書院の名が掲げられている。この書院が文庫に併設された集会施設であるとすれば、文庫活動としての書物の閲覧貸出のほかに、一般民衆への講義や、茶の湯の会のような、同好の士の趣味的な会合も開催されていたので、書院はそうした文化活動の場であったと思われる。

射和は維新後渡会県に属することになり、一八七二年に学制が公布されたのを喜び、竹斎は二、三度にわたって、文庫の図書五五〇〇冊余を渡会県に献じた。しかし、一八七六年に渡会県が三重県に合併された際、これらの図書は散逸したものと考えられている。鳥羽藩から公的な性格を附与されていたにもかかわらず、公の体制が藩から新政府に変った際、新しい公が、前の体制が公的性格を与えていたものを引き継がない場合、一挙に散逸の運命を辿ることになったのである。竹斎は一八八四年十一月七十四才で没した。

（4）文庫史への庶民の登場

ここでは、江戸後期に現れた一般庶民に公開された三つの文庫をとりあげたが、それらはいずれも、当時の支配階級ではない一般の庶民が設置した文庫である。そのような文庫としては、前節では富裕な町人層による文庫を見てきたが、それらは町人の設置した文庫ではあっても、文庫設置者を中心とする知的文化の共有者のサークルという、閉じられた範囲内に公開された文庫であった。サークル内では武士、町人あるいは農民という身分意識は解消されていたにしても、一般庶民とは異なる知識階級のサークル内に公開されたものであり、文庫の管理、運営はどこまでも、文庫主の主観に基づいている。その意味で、文庫としての客観性ともいうべき公共性は、持ちえなかったと言えるであろう。

それに対して、本節で述べた文庫はいずれも、庶民による庶民のための文庫として設立されたものである。それは日本の文庫史上、江戸後期において初めて成立したものであり、江戸初期前後から日本の図書文化史の上に、初めて庶民が参加するようになったことに伴うものである。それはまだ主役の座を占めるまでにはいかないが、わが国の図書文化史に引き続き、図書館文化史上に一般庶民がようやく登場してきたのである。

〔注〕

（1）森上修、山口忠男「慶長勅版『長恨歌琵琶行』について（上）―慶長勅版の植字組版技法を中心として」『ビブリア』九五号、一九九〇
森上修「『長恨歌琵琶行』について（下）―わが古活字版と組立式組版技法の伝来―」『ビブリア』九七号、一九九一
（2）孫　宝基『韓国の古活字』ソウル市　宝晋斎、一九八二、二〇八頁　同書には一八九五年までの韓国における活字印本目録が付載されている　四一五―四三三頁
（3）和田万吉『日本書誌学概説』有光社、一九四四、二五四―二五九頁
（4）和田万吉『古活字本研究資料』清閑舎、一九四四、一〇頁
（5）川瀬一馬『日本書誌学用語辞典』雄松堂、一九八二、一〇五頁　光悦本の項
（6）和田万吉『日本書誌学概説』、二六六頁
（7）幸田成友『書誌学の話』青裳堂書店、一九七九、一七九頁、（日本書誌学大系七）
（8）川瀬一馬『日本における書籍蒐蔵の歴史』ぺりかん社、一九九九、七二頁
（9）小野則秋『日本文庫史研究』下巻　臨川書店、一九八八、七五頁
（10）小野則秋　前掲書、八二頁
（11）牧野善兵衛『徳川幕府時代書籍考　附関係事項及出版史』ゆまに書房、一九七六、一五三頁、（書誌書目シリーズ三）
（12）牧野善兵衛　前掲書、一三三頁
（13）小野則秋『日本図書館史』、二一一頁
（14）小野則秋『日本文庫史研究』下巻、一四一―一四四頁
（15）岡村敬二『江戸の蔵書家たち』講談社、一九九六、八―三四頁

(16) 小野則秋『日本文庫史研究』下巻、二七九―二八一頁
(17) 川瀬一馬『日本における書籍蒐集の歴史』、八一頁
(18) 小野則秋『日本図書館史』、二一八頁
(19) 小野則秋　前掲書、一二四頁
(20) 小野則秋『日本文庫史研究』下巻、二一六頁
(21) 小野則秋『日本図書館史』、一二五頁
(22) 大庭　脩『漢籍輸入の文化史』研文出版、一九九七、二八五頁
(23) 川瀬一馬『日本出版文化史』、二四八頁
(24) 川瀬一馬　前掲書、二四八頁
(25) 小野則秋『日本図書館史』、二二五頁
(26) 小野則秋　前掲書、二一六―二一八頁
(27) 小野則秋『日本文庫史研究』下巻、二九六頁
(28) 小野則秋『日本図書館史』、二二〇―二二一頁
(29) 小野則秋　前掲書、一八五―一八六頁
(30) 小野則秋　前掲書、一八六頁
(31) 菊池　租「櫛田文庫顛末―ある図書館の運命―」『図書館学』四号、一九五六、二一―二二頁
(32) 小野則秋も『日本文庫史研究』下巻（三六五―三六六頁）で、菊池説を認めている。
(33) 小野則秋『日本文庫史研究』下巻、三一六頁
(34) 岩猿敏生、岡本正、林杲之助編『日本文庫めぐり―蔵書の命運―』出版ニュース社、一九六四、一七六―一七七頁
(35) 小野則秋『日本文庫史研究』下巻、三一九頁

(36) 小野則秋『日本図書館史』、一一二五頁
(37) 川瀬一馬『日本出版文化史』、一八八頁
(38) 長友千代治『近世貸本屋の研究』東京堂、一九八二
廣庭基介「江戸時代貸本屋略史」(一)、(二)『図書館界』一八巻(五、六)、一九六七
(39) 網野善彦『日本社会の歴史』下巻、岩波書店、一九九八、一二八頁、(岩波新書)
(40) 今田洋三『江戸の本屋さん―近世文化史の側面―』日本放送出版協会、一九七七、一五二頁、(NHKブックス)
(41) 前田　愛『近代読者の成立』有精堂、一九七三、六七頁
(42) 長友千代治『近世貸本屋の研究』東京堂、一九八二、一五一頁
(43) Feather, John.　A Dictionary of book history.　New York, Oxford Univ. Press.　1986　p. 143
(44) 牧野善兵衛『徳川幕府時代書籍考　附関係事項及出版史』ゆまに書房、一九七六、五五―五六頁
(45) 小林善八『日本出版文化史』青裳堂書店、一九七八、七五三―七五四頁、(日本書誌学大系一)
(46) 蒔田稲城『京阪書籍商史』復刻版　臨川書店、一九八二、九頁
(47) 蒔田稲城　前掲書、一二―一三頁
(48)『近藤正斎全集』第一巻、国書刊行会、一九五七、一五頁
(49) 小野則秋『日本図書館史』、一六〇頁
(50) 幸田成友『書誌学の話』、二一五頁
(51) 川瀬一馬『日本における書籍蒐集の歴史』、一〇八―一〇九頁
(52) 小野則秋『日本図書館史』、一八〇頁
(53) 幸田成友『書誌学の話』、二一五頁
(54) 青柳文蔵がどのような職業によって富を得たかについては、諸説がある。たとえば、次の論文を参照。

竹内　悊「青柳文庫について―「慊堂日暦」から見た青柳文蔵とその文庫」『図書館情報大学研究報告』一二（一）、一九九三

(55) 竹林熊彦「射和文庫についての補遺」『図書館雑誌』三〇年一一号、一九三六、二九四頁

(56) 竹林熊彦　前掲論文、二九五頁

(57) 竹林熊彦『図書館物語』東亜印刷出版部、一九五八、一三―四二頁

(58) 細井岳登「射和文庫研究序説―幕末維新期文庫研究の視座―」『図書館文化史研究』no. 17 二〇〇〇・九、四二頁

(59) 森潤三郎「射和文庫に関する一資料」『図書館雑誌』三〇年（一〇号）、一九三六・一〇、二七九―二八〇頁

6

市民図書館時代

（明治、大正、昭和から第二次世界大戦敗戦まで）

6・1　市民図書館時代の時代区分

日本図書館史の時代区分を、どの社会階級がその時代の図書文化を担ってきたかという観点から考えてきた。明治以降は市民階級が初めて図書及び図書館文化を担ってきたので、市民図書館時代とした。そこで問題になるのは、市民図書館時代の時代区分をどのように考えるかである。図書館史の教科書では、一般史の時代区分に従って、明治、大正、昭和の各時代ごとの図書館史的史実の記述に留まっていることが多いが、図書館史としては、図書館史的史実の分析から組立てられた図書館史独自の時代区分が、考えられなければならない。

文化史や社会史のような分野では、ある年月を以て時代区分をしたとしても、その年月を以て、すべてが大きく一新するということはない。そのような変化の兆しは、すでに前の時代に起っている。したがって、政治史における政権交替のように、ある年月を以て、万事が大きく一新するというような変革は、文化史の場合は見出し難いが、ゆるやかな変化の動きの中から、一定の歴史観に基づいて、誰の眼にも明らかな歴史的事実を以て、文化史の場合、時代区分をするよりほかはない。

ここでは、明治以降の市民図書館時代の時代区分として、一八九九（明治三十二）年のわが国最初の図書館令公布と、一九三三（昭和八）年の改正図書館令公布の年をもって、明治から一九四五年の第二次世界大戦の敗戦に至るまでの、市民図書館時代の時代区分を考えてみた。まず、明治維新から図書館令公布までの時代を、江戸時代までの文庫時代から一八九九年以降の図書館時代への移行期として、書籍館時代とした。まだ図書館という呼称よりも、書籍館という呼称が一般的であったからである。次の一八九九年以降から第二次大戦の敗戦に至るまでの時代区分を、図書館に関する法令の公布された年を以て、次のように考えてみた。

図書館令時代　一八九九年から一九三二（昭和七）年まで
改正図書館令時代　一九三三年から一九四五年まで

以下この時代区分に基づいて記述していきたい。

6・2　書籍館時代（明治維新から一八九八年まで）

これまで、特定の階級によって設立、利用されてきた文庫は、維新後一般市民に広く公開される図書館の時代に変っていく。しかし、文庫時代から図書館時代へ、一気に移り変ったのではない。そこには移行期があった。この移行期を書籍館時代と呼ぶことにして、本書では明治維新から図書館令公布（一八九九年）までの時代とする。

この時期を書籍館時代と呼ぼうとするのは、書籍館という呼称がまず一般的に用いられたからである。この呼称の公式の使用は、一八七二（明治五）年に文部省によって設立された「書籍館」であった。ところが、一八九〇年代に入ると、書籍館の多くが財政的理由から消滅していき、その後に新しく成立するものは、図書館と称するものが増えてくる。そして一八九九年に「図書館令」が公布されることによって、図書館という名称が法的な正式の名称となり、図書館は法令の裏づけを持つ社会的な制度として確立する。書籍館時代は法令的な裏づけが不十分であり、書籍館という呼称自体も、一九〇〇年代に入るとほとんど使用されなくなる。

一方、文庫という名称は、特殊な集書を中心とする、主として民間の施設名に、たとえば静嘉堂文庫とか尊経閣文庫等のように、今日もなお用いられている。また今日の国公立の図書館でも、その蔵書中の特別なコレクションに文庫名を与えて、保存、利用上に特別の取扱いをすることがある。

6・2・1　欧米図書館事情の紹介

福沢諭吉の『西洋事情』　維新前後に欧米の近代図書館について、わが国に初めて紹介したものとして、一八六六（慶応二）年に刊行された福沢諭吉の『西洋事情』が、しばしば言及されてきた。福沢は一八六〇年の幕府の遣米使節団に、さらに一八六一年の遣欧使節団に随行して、欧米の実情を見聞し、それを『西洋事情』で紹介した。図書館についても「文庫」の一項を設けて、〃西洋諸国の都府には文庫ありビブリオテーキと云ふ〃と述べて、大英図書館、ロシア及びフランスの国立図書館等について紹介している。〃これは我が国における外国図書館に関する最初の文献[1]〃であると、小野則秋は述べている。

しかし、欧米の図書館について紹介した文献は、福沢のものが最初ではなく、それ以前にすでに紹介している文献があった。その一つは一八六〇年の福沢も随行した幕府の遣米使節団の記録であり、そのほかにも、同様な記録があることも明らかにされている。しかし、それらの記録類はすぐに公刊されたのではなく、公刊は福沢のものより遅れているものもあり、ベストセラーとして一般に普及した点において、福沢の『西洋事情』にはるかに及ばない。時間的には福沢の著書に先行するものがあったにしても、国民に欧米の図書館について紹介した、もっとも影響力の大きいものとして、福沢の著書を挙げることができるであろう。

この当時、欧米の図書館について記録、紹介したものでは、わが国のこれまでの文庫とはかなり異質な、欧米の図書館を紹介するに当って、文庫という用語以外のいろいろな用語で紹介している。福沢の場合は、従来の文庫という言葉をそのまま用いたが、ビブリオテーキと仮名をそえた。遣米使節団一行の記録では、アメリカの図書館を書院と称したり、あるいは書籍館と書き、ライブラリーと仮名をそえたりしている。欧米の図書館が、従来のわが国の文庫のイメージと大きく異なるため、文庫という用語以外のいろいろな言葉で表現しようとしたのであろう。

書籍館と図書館　幕末以来、欧米の近代的な図書館に関する情報がすでに伝えられていたため、江戸幕府が設けていた湯島の聖堂に、明治政府が一八七二年にライブラリーを創設した際、従来の文庫という名称ではなく、新しい概念として、書籍館という名称を用いたのではないかと考えられる。さらに、一八七七年には文部大輔田中不二麻呂が、近代的な教育体系の一環として、公立書籍館の設置普及をはかるため、「公立書籍館ノ設置ヲ要ス」という一文を、『文部省第四年報』(一八七七年十二月）に発表した。これを受けて、全国各地にようやく公立書籍館の設置が見られるようになるが、書籍館という名称が、文庫に替る名称として一般に普及した一因とも考えられる。

それに対して、図書館と称する施設が創設されたのは一八七七（明治十）年であった。それは、従来の開成学校をあらためて東京大学が創設され、それに東京大学法、理、文学部図書館が設けられたのが最初である。その後も一八八〇年代の半ば頃まで、一般に公開された公開図書館の方は、すべて書籍館と称していたのに対して、大学の方では東大に続き、一八八二年の東京専門学校（早稲田大学）図書館、一八八五年の中央大学図書館、一八八七年の同志社大学図書館と、いずれも図書館を称している。

このように、図書館という名称は大学図書館だけに限られて用いられていたが、書籍館という名称は、一八七九年に「教育令」が制定された時、〝第一條　全国ノ教育事務ハ文部卿之ヲ統摂ス。故ニ学校、幼稚園、書籍館等ハ公私立ノ別ナク、皆文部卿ノ監督内ニアルヘシ〟と明記されることによって、法的な公認を得た。しかし、それはまだ書籍館を、法的な裏づけを持つ社会的な制度として位置づけるものではなかった。

図書館と書籍館の読み　ところで、一八七七年に発足した東京大学では、ライブラリーに当るものをわが国で初めて図書館と称したが、その読みは『東京大学法理文学部一覧』（明治十二、十三年）の英文版によれば、図書館は Tosho-kuan（Library）of the University となっており、トショカンと読まれていたことが解る。ところが、一八八〇年に東京府から文部省に復帰した東京図書館の場合、一八八六（明治十八）年に刊行された『東京図書館洋書目録』では、Tokio Dzushokwanと館名が示されている。したがって、この頃図書館の読みとしては、トショカンとヅショカンと二通りの読みがあったことが解る。

一方、一八七二年設置の文部省の書籍館は、通常ショジャクカンと読まれている。そのように読まれたことを示す証拠はないが、江戸期には「書籍」は一般にショジャクとも読まれていた。しかし、この書籍館が一八七五年に、東京書籍館に名称が変更になった翌年に刊行された洋書目録の標題紙には、Tokio Shoseki-Kwan とある。したがって、書籍館の場合も、ショジャクカンとショセキカンの二通りの読みがあったことになる。明治の初期、ライブラリーに当る言葉として、書籍館と図書館があり、その読みもそれぞれ二通りあったと思われるが、一八九〇年代には図書館という呼称に、読みもトショカンに統一されていった(2)。

日本でライブラリーに当る言葉として定着していった図書館という用語は、その後、朝鮮、中国でも用いられるようになり、今日アジアの漢字文化圏では共通して使用されている。

6・2・2　新聞縦覧所と貸本屋

新聞の発行　明治維新により、政治ならびに社会体制は大きく変革されたが、明治政府は財政的基盤が整わず、教育制度ならびにその一環としての書籍館の必要は説いても、その設置は地方の実情に委ねざるを得なかった。一方、大きな社会的変動に直面した一般民衆は、世の中の変化に対処していくためには、多くの新しい情報を必要としたが、そのような情報要求に、前時代からの文庫の漢籍や国書を中心とした蔵書では対応できなかった。新政府の側でも、新しい政策をつぎつぎに一般民衆に広く伝達するメディアを必要としていた。官民双方のこのような情報要求に応じるメディアとして、登場してきたのが新聞であった。

幕府の新聞発行　わが国で初めて発行された新聞は、一八六二(文久二)年に幕府が発行した『官板バダビヤ新聞』である。江戸期には世間のニュースをいち早く印刷し、振売りされた瓦板があるが、これは臨時に出されるもので、新聞のような定期性を持たない。文久年間に幕府が発行した『官板バタビヤ新聞』や、それに続く『官板海外新聞』は、一八五四年の日米和親条約後、露、蘭、英、仏等と通商航海条約が調印されたことにともない、幕府としても、積極的に海外事情を知る必要から、オランダの新聞を翻訳したものである。しかし、幕府の新聞は攘夷論の高まりで、文久年間で終った。その後、いくつかの民間の新聞が誕生したが、勤王派と佐幕派に分かれて論陣を張ったので、新しく成立した明治政府は、一八六八（明治元）年四月官許を経ずして新聞を売買することを禁じ、翌年には「新聞条例」を公布して、反政府系新聞を弾圧した。

日刊新聞の創刊　一八七〇年十二月には、わが国初の日刊新聞が横浜で創刊された。『横浜毎日新聞』である。この新聞は、従来の新聞が冊子型をとるものが多かったのに対して、鉛活字使用による洋紙一枚刷の新聞であった。その頃までの新聞には、木版や木活字によるものもあった。間もなく洋式活字印刷技術が発展してくるとともに、各種新聞の発行が急速に進んだ。

新聞縦覧所の成立　当時は政府からの布令にしても、新聞の文章にしても、文体はまだ片仮名混りの漢文調であった。明治初年頃の男子の識字率は四〇%から五〇%、女子は一五%ほどと推定されているように、識字率はかなり高かったが、民衆の中には新聞の読解が困難な者も多かった。新聞の購読料も割高であったので、多くの民衆が個人で購読するのは困難であった。そこで、共同で新聞を購入したり、町村等の役所が新聞を購入して閲覧施設を設けたり、地域の知識人や僧侶、神官等が、日時を定めて、一般の人たちに新聞を読んで解説するような組織が作られたりした。明治初期の新聞を通じての情報伝達組織は、このようにいろいろな形態があり、名称も様々であったが、図書館史ではそれらを総称して一般的に新聞縦覧所と呼んでいる。

新聞縦覧所の衰退　新聞縦覧所は新聞という特定の印刷メディアを中心にした情報伝達の組織であり、その点で図書館に類似した組織であったが、短命であった。廣庭基介は、新聞縦覧所は一八七二（明治五）年頃から急速に全国的に拡まったが、一八八〇年代に入って急速に衰退していったと指摘している。[3]その後も新聞縦覧所またはそれに類似の民間の施設は、東京のような都市に少しは見られるが、それらは湯茶やコーヒーなどを提供する営業が主で、そこに新聞類が置かれているといった程度のものが多かった。

新聞類を有料または無料で縦覧に供することを目的とした新聞縦覧所が短命であったのは、まず第一に、それは制度的な裏付を持たなかったことである。第二には、政府の新聞に対する対応の変化である。明治政府の急進的な富国強兵策に対する民衆の反抗や、薩長の藩閥政府と言われる政府内部の意見の対立が新聞に報じられるにつれて、新聞が世論形成の役割を持つようになってくる。政府は新聞に民衆に対する啓蒙的役割を当初は期待していたが、やがて新聞は政府の政策に対する政論の場と化し、さらに一八七四年に板垣退助や江藤新平らによる「民選議院設立ノ議」が新聞に発表されると、民権論の立場に立つ新聞が多くなる。新聞のこうした反権的な性格への変化に対して、政府は一八七五年「新聞紙条例」や「讒謗《ざんぼう》律」を公布して、自由な言論を抑圧した。政府の新聞に対する弾圧的な姿勢は、必然的に新聞縦覧所の衰退を招かざるを得なかった。

第三に、新聞は一方において急激に政論中心になっていくとともに、一方ではまた政治問題を論じるよりも、民衆の身近な出来事を平易な文章で書いた通俗的な新聞が現れてくる。一八七三年に発行された「四十八《いろは》字新聞」、「東京仮名書新聞」等の類である。これらの新聞は女性、子供にも解り易い文章で、日常の身近かなニュースを提供した。政論中心の新聞を大新聞《おおしんぶん》と称したのに対して、こうした通俗的な新聞は、小新聞《こしんぶん》と呼ばれた。特に、一八七四年末に発行された「読賣新聞」は庶民に歓迎され、創刊半年で一万部を突破し、東京で最高の発行部数を示した。新聞が読み易くなれば、日時を定めて新聞記事の解説を行なうような新聞縦覧所は不要になる。

第四に新聞価格の低下である。一八七八年の有業人口一人平均の年間所得が二十一円であった頃、『東京日々新聞』の一か月分定価は八十五銭、『郵便報知』七十銭、『朝野』五十銭、『読売』二十五銭であった。それが一八八六年には、『東京日々』三十銭、『郵便報知』三十銭、『朝野』五十銭、『読賣』二十八銭で、新聞によっては『読賣』のように、若干値上りしたものもあるが、大きく値下りしたものが多く、新聞の価格は、印刷技術の進歩、販売部数の増加、新聞広告の収入増等といった理由から低下していった。新聞価格が低下し、一般家庭での購読が可能になってくれば、縦覧所までわざわざ足を運ぶ必要はなくなる。時代の進歩とともに、新聞縦覧所は本格的な図書館に、その席を譲らざるを得なかった。

明治初期の貸本屋　新聞の発展はまた、江戸期以来庶民の重要な読書の手段であった貸本屋にも、大きな影響を与えることになる。得意先を巡回して営業する貸本屋の活動は、明治初期まで続いていた。しかし、娯楽的な読物の提供といった貸本屋の主な役割が、小新聞にとって替られると、貸本屋は顧客層を小新聞の読者層より上の層に求めざるを得なくなる。さらに、洋紙を用いた洋装本が普及し始めると、従来の和紙を用いた和装本に比してはるかに重くなり、これまでのように、背負って得意先を廻ることは困難になる。このような顧客層や書物自体の変化が、従来型の貸本屋を急速に消滅させ、市中に固定した店を構える「居付きの貸本屋」に変ってくる。この変化の時期を、前田愛は一八八二―八三年頃（明治十五―十六）と考えている(4)。

一八八五年に東京神田に開業した貸本屋いろは屋の蔵書は、その九割が学術書であり、顧客の大半は学生で、一か月の貸出冊数は八千冊から九千冊に及んだという。また、貸本屋の中には、閲覧室まで備えていたものもあった。居付きの貸本屋がこのように繁昌したのは、公共の図書館がまだほとんど無かったからである。いろは屋が開業した年は、一八七二年に官立として初めて創立された書籍館が、幾多の変遷を経て東京図書館となり、ようやく上野の地に移転した年であるが、同館の蔵書は和漢書一万二千部、洋書五二〇〇部に過ぎなかった。当時の貸本屋の繁昌は、公共の図書館の未発達を如実に示すものであり、また、貸本屋が閲覧、貸出ともに有料制であったことは、その後のわが国の公共図書館の有料制に影響を及ぼしたものと思われる[5]。

6・2・3　文部省書籍館の設立

博物局に書籍館を設置　激変していく社会情勢に対応していくための情報伝達メディアとしては、文字メディアしかなかった当時、民衆はなんらかの図書館的なものを要求せざるを得ない。それが、全国的に新聞縦覧所を発展させ、都市部では店構えの貸本屋を繁昌させることになったが、政府としても、なんらかの図書館的施設を設けざるを得なかった。それに、欧米諸国の図書館の状況も報告されてきている。こうして、一八七二（明治五）年四月に、東京湯島の聖堂に設立されたのが文部省の書籍館である。

一八七一年九月に文部省内に博物局が置かれたが、それは将来博物館を設立するためであった。博物局が設置されたため、それまで物産局に集められていた物品を博物局に移し、博物局はこれらを、湯島の聖堂を博物局観覧場として展示していた。文部省の書籍館はこの博物局に設置されたのである。

書籍館の利用は欧米諸国のそれとは異なって有料であった。同館の書籍は甲乙に区分され、「書籍館書冊借覧規則」では、〝甲部ハ世ニ稀ナル品並高等学者ノ参考ニ供シ、乙部ハ初学者並普通ノ用ニ供ス〟と定められた。甲部の書物の利用料金は乙部の二倍で、乙部利用料金は半月で十五銭、一月二十五銭、半年一円であった。

博物館と図書館

文部省の書籍館は前述のように、〝博物局ニ於テ創立スル所〟（『文部省第一年報』）のものであった。今日博物館と図書館とは、それぞれ別個の文化施設として管理、運営されているが、ヨーロッパにおいては、もともと両者は結び合って発展してきた。例えば大英博物館図書館（British Museum Library）は、一七五九年に創立されたが、その創立当時から、図書以外の標本や古物などを数多く所蔵しており、もともと図書館と博物館の両部門から成立していた。

また、フランスの国立図書館については、『特命全権大使米欧廻覧実記』（一八七八年刊）の中で、この図書館には、〝……附属セル博古館アリ。此内ニ蓄ヘタル古器ミナ類ヲ抜ク……バビロンノ古代ヨリ希臘、羅馬、古代ノ純金盂、同クオクダニュス帝ノ玉器ノ如キハ世界ノ比類ナキ珍宝ナリ〟と、報告されている。ここでも、図書館に多くの博物館資料が含まれていたのである。今日ヨーロッパの国立図書館はいずれも博物館とは別に設けられているが、大英博物館図書館を始めオーストリアのウィーンでも、スペインのマドリードでも、かつては図書館と博物館が同じ建物に同居していたことを、建物自体が示している。

わが国でも江戸期の大名や武士、町人等の個人文庫には、書物だけでなく、古書画、発掘品、文房具その他いろいろな古物が集められることが多かった。明治の文部省の書籍館が、博物局に創設されたのも、両文化施設の歴史的な関連と無関係ではないであろう。

明治政府によって初めて設立された書籍館は、文部省番外達に述べられているように、〝普ク衆人ノ此處ニ来テ望ム所ノ書ヲ看読スルヲ差許ス〟と、有料ではあったが、〝貴賤ヲ論ゼズ〟衆人に公開された。ただし、〝見苦敷風躰之者ハ不許入館候事〟（借覧規則）と、身なりによっては入館が制限されたが、このような制限は、手本とされていた当時の大英博物館図書館にも見られた。あるいは、それに準じたのかも知れない。こうして出発したわが国最初の官立書籍館は、その後歴史の波に翻弄され、順調に成長することはできなかった。

6・2・4　京都府集書院と京都集書会社

京都府集書院の設立計画　文部省による書籍館設置と同じ頃、京都でも公立の書籍館設置が進められていた。明治維新後天皇は東京に移り、京都は千年の王城の地の誇りを失ったが、文明開化による世直しの道として、一八六九（明治二）年から翌年にかけて、市内の六十四の町組に、町民からの寄附も集めて小学校が設立された。教育に対するこのような町民の意識の高まりが、全国に先がけて、公立の書籍院の設立に至らしめたと考えることができよう。それに、京都府御雇英学教師チャールス・ボルドイン等による建議もあり、京都府は一八七二（明治五）年三条通東洞院に集書院の建設に着手することになった。

京都集書会社の設立　ところがこれより先、一八七二年正月民間の有志により、一般公衆に書物の貸出及び閲覧の便を開くため、集書会社の設立が計画された。規則の前文には、〝夫レ西洋文明ノ諸国ニ於テハ都府毎ニ文庫アリ。之ヲ「ビブリオテーキ」ト云ヒ、日用ノ書籍図画等ヨリ古書珍籍ニ至ルマデ、万国ノ書皆備リ、衆人ヲシテ随意ニ来リ読マシムトゾ〟と、福沢諭吉の『西洋事情』中の一文が引用されている。

規則では、銀一円を出して集書会社に入会した者は、随意に閲覧、貸出が許されるが、貸出図書が返納期限をすぎた場合は、返納を認めず、〝元価ニテ売渡〟す。会員外の者も一日に銭二百文で利用を許すほか、書物売買の取次をするとか、図書館というより貸本屋的な姿勢が見られる。この集書会社について報じた一八七二年五月の『京都新聞』第二十八号では、〝同志相謀リ貸本会社ヲ開カントノ企テナリ〟と紹介している(6)。

この集書会社設立を企図していた時、府立の集書院の計画があることを知った集書会社の発起人四名は、最初の規則を変更するとともに、集書院設立経費の一部として、発起人一人百両ずつを献納して、府の集書院落成までの間、集書会社を設置運営したいと、府に同年四月に願い出た。この規則では会員制をとらず、〝一ヶ月金一朱〟で鑑札を出すが、無鑑札の者も一日二銭で利用できることになっている。一方、個人所蔵図書の売りさばきにも、手数料を取って応じるとしている点には、まだ営業臭を残しているが、前の規則にあった会員制を廃止した点で、利用の公開性はより強められたと言えるであろう。

京都府は願い出を受け、集書院落成までの措置として、集書会社の設立を許可する。発起人の村上勘兵衛等は、府の集書院より一筋北の姉小路東洞院に集書会社を同年(一八七二年)五月開設した。

集書会社の発起人たち　発起人等はどのような人たちであっただろうか。彼らは単に貸本屋的営業による利を目的としたのであろうか。発起人四人のうち、村上勘兵衛は十七世紀末以来京では仏書出版で知られていた書肆であり、大黒屋今井は長州藩御用達で、幕末には木戸孝允をはじめ、長州藩志士とも親交があり、維新後は書肆大黒屋を経営していた。いまひとりの三国幽眠は越前の人で、竹林熊彦によれば、『古註孝経』を上梓したこともある学者であったが、橋本左内らの志士とも交流があり、安政の大獄では捕えられて江戸にあったという。維新後は鷹司家に仕えた。(7) また、梅辻平格は滋賀県の人という以外、その伝を詳しく知らないが、集書会社発起人の顔ぶれを見る時、単なる営利のためだけの起業とは思えない。衆とともに文明開化に向かわんとする志が、またあったのではないかと思われる。しかし、民間の有志による読書施設の設立となれば、運営経費の必要上から、貸本屋的活動形態をとらざるを得なかったであろう。

集書会社による集書院の運営　やがて府の集書院の建物が、三条通東洞院に完成したので、近く開院したい旨府より政府に一八七二年九月届出があった。こうして、ほぼ同じ時期に東西の両京に、一方は官立一方は公立の書籍館が発足することになった。

ところが京都では、府立集書院発足までの約束で開設していた集書会社発起人の村上と大黒屋今井の両人から、集書院の土地、建物等を有料で借用して、集書会社の事業を継続したいと、七三年二月に府に願い出があった。同年五月集書院は正式に開院したが、業務一切は従来通り集書会社に委ねるというかなり異例の運営方式がとられることになった。五月十五日に開院した集書院略則第一条には、〝一、集書院ノ儀ハ当社へ拝借開場イタシ候ニ付、書見望ノ方ハ右院内へ相詰居候社中へ御引合有之候事〟とある。また、閲覧料としては、毎回通券一枚を要し、通券の料金は一枚一銭五厘であった。集書院では集書会社の鑑札制を廃し、利用一度ごとの通券制をとったことは、利用の公開性をさらにひろめたが、東京の官立書籍館とともに、図書館利用の有料制の先例を作ることになった。

府立の集書院の活動ということになれば、運営を請負った集書会社も、貸本屋的業務形態は影を薄くせざるを得ない。しかし、事業の主体が民間の集書会社であるから、利用者が漸減して財政的に行詰まれば、集書会社は手を引かざるを得ない。利用者減少の原因が何であるかは明らかでないが、一八七六年一月には村上と大黒屋今井は、府に集書院の運営一切の返上を申し出た。府はこれを認め、改めて両人を集書院御用掛に命じて運営に当らせたが、その翌年には今井太郎右衛門が死去。集書院を実質的に支えてきた両輪の一輪が欠け、しかも府自体の集書院に対する理解と熱意が不十分であれば、活動の継続は困難である。ついに一八八二年には、〝曽テ府立ヲ以テ集書院ヲ設置シタリシモ、本年ニ至リ維持ノ方法ニ苦ミ一時閉院セリ〟と、『文部省第十年報』に報告されたが、その年三月以後再開されることはなかった。かつて一八七七年二月には、関西行幸中の明治天皇を迎えるという光栄を持った集書院も、満十年の短命でその幕を閉じたのである。

6・2・5　東京書籍館

書籍館の浅草移転　一八七四（明治七）年八月に、書籍館が置かれていた湯島の聖堂が、地方官会議所に当てられることになり、書籍館は同年七月浅草の旧米倉に移転させられた。これが官立の浅草文庫である。ところが、地方官会議が事情により開催されないことになったため、建物だけは十一月に再び文部省に返還された。翌年二月、博物局や書籍館の博覧会事務局への合併は解かれたが、〝但是迄右両館ニ蒐集有之候物品書籍ハ博覧会事務局へ可引渡事〟という太政官からの通達により、書籍館には建物だけが返還され、書物は浅草に残されて、やがて太政官文庫（後に内閣文庫と改称）の所蔵となった。この措置について、竹林熊彦は〝明治政府は図書館を含む国立大博物館を計画したため、かくは書籍館旧蔵書の抑留となったと見るべきである。(8)〟と、述べている。明治政府も大英博物館図書館のような、博物館と図書館からなるミュージアムを夢想していたのかも知れない。しかし、その後、文化面に対する予算配当に極めて消極的であった明治政府のもとでは、それははかない夢に終らざるを得なかった。

書籍館を東京書籍館と改称　書籍館はこれまでの蔵書を失ったものの、一八七五（明治八）年三月に文部省は再び湯島に書籍館を開き、文部省が所蔵していた図書約一万冊で開館準備を進め、同年四月東京書籍館と改称して五月から開館した。その後、旧藩校等の旧蔵書等の寄贈を受け、同年末には約三万三千冊に達した。規則によれば、〝何人ニテモ登館シテ適意ノ書籍ヲ展閲スルヲ得セシム〟とあり、見苦しき風躰の者は入館を許さずという、七二年八月の書籍館借覧規則にあった規定は、さすがに新規則では消えている。七五年五月から十二月までの開館日数は二一七日、利用者数五三八六人で、一日平均二四・八人であった。

東京書籍館の活動　東京書籍館では一八七六年七月から、午後十時までの夜間開館を始めた。蔵書もその後購入と寄贈で一八七六年度には七万冊余に達し、利用者も一日平均七十二人強と大幅な伸びを示している。同年の『東京書籍館年報』は、以上のような状況を報告して、〝改創以来僅ニ一年有余ニシテ粗書籍館ノ体裁ヲ具有シ、大ニ人民ノ公益ヲ養成スル〟ことができるようになった。今後〝漸次其隆昌ヲ慮リ、多年ノ後本館ノ本邦ニ於ケルハ蓋シブリチシュミュージアムノ大英国ニ於ケル、コングレスライブラリーノ北米合衆国ニ於ケルカ如キ重要ノ地位ヲ占有セシメンコトヲ〟と、その将来に壮大な夢を描いている。

東京書籍館の利用の大幅な伸びは、前述のように、夜間開館を行なったことのほかに、閲覧を無料としたことによると思われる。さらに東京書籍館では、〝和漢書ノ複本ニ限リ〟館外貸出を文部省に申請したが、これは〝文部卿ノ特示アル〟者だけに限定された。しかし、利用者サービスを拡大しようとする書籍館側の姿勢が、利用者の支持を得、利用者の大幅な増加を見たと言えよう。

6・2・6　東京府書籍館

東京書籍館の東京府への移管　東京書籍館は利用者の支持を得、書籍館の当事者は、この館を将来日本における大英図書館たらしめることを目指したが、この夢は瞬時にして破られることになった。一八七七年二月十五日西郷隆盛に率いられた数万の兵が、鹿児島を発して東上を開始し、西南の役が起ったのである。この内戦は明治政府の財政を圧迫、経費節約のため、西郷軍が鹿児島を出発したその日、東京書籍館は発足以来二年足らずで閉鎖されたのである。

東京書籍館閉鎖後蔵書の一部（法律関係）は開成学校に分与されたが、蔵書の大部分と土地建物は東京府に貸与されることになり、五月四日に引渡しは完了した。東京府は五月十一日に、東京府書籍館規則を制定して開館した。一方、東京書籍館より蔵書の一部を分与された開成学校と、別に設置されていた医学校が合併して、一八七七年四月十二日に東京大学が、わが国最初の近代的な大学として発足し、図書館も設置された。わが国の大学図書館の歴史がここから始まることになる。

東京府書籍館の活動　東京府書籍館の利用上の規則は、大体において東京書籍館の規則と異ならないが、積極的に書籍の寄贈及び売却を求めたので、蔵書は一八七八年で十万一二六三冊、一八七九年で十一万一八六九冊、この年の一日平均利用者数は一六四人に達している。

西南の役は一八七七年九月末に終ったが、そのための財政的負担は国庫を直撃、紙幣の信用が落ちて物価が高騰し、国民を苦しめた。内戦の余波もようやく治まった一八八〇年五月、文部省は東京府に貸与していた書籍館を、〝本省ニ於テ開館セン事ヲ太政官ニ稟請シ其裁下ヲ得〟(『文部省第八年報』)たので、七月一日より東京図書館と改称して、七月八日より閲覧を開始した。東京府書籍館は満三年でその活動を終えたのである。

6・2・7　東京図書館から帝国図書館へ

東京図書館の東京教育博物館への移転　一八七二年八月に文部省の書籍館としてスタートした、わが国唯一の国立図書館である東京図書館も、ここに至るまでの八年ほどの間に、目まぐるしいまでの変遷を経て、ようやく一応の安定を得たかに見えた。しかし、まず直面したのは施設の問題である。幕府以来の湯島の聖堂は木造で、老朽化が進んでいただけでなく、立地上からも火災の危険が常にあったので、新築移転が焦眉の急であった。念願かなって、一八八四年八月に、上野に新築移転することがようやく決定された。ところがその翌年六月、文部省はすでに上野にあった東京教育博物館に図書館を合併して、同館内に移転させられることになった。そして、図書館には教育博物館内にあった図書室があてられることになり、夜間開館さらに東京書籍館以来の無料制も廃止されてしまった。図書館としては大幅な活動の制約を余儀なくされ、利用サービスよりも、文化財としての図書の保存に重点を移さざるを得なくなった。

大日本教育会書籍館への蔵書の一部貸与　一八八三年九月に結成されていた大日本教育会は、一八八七年三月に東京一ッ橋の教育会事務所に図書館を設置していた。東京図書館が教育博物館内に移され、その活動が大きく制約されていたので、教育会は同館が所蔵している通俗図書の貸与を願い出て、一八八九年三月に通俗図書約一万五千冊の貸与を得た。そこで教育会は、同年七月神田柳原に教育会附属書籍館を開館した。この中央の教育会附属の書籍館の設置に限らず、その後教育会はわが国の公共図書館の発展に大きな影響を与えることになる。

東京図書館の方は、通俗図書の利用を教育会書籍館の方に委ねることになったので、同館は学術図書を中心とする参考図書館の性格を強めるとともに、東京教育博物館から分離独立する努力を続けた。

ところが一八八九年三月、東京教育博物館の敷地と建物は、東京美術学校用として取りあげられ、東京図書館は再びもとの湯島聖堂に移されてしまったが、その年三月に東京図書館官制が公布された。その翌年の九〇年三月には、図書館に関する調査研究のため、米、英に留学中であった田中稲城が帰朝し、東京大学文科大学教授に任ぜられるとともに、東京図書館長を兼任することになった。田中は一八九三年九月からは図書館長専任となる。

田中稲城の館長就任　欧米の図書館に関する最新の知識を身につけて帰朝した田中は、東京図書館を欧米諸国における国立図書館に当るものとして位置づけるべく努力を始めたが、清国との風雲急を告げ、軍事費の膨張のため、図書館の経費は田中の抵抗にもかかわらず年々減少させられるような状態であった。一八九四年八月政府は清国に対して宣戦布告。翌年四月には両国間の講和条約が調印され、日清戦争は終った。

帝国図書館官制公布　日清戦争二年後の一八九七年四月二十二日、帝国図書館官制がようやく公布され、田中稲城が改めて帝国図書館長に任命されて、帝国図書館建設がようやく着手されることになった。しかしまたもや、日露の風雲急を告げ、当初計画の四分の一の建築が辛うじて落成したのは、日露戦争が終った翌年の一九〇六年二月一日であった。一八七二年に官立の書籍館として創設されて以来、苦難の三十数年の歴史を経て、まことに不十分ながらも、国立図書館がわが国にようやく出現したのである。

6・2・8　自由民権運動と公立書籍館

自由民権運動　明治維新により成立した明治政府は、幕藩体制の遺風の一掃と、欧米先進諸国からの外圧に対抗していくため、専制的な中央政府の強化に努めた。そうした政策は、特権を奪われた旧武士階級の反発を招くことになり、一般民衆もまた重税に苦しんだ。武士階級の反抗は、西南の役で最終的に弾圧されたが、その後も一般民衆の抵抗は続いた。

明治政府はまた、対外的には、幕府以来の諸外国との不平等条約の改正と、わが国の国際的地位の確立のために、精力的に欧米の文物制度の輸入に努めた。欧米の文物制度の輸入はまた必然的に、その基盤である近代的な政治理念としての人民の自由と権利の尊重、すなわち自由民権思想の導入を伴わざるを得ない。

この思想が具体的な政治論として初めて発表されたのは、一八七四年一月の板垣退助等による「民撰議院設立建白書」であった。板垣等はこの建白書を政府に提出するとともに、在留英国人の発行していた新聞『日新真事誌』で公表した。在留外国人発行の新聞の場合、政府も弾圧の手を加え難かったのである。この建白書で板垣等は、人民の選挙による議院を開き、「公論」による政治を行うことを主張した。民撰議院論には反論も起ったが、明治政府の官僚専制に対する一般民衆の反感を基盤にして、自由民権運動のための組織が全国的に拡大していった。

民撰議院設立論が公表されたのが新聞紙上であったように、自由民権論者は当時急速に発展し始めていた新聞を利用した。新聞は彼らの最大の武器であった。政府は翌年の一八七五年六月「新聞紙条例」を制定し、違反者には体刑を課すとともに、「讒謗律」を定めて、人をそしること、特に官僚批判を厳禁した。自由な言論の弾圧である。

政府の弾圧にもかかわらず、全国的に高まった自由民権運動は、それが日本における新しい政治運動であるため、運動推進者たちによる理論面の学習とともに、一般民衆の啓蒙のためにも、学習組織を持たざるを得ない。そのため、各地の民権運動組織には、学習と啓蒙のための図書館が設けられることが多かった。それらの中には、初めから自由民権運動のための政治的な結社としてではなく、地域有志の間の新知識獲得のための学習組織として結成されていたものが、自由民権運動が全国的に波及していくとともに、政治結社化していったものもあった。

自由民権運動と図書館運動　明治の初期文明開化の一環として、欧米の図書館に類するものとして、開明的な官僚による文部省の書籍館の創設を初めとして、図書館制度が権力の側から、一八七〇年代に創出されたが、それらは一般民衆の読書要求と噛み合わず、中央の呼びかけに応じて各地に散発的に創られた公立書籍館は、いずれも短命で終ってしまった。

それに対して、同じように一八七〇年代に民間で、激動の時代を生き抜くための自発的な学習組織の中に、メンバーがそれぞれ書物を持ち寄ったり、会費を拠出して書物を購入し、共同で利用する、英米における会員制図書館（social library）とみることができる図書館が生まれていった。しかし、その学習組織が自由民権運動の高まりとともに、政治化していったため、政府の側からの民権運動に対する弾圧と懐柔によって、民権運動自体が消滅していくとともに、民衆の間に芽生えてきていた自主的な図書館運動も、英米におけるようなパブリック・ライブラリーへと成長することができずに消滅してしまった。

公立書籍館の設置　一方、明治政府の開明的な官僚によって、公立書籍館設置の必要が力説されたにもかかわらず、実際に設置されたのは僅かであった。文部大輔田中不二麻呂が公立書籍館設置の必要を呼びかけたのは、一八七七年であったが、公立書籍館で七七年以前に設置されていたのは、七六年設置の府立大阪書籍館と県立浦和書籍館の二館のみであった。
一八七七年以後設置の公立書籍館は、七八年に静岡師範学校附属書籍館と福岡博物館、七九年には新潟学校附属書籍館、滋賀県師範学校附属書籍縦覧所、秋田書籍館、（島根県）書籍縦覧所、高知書籍館が設立されたが、八〇年には栃木県書籍縦覧所と町立の八戸書籍館、三戸書籍館の三館の設置にとどまっている。八戸、三戸の二館は、〝記録上しられるわが国町立図書館の嚆矢〟[9]と言われている。そして、自由民権を掲げる政党が解党した八四年には、全国の公立書籍館数は十八館あったが、八六年には十六館、一八九三年には六館にまで減少してしまった[10]。

公立書籍館衰退の原因　一八八〇年代に、ようやく一般民衆に公開された公立図書館が設置されてくるが、それは九〇年代に入ると急速に衰退していく。一八八二年の書籍館数は公立二十、私立一、八九年では公立十九、私立八であったが、一八九一年のそれは、公立九、私立十一、九五年では公立五、私立二十となる。このように、せっかく芽生えてきた公立書籍館が十分に開花しえずに衰退したのには、いろいろな原因が考えられる。
まず第一は、公立書籍館のハード面の弱さである。書籍館はその名称が示していたように、師範学校等の学校に附設されることが多く、施設として貧弱であった。また、公共施設が学校に附設される場合、利用上の制約が大きくなる。蔵書の面でも、旧藩校文庫等のそれを引き継いだものが多く、蔵書の内容は自らを文明開化しようとした利用者の要求に応じうるようなものではなかった。その上、蔵書数も貧弱で、県立でありながら、一八八二年の蔵書部数は、浦和書籍館では和洋合計で僅かに五一九部、栃木県書籍縦覧所で七五四部という貧弱さである。[11] しかも両館の場合、閲覧料も徴収している。他のすべての公立書籍館では、蔵書数も含めたそのハード面の貧しさの故か、さすがに閲覧料は徴収していないが、原則として館外貸出は行なわれていなかった。要するに、これらの公立書籍館は、利用者の要求に応じうるようなものではなかったのである。

第二は文部省の姿勢の変化である。自由民権運動の勃興とともに、明治政府は民権の伸張より国権の強化に努め、民権運動の指導層の懐柔と組織の分裂をはかるとともに、全力を挙げて厳しい弾圧策を講じていく。民権運動に対する政府の攻撃は、文教政策の面においても、開明的な人智開発の強化よりも、国権強化のための国民教化へと大きく傾斜していく。書籍館に対する文部省のこのような姿勢を、一八八二年十二月の文部少輔九鬼隆一の書籍館に関する『示諭事項』の中に読みとることができるであろう。ここでは、〝殊ニ其蔵書ノ撰択ハ実ニ要件中ノ最要件〟と述べ、〝不良ノ書籍ハ乃チ不良ノ思想ヲ伝播スレハ則チ其不良ナルモノヲ排棄シ、而シテ其善良ナルモノヲ採用スルヲ要スルナリ〟と、図書館蔵書の民衆に対する教化性が強調されている。

第三は、公立書籍館を財政的に支える府県市町村の財政的窮乏である。一八八〇年代以降政府は、その財政支出を節約するため、本来政府の負担すべきものを一部地方に負担させるとともに、デフレ政策をとることによって、八二年以降農民や小商工業者は深刻な不況に見舞われた。このような深刻な不況は、民権派の各地のグループの過激化を招いた。たとえば、八三年から八四年にかけて、関東の各地に借金党、困民党、貧民党などと名乗るグループが続出した。このような深刻な経済的行詰りは、民権派の組織を過激化させるとともに、瓦壊させたが、ようやく芽吹き始めた公立書籍館をも、財政的に崩壊させた。九〇年以降の公立書籍館数の急激な減少が、そのことを如実に示している。

6・2・9　教育会の書籍館設置運動

学校教育制度の整備　一八八〇年代の地方財政の窮迫は、ようやく育ち始めた各地の公立書籍館を、相次いで閉館に追いこんだ。それとともに、自由民権運動も、専制政府は強権を以て圧し潰したが、そのような状況の下で、民間のひとつの組織が書籍館を創設していった。その組織が教育会である。

一八七二年八月の学制発布以来、学校教育制度は徐々に整い、一八八六年には小、中、師範学校令、さらに帝国大学令が制定され、東京大学は帝国大学となる。このように、学校教育制度は整備されていくが、一方に自由民権運動の激しい流れがあり、専制政府と対立する。一八八九年二月には大日本帝国憲法が公布されるが、それは自由民権論者が期待した国約憲法ではなく、天皇が定めた欽定憲法として、天皇から臣民たる国民に下賜されたものであった。さらに翌年には、教育における「不磨の憲法」と言われた教育勅語が発布され、国民に対する精神的支配のための原理とされた。

教育会の結成　このように、一方に近代精神に基づく自由民権の運動があり、一方にこれと厳しく対立する専制政府の強権政治があり、その間にあって、学校教師の立場は微妙であったに相違ない。彼らの間に教育に関する研究組織として、一八八〇年前後頃から各地に教育会が組織され始め、それとともに、教育に関する情報を求めるため、教育会の組織の中に小規模の書籍館が生まれていった。集められた資料は、教科書や教育関係のものが多かった。

こうした組織が教師たちの間から、自ずから生まれていったのに対して、一方で教育行政上の必要から、教師だけでなく、地方の教育行政官や地域の有力者たちを含んだ半官半民的な教育会も組織され、その中にも書籍館を持つものがあった。こうした各地の教育会の書籍館の実情については、まだ十分に明らかにされていない。今日資料的にかなり明らかにされているのは、中央、地方の半官半民的な教育会の設けた書籍館で、それらは後に公立図書館に発展していくものがかなりあったからである。

大日本教育会書籍館　一八八三年九月に文部少輔九鬼隆一を会長、文部大書記官辻新次を副会長として、官製的な教育団体として設立されたのが大日本教育会（後に帝国教育会と改称）である。教育会は〝我邦教育ノ普及改良及ビ上進ヲ図リ、併セテ教育上ノ施設ヲ翼賛スル〟ことを目的とした。それは、学校教育の普及改良だけでなく、社会教育をも活動領域に含めていたので、八六年十月には早くも書籍館設置を決定し、翌年三月東京一ッ橋の教育会事務所内に開設した。この書籍館はその規則に示されているように、〝通俗ノ図書〟を収集して、〝広ク公衆ノ閲覧ニ供セントス〟るものであった。

教育会書籍館の活動　一八九一年九月には書籍館新館が完成。この書籍館では、東京図書館と違って、一般大衆の利用の便宜を図るため、夜間開館を実施したこと、さらに東京図書館が十五才以下の者の利用を許さなかったのに対して、小学校児童の閲覧を認めた。児童の図書館利用を認めたもっとも早い例である。しかし、登館した児童が自由に図書を利用できるのではなく、〝小学校生徒ノ閲覧スヘキ図書ハ本館ノ書目ニ就キ、該学校長ノ選択シテ其書名ヲ検定シタルモノニ限ル〟と制限され、しかも〝普通閲覧人ノ半額〟とはいえ、入館料が必要であった。

教育会書籍館は私立図書館として、夜間開館、児童の利用許可というような新しい活動を始めたが、夜間開館は経済上の理由から、九二年七月休止、それに代るものとして、九四年十一月から館外貸出が行なわれるようになった。しかし、貸出に当っては、〝其図書ノ価格ニ等シキ金額ヲ保證金トシテ前納〟しなければならず、しかも借りる本の定価に応じて、借覧料を一日いくらで払わなければならない。貸出期間は東京市内の者は二週間であるが、返却期限を過ぎると、二倍の借覧料を払わなければならなかった。これでは、営利的貸本屋とさほど変らないと言えるであろう。

大日本教育会書籍館は開館初年度の一日平均閲覧者は七人に過ぎなかったが、翌一八八八年には一日平均三十二人に増加した。教育会書籍館は〝通俗ノ図書〟を収集して、〝広ク公衆ノ閲覧ニ供〟する普通図書館として、それに対して東京図書館は、〝高尚なる参考書籍のみを備えた〟(『朝野新聞』一八八九年四月二十五日)参考図書館すなわち高等図書館と見なされるようになっていく。図書館の機能別による館種別意識が現れてきたのである。

教育会の公立図書館設置運動

大日本教育会書籍館は一九一一年十一月施設、図書一切を東京

市に供託。東京市はこれを受けて、同年十二月五日東京市立神田簡易図書館を設置したが、全国各地の半官半民的な組織の教育会の書籍館も、公立図書館に引き継がれていった例は多い。一八八〇年代から九〇年代にかけて、公立書籍館は衰退し、それを補うように私立図書館が進出してくる。教育会はその組織の中に、メンバーのための図書館を持つものが多かったが、教育会の持つ図書館自体が、大日本教育会書籍館のように、公立図書館に引き継がれるような例のほかに、教育会が地域の公立図書館の設置を働きかけていく主体となることが多かった。一八九〇年前後から各府県に府県立図書館が設置されていくが、地域の教育会が設置運動の中心になることが多かった。第二次大戦前に設置された府県立図書館の約三分の二は、教育会の設置運動によるものであり、設置が決定されれば、教育会で経営していた書籍館の蔵書や資産を、挙げて公立図書館に引き渡すこともあった。教育会の図書館設置運動は、府県立図書館の設置運動だけにとどまらず、市町村立図書館の設置にも貢献した。

このように、教育会が自ら図書館を経営しただけでなく、地域の公共図書館の設置にも大きく影響を与えたのは、その組織が単に地域の知識層である学校教員だけでなく、地域の教育行政官や有力者を含んだ組織体であったことによることが大きい。しかし、教育会が明治の中期以降公立図書館設置に大きな影響を及ぼしたことが、その後日本の公共図書館が、国民に対する教化機関としての性格を強めることになったことと、無関係ではないであろう。

6・3　図書館令時代（一八九九―一九三二年）

6・3・1　図書館令の公布

学制から改正教育令へ　明治政府の初期の教育方針は、学問は武士以上のものというこれまでの考え方を改め、女子も含めて国民すべてが学ぶべきものとしたことである。一八七二年の「学制」の〝邑に不学の戸なく家に不学の人なからしめん〟という宣言は、明治初期の国民皆学の思想を高らかに宣言したものである。

しかし、その後自由民権運動への対応に追われた政府は、学校教育、特に小学校教育の段階で、子供たちの自由な批判的精神の芽を抑えこもうとする政策に変っていく。このような政策の変更を示すのは、「学制」が知育偏重で、徳育が軽視されているという批判であった。

一八七九年九月には「学制」に替って「教育令」が制定される。しかし、この「教育令」もまだ自由主義的であるとされ、翌年の一八八〇年三月には、「教育令」の制定に当った開明的な文部大輔田中不二麻呂は司法卿に配転になり、田中に替った河野敏鎌によって、同年十二月「改正教育令」が公布される。ここで初めて、これまでの教育政策が知育偏重であるという批判に応じて、徳育教育として修身を全教科の中でもっとも重視することになった。一八八二年の文部少輔九鬼隆一の書籍館に関する「示諭事項」で、〝善良ノ思想ヲ伝播〟する図書を選択し、〝不良ナルモノ〟の排除を強調したのも、「改正教育令」の徳育中心主義に添ったものと言えるであろう。

図書館令の公布　一八九四年八月に始まった日清戦争は、日本の資本主義産業を大きく発展させることになり、都市の賃金労働者の数は飛躍的に増加した。賃金労働者は貧しい農村からの人的供給が得やすかったため、低賃金と長時間労働を強いられた。そのため一八九〇年代末には労働組合が結成され始め、ストライキも起るようになる。また、農民の小作争議や、農民に対するいろいろな負担の軽減を求めて、農村でも農民闘争が一九〇〇年前後から各地に起るようになる。学校教育に対する国家統制が軌道に乗り、小学校就学率も一九〇二年には九〇%を越えてきたこともあって、文部省もようやく社会教育に眼を向けるようになってきた。一八九九年十一月に図書館に関する単独法である「図書館令」が、勅令として公布されたのは、このような社会状況の下であった。

わが国最初のこの「図書館令」で、初めて図書館設置の法的基礎が確立する。職員としては、〝公立図書館ニハ館長及書記〟を置くことになり、その待遇についても具体的に定めている（第六条）。第七条では、〝公立図書館ニ於テハ図書閲覧料ヲ徴収スルコトヲ得〟と有料制を認め、また、公私立学校に〝附設スルコトヲ得〟（第四条）と、学校への附設を認めた。そのため、その後設置される町村レベルの公立図書館の多くが、小学校に附設された。貧弱ながら学校に図書館があることが、その後学校図書館独自の発展も、また公立図書館自体の発展も阻害する点が多かった。なお、公立図書館の職員として、「図書館令」に〝館長司書及書記〟と、司書が明記されるのは、一九〇六年十月の同令の一部改正からである。

公私立図書館数の増加　いろいろ問題点はあるものの、とにかく単独の「図書館令」が公布されたことにより、その後公私の図書館の設置が全国的に促進されることになる。「図書館令」の公布された一八九九年の全国の公私立図書館数は僅かに三十二館であったが、一九〇一年には五十館、一九〇四年に百館、一九〇八年には二百館、そして明治期最後の一九一二年には五四一館と、急速に増加していく。図書館の全国的普及とともに、優れた見識を持つ図書館人も登場し始め、まだ少数の例ながら、本格的な図書館活動が展開されるようになった。

6・3・2　図書館員の全国的組織

図書館員の全国組織　「図書館令」の公布された前後の時期には、わが国の図書館の発展にとって、もうひとつ極めて重要な出来事があった。それは、東京と京都で図書館関係者の組織が成立発足したことである。図書館関係者が自分たちの組織として、全国的な協会（association）を持つということは、その業務の社会的認知を求めるとともに、自らの職種の専門性の自覚を深化させていくことになるのである。欧米諸国においても、それぞれの国で図書館員の協会、特に全国的な協会が十九世紀後半以降成立していったことが、その国の図書館の発展に多大な影響を及ぼしたことは、よく知られた事実である。

日本文庫協会　わが国における図書館関係者の組織が、まず発足したのは東京であった。一八九二年三月日本文庫協会が、東京図書館長田中稲城の提唱によって創設された。会名の原案は日本図書館協会であった。しかし、創立準備会参加者二十四名の所属館で、図書館を称していたのは東京図書館と東大図書館のみで、その他は宮内省図書寮、陸軍・海軍の中央文庫、横須賀と佐世保の鎮守府文庫、内閣記録局・衆議院・貴族院の事務局等からの参加で、参加者には図書館という呼称が馴染まなかったのか、旧来の文庫を称すべきだという意見が強く主張され、それに決した。陸軍・海軍の文庫員のうち、特に海軍が横須賀と佐世保の両鎮守府文庫から遠路参加していることからは、当時軍、特に海軍が欧米の最新の軍事情報の収集に努力し、文庫事業に関心を示していた姿勢が偲ばれる。

日本文庫協会が日本図書館協会と改称したのは、一九〇八年三月であった。ようやく改称されるようになったのは、すでに「図書館令」も公布され、同令の解説書とも言われる文部省編『図書館管理法』（一九〇〇年）も刊行されており、また文庫協会の主催で全国図書館大会と称する集会も、第一回一九〇六年、第二回一九〇七年と開催されているというような実態があったからである。協会の機関誌である『図書館雑誌』の創刊は、一九〇七年十月であるが、発行者名はまだ日本文庫協会であった。この雑誌はわが国における図書館関係の代表的な雑誌として、今日に至るまで百年近く継続して刊行されており、日本におけるもっとも歴史の長い雑誌のひとつである。

関西文庫協会　東京で結成された日本文庫協会に八年遅れて、京都で京都帝国大学附属図書館長島文次郎等を中心として、関西文庫協会が、一九〇〇年一月に結成された。

京都帝国大学は一八九七年に創設された。京都にも帝国大学が設置されたので、東京の帝国大学は東京帝国大学と改称された。京都帝国大学の創設とともに、図書館事務も同時に開始されていたが、正式に附属図書館がスタートするのは一八九九年十二月からである。初代の京大図書館長島文次郎等による関西文庫協会の活動は、スタート後間もない京都帝大図書館を中心にして開始された。島にしても、帝国図書館から京大図書館に赴任した秋間玖磨、笹岡民次郎にしても、東京の日本文庫協会の活動については十分に知っていた。

東京の文庫協会の活動は、主として市内の有力図書館員だけの参加で続けられていて、年に数回程度十数名程が会合を開き、毎回会員が報告を行なっていたが、会費規定もなく、機関誌も発行の希望はありながら、長い間持たなかった。機関誌もなく、毎回の会合者を中心にした組織では、全国的な組織及び影響力の拡大を持ちえなかったのも当然である。

『東壁』の発刊

それに対して関西文庫協会では、〝本会ハ演説談話討論ヲナシ又雑誌ヲ発刊スベシ〟(会則第三条)と、会合のほかに、最初から機関誌の発行を事業のひとつに挙げ、会費も定めている。関西文庫協会では、創設の翌年の一九〇一年四月三十日付で、機関誌『東壁』第一号を刊行する。創刊号のサイズは当時の菊判(二一・八×一五・二cm)で、本文二十三頁に附録として「増訂好色本目録」が六頁添えられている。江戸幕府の下で、特に一七二二(享保七)年の「出板令」以来、弾圧されてきた好色本の解題付き目録(柳亭種彦編、富岡謙三増校訂)が、創刊号から三号まで附録として掲載されているのは、当時の知識層、特に関西の知識層ならびに図書館界の自由な気風の一端を示すものであろう。

表紙には「東壁」という機関誌名と、論説、記事等の内容目次があり、裏表紙にはその英訳を載せ、機関誌として極めて行き届いた編集になっている。発行所名は京都帝国大学図書館内関西文庫協会であるが、第三号と最終号は、京都市内の書肆村上勘兵衛方になっている。

創刊号には一九〇一年四月現在の一〇五名の会員名簿がある。会員は京都六十三名、大阪二十一名で、八割が京、大阪の会員で占められているのは、当時の状況から当然であるが、そのほかに少数ながら秋田、山口、福岡等の遠隔地からの参加もあり、当時の植民地台湾からも三名の入会者がある。創刊号には東大図書館長和田万吉の祝辞が寄せられているが、東京からの参加者が、台湾と同数の三名にとどまっているのは、後発の関西文庫協会に対する東京の文庫協会員のライバル意識があったのかも知れない。第二号には新しい入会者三十九名の名簿が載せられているが、その中には内田銀蔵、黒板勝美、内藤虎次郎（湖南）、藤岡作太郎といった歴史、文学関係の著名な学者の氏名が見えるのは興味深い。

誌名の「東壁」については、第一号の発刊の辞に、〝古志に曰く東壁の二星は文籍を主る天下図書の府なり〟とあるように、文籍をつかさどる星の名である。当時の関係者の漢籍や故事についての深い教養が偲ばれる。

同誌は「日本に於ける公共図書館の起源」として、第二号で京都集書会社について紹介しているが、わが国で「公共図書館」という言葉を用いた極めて早い例である。また会則第四条では、〝雑誌ニハ図書館学「ビブリオテックス・ウイセンシャフト」ニ関スル論説記事及本会報告ヲ掲載〟すると述べているが、図書館学という用語を用いたこれも極めて早い例である。第四号には、アメリカの The Library Journal（vol.26, no.10, 1901）、及びドイツの週刊雑誌 Das Echo（XX　Jahrg. 12

Dez. 1901, Nr. 1006）に掲載された『東壁』の紹介文を掲載しているが、当時すでに同誌は、海外にも送られていたのである。

わが国最初のこの図書館専門誌は、明治後半期における図書館関係者の熱意と、幅広い見識を示しているが、残念ながら四号（一九〇二年三月）で姿を消した。誌面に少数の出版物の広告を載せたりしているが、一五〇名程の会員で、毎号三十頁から四十頁近い雑誌を、三～四か月ごとに刊行していくことは、財政的に困難であったに違いない。『東壁』休刊後も、文庫協会の活動は一九〇三年半ば頃までは続いたようであるが、その後淡雪が融けるように消滅した。その短命が惜しまれる。(12)

日本図書館協会の活動　機関誌発行において関西に一歩遅れをとった日本文庫協会は、組織的な活動の面では実績を挙げていく。一九〇〇年には会長制をとり、帝国図書館長田中稲城が会長に就任し、会の体制を強化した。一九〇三年には協会主催で東京で、第一回図書館事項講習会を、八月一日から二週間にわたって開催した。募集人員三十名に対して、全国から五十四名の申し込みがあった。すでに西村竹間『図書館管理法』（一八九二年）や、文部省編『図書館管理法』（一九〇〇年）は刊行されていたが、全国から受講者を集めて、二週間の講習会を持ったことは、図書館の経営管理に関する実務的知識の共通基盤を確立していく上で、画期的なことであったと言わなければならない。

一九〇六年三月には、上野の帝国図書館の新築開館を機に、同館で文庫協会主催の第一回全国図書館員大会を開催し、「図書館令」の改正を要求するなど、図書館界として、意見を外部に対して表明しうる体制ができた。以後図書館大会は毎年開催されることになる。翌一九〇七年には機関誌『図書館雑誌』の刊行が始まり、一九〇八年三月には協会名を日本図書館協会と改称した。同協会は戦中を経て今日に至るまで、日本の図書館運動の中心となって活動を続けている。

6・3・3　通俗図書館と簡易図書館

通俗教育の重視　日清戦争（一八九四－九五年）頃までに初期資本主義の段階を終えた日本は、いよいよ高度資本主義の段階に入る。それとともに米、英、さらにロシアとの国際的対立が生じてくる。このような国際的対立の深まりと、日本の中国への帝国主義的侵略を支えるための軍備の増強とともに、軍部の独走が始まる。軍備増強は国民に重税を課し、国家財政を窮乏させる。一方で、資本主義の発展は労働者、農民階級の抵抗運動を激化させる。労働者のストライキは日露戦争末期（一九〇四～〇五）から増加し始めるが、労働階級の闘争の高まりとともに、闘争の理論的支えとして社会主義思想が広まっていく。

「学制」発布の一八七二年には、児童の就学率はまだ三〇％程度であったが、一九〇〇年には「小学校令」を改正して、四年間の義務教育制を強化し、それとともに授業料の徴収を廃止したので、就学率は七〇％を超えるようになった。一九〇七年には義務教育年限は六年に延長されたが、一九一〇年にはほとんど一〇〇％近い就学率を示している。これは当時の世界では、最高の就学率と言われている。さらに、中等、高等教育の発展とともに、会社員、教師や医師、技術者やジャーナリスト等といった知識レベルの高い中間層が厚くなり、これらの階層を基盤とする自由主義、民主主義思想が成長してくる。

学校教育の場における児童、生徒に対する思想的コントロールは、強権的に達成することが可能であっても、一般成人に対する思想的コントロールには、政府も苦慮せざるを得なかった。特に、資本主義体制を否定する社会主義思想の広まりには、政府は厳しい弾圧を加え、一般社会人を対象とする社会教育も、社会主義を連想させる「社会」の語をさけて、通俗教育と称した。文部省が通俗教育担当課を社会教育課と改称したのは、一九二一年であった。

通俗図書館　文部省が通俗教育を推進するための重要な手段としてとりあげたのが、通俗図書館であった。当時における通俗図書館の概念について述べたものとして、大日本教育会会長辻新次の演説を挙げることができる。辻は一八九一年三月同会附属書籍館の書庫の新築落成式において、次のように述べている。〝通俗書籍館ハ主トシテ通俗近易ノ書即チ解シ易クシテ益アリ面白クシテ害ナク所謂利益快楽両得スヘキノ書籍ヲ蒐集〟して、〝汎ク庶人〟の利用に供するものである。そして、通俗書籍館を高等書籍館と対比して、後者が高等学校とすれば前者は普通学校に当り、しかも、年令、時間等になんの制約もなく、〝無量ノ教科書ヲ有スル自由ノ普通学校ナリ〟と、通俗書籍館について極めて開明的な説明を行なっている。

辻の演説の中にある〝通俗近易ノ図書〟という言葉は、すでに一八八二年十二月の文部省少輔九鬼隆一の書籍館に関する訓示で用いられているが、通俗書籍館という用語は九鬼の訓示には現れていない。しかし、訓示中で、書籍館にはいろいろあり、〝遠大該博〟な蔵書を持つものもあれば、〝通俗近易ノ図書ヲ備存シテ専ラ庶民ニ展覧セシメ以テ読書修学ノ気味ヲ下流ノ人民ニ配与セントスル〟書籍館もあると指摘しているが、この後者が辻の言う通俗書籍館に該当するであろう。しかし、通俗図書館を〝読書修学ノ気味ヲ下流ノ人民ニ配与セントスル〟図書館と見るところに、辻の通俗書籍館観のような、自由な開明性は九鬼の訓示には見られない。

文部省の文章で、通俗図書館の呼称が用いられるのは、一九一〇年二月文部大臣小松原英太郎が各地方長官に示した「図書館設立ニ関スル注意事項」の中においてである。「注意事項」の前文で、〝近時各地方ニ於テ設立セラル、通俗図書館又ハ小学校ニ附設スル図書館ノ類〟では、〝健全有益ノ図書ヲ選択スルコト最肝要ナリトス〟と述べている。この訓示では、通俗図書館だけでなく、他の図書館についても具体的に述べているが、特に通俗図書館では、〝成ルヘク其ノ施設ヲ簡易ニシ主トシテ力ヲ有益ナル図書ノ蒐集ニ用ヒシメンコトヲ要ス〟と、健全有益な図書の収集を強調している。そのことは、政府が通俗図書館を国民教化の手段と考えてきたことを示している。

「図書館令」公布の翌年（一九〇〇年）に、文部省編として刊行された『図書館管理法』は、図書館の種類として参考図書館と普通図書館の二種類のみを挙げ、後者については、〝主ニ通俗ノ図書ヲ備付ケ多クハ之ヲ館外ニ貸出シテ公衆ノ閲覧ニ便スル者〟と述べているが、通俗図書館という呼称はない。

『図書館小識』における通俗図書館と簡易図書館

一九一五年に日本図書館協会は、大正天皇

即位を記念して、慶祝行事の一環として全国的に図書館設立を呼びかけるため、『図書館小識』を刊行した。ここでは、図書館の種類分けはさらに詳細になり、図書館を児童、広義普通、参考図書館の三種にまず分類し、広義普通図書館をさらに（イ）簡易図書館（町村立で小学校に附設）、（ロ）狭義普通図書館（府県郡市町村立図書館の多数）、（ハ）多少参考図書館的普通図書館（府県立、市立の大きなもの）に分類している。そして、この広義普通図書館を〝又ハ通俗図書館〟としている（十一頁）。その説明で、〝普通図書館は所謂通俗図書館にして、普通知識の獲得と道義心の涵養とを目的とする〟（十二頁）と述べている。『図書館小識』によれば、通俗図書館は広義普通図書館のことであり、そのうち町村立で小学校に附設されるものが簡易図書館ということになる。さらに同書では、簡易図書館に於ては〝寧ろ館外貸出を主とし〟（十二頁）と述べているが、簡易図書館は十分な閲覧施設も備えていないごく小規模な図書館ということになる。簡易図書館では利用も無料であったが、それは料金を徴収しうるような図書館ではなかったからである。当時全国の町村立図書館の多くは、この簡易図書館であった。

東京市の簡易図書館と自由図書館　当時多くの町村立図書館は、『図書館小識』の分類によれば、簡易図書館と言うことになるが、自ら簡易図書館と称したわけではない。ところが、簡易図書館を公称としたことでよく知られているのは東京市立のそれである。一九〇八年十一月に首都東京市の初めての市立図書館として、日比谷公園内に日比谷図書館が開設されるが、その後各区に一館ずつ図書館が建設されていく。一九一二年までに建設された図書館は、日比谷、深川の二館をのぞき他の十五館は、経費の関係から、小学校校舎の一隅に設置され、区名を冠して簡易図書館と称した。日比谷、深川の二館は有料制であったが、簡易図書館はすべて無料制であった。しかし、簡易図書館という呼称は、どうしても低級の図書館という印象を与えかねないので、東京市では一九一三年四月から規程を改正して、簡易図書館を自由図書館と改称した。英語の free public library の訳語であろうが、free を無料と訳さずに自由としたのは、どうぞ自由にお使い下さいという意味を含ませたと説明されている(13)。

一九一三年二月には、軍部の横暴を抑えきれない無為無策の桂内閣を、憲政擁護の民衆運動が打倒した。民権伸張運動に対する政府の弾圧にもかかわらず、民衆の力は伸びてきていた。一九一〇年代の一面的な明るさ、それは大正デモクラシーの時代と呼ばれるが、そのような時代の雰囲気が、東京市の簡易図書館を、名称だけではあるが、自由図書館と改称させたのかも知れない。

6・3・4　地方改良運動と町村図書館の設置

町村図書館の増加　一九〇三年には国定教科書制を発足させることによって、教育勅語の忠君愛国イデオロギーを就学率九〇％を超えた児童に、政府は思いのままに教えこむことができた。しかし、一般成人を対象とする通俗教育では、学校教育のような確立された国民教化のためのルートはなかった。そこで文部省が、その有効なルートとして着目したのが、ようやく全国的に設置が進み始めた通俗図書館であった。「図書館令」公布の一八九九年には僅かに三十二館であった全国の図書館数は、一九一五年には九〇六館に達した。しかし、一九〇五年の全国の図書館一〇一館の一館当り平均蔵書冊数が一万一六〇〇冊であるのに対して、一九一五年のそれは四千冊と、ほぼ三分の一に減少している。館数は十年間に九倍と飛躍的に増加したにもかかわらず、一館当りの蔵書冊数が大きく減少しているのは、設置図書館の多くが、町村に設置された簡易図書館であったことを示している。

町村図書館の設置契機　永末十四雄は一八九〇年代末から全国的に普及してきた町村図書館の設置契機として、(一)国家的慶事、(二)地方改良運動、(三)青年団育成を中心とした通俗教育の重視を挙げている。[14] しかし、(三)は広くは(二)の地方改良運動の中に含まれるので、ここでは永末の記述によりながら、(一)と(二)について述べていきたい。

慶祝行事としての図書館設置　(一)の国家的慶事の中心は、皇室にかかわる慶事と日露戦争の戦勝である。前者としては、即位とか成婚とか行啓とかを慶祝して、その記念行事として図書館を設置するものである。皇室慶事を図書館の設置理由にする場合は、当時の社会状況からすれば、反対すれば慶祝行事自体に反対するように受けとられかねないため、反対しにくかったことと思われる。

また、日露戦争の戦勝記念として、なんらかの事業を行うことは、政府も積極的に奨励したから、その記念行事として図書館を設置することもあった。しかし、皇室慶事であれ、戦勝記念であれ、記念事業という設置形態をとる図書館では、設置すること自体に重点が置かれ、図書館の地域社会における意義が十分理解されないままに設置されることが多いので、線香花火のように、間もなく活力を失っていく図書館が多かった。それに、国家的慶事として祝賀されるような慶事は、それ程多くはないので、町村図書館設置の契機となったのは、次に述べる青年団育成を含む地方改良運動に基くものが多い。

青年団の官製化と図書館設置運動

日露戦争後の通俗教育に対する取組みの強化には、文部省だけでなく、内務省や軍部も乗り出してくる。日露戦争の終った一九〇五年の十二月には、早くも青年団の指導に文部省は着手したが、一九一一年五月には政府は通俗教育調査委員会を設け、「通俗図書審査規程」や「幻燈映画及活動写真「フィルム」審査規程」が制定され、「図書館書籍標準目録」が刊行され始める。図書や映画等に対する政府の干渉が厳しく行なわれ始めたのであるが、この年一月には大逆事件で、幸徳秋水等二十三名に死刑判決が下されていた。

内務省も日露戦争終結とともに、青年団だけでなく、地域全住民を対象にした教化活動を通じて、地方改良事業に着手する。近世以来村落には若者組や娘組といった、若者たちの自治組織としての年令集団があり、村落の行事で役割を果たしてきた。維新後文明開化の波は地方の農村にも及び、青年たちの自主的な勉強会や文庫活動が行なわれることもあった。文部省や内務省による若者組織への働きかけは、地方改良運動の担い手として、若者たちのこれまでの組織を再編成し、町村長や学校長その他地区の有力者を長とする青年団へと官製化するものであった。健全な国民となるための修養機関として官製化された青年団には、若干の資金が提供され、青年団による自学自習ならびに娯楽の施設として、簡易図書館が小学校に附設された。それらの図書館は町村民にも開放され、町村の公共図書館の役割を担うこともあった。内務・文部両省の指導のもとで官製化された青年団の結成率は、一九二〇年代半ばには町村の九六％に達した。その結果として、全国的に青年団を中心とする大量の簡易図書館を町村に生み出した。

小学校に附設の町村図書館　町村の図書館は、それが青年団や教育会の設置したものであれ、また後にそれらが町村に移管されたものであれ、その多くは小学校に附設されたので、開館日、開館時間は、学校の授業のある日時に限定された。開館が週日の日中ということになると、日中に町村の図書館を利用できるような人は町村には少なかった。したがって、町村図書館では貸出中心になり、また交通の不便な地域には、巡回文庫や貸出文庫によって、できる限り書物を利用者の手元まで持ちこむことが必要であった。学生や日中にも比較的時間の余裕のある人たちがいる都市部の公共図書館とは違った活動が、町村の図書館では必要であった。

6・3・5　府県立書籍館から府県立図書館へ

府県立書籍館の設置　日清戦争（一八九四－九五）後の資本主義の発展にともなう商工業の進展は、全国各地に中小の都市を成立させていく。さらに、第一次世界大戦期（一九一四－一八）には、東京、横浜、名古屋、京都、大阪、神戸のいわゆる六大都市の発展とともに、各地の中枢的都市の人口も増加していく。市の数で見ると、一九〇三年の五十三市から、十五年後の一九一八年には七十市に増加している。今日程人口の移動が激しくなかった当時としては、かなり顕著な都市人口の増加と言えよう。これらの都市部にまず近代的な公共図書館が設置されていく。

一八八四年の全国の書籍館二十一館のうち、十四館（六七％）が府県立書籍館である。そのうち大阪書籍館と浦和書籍館が一八七六年の創立でもっとも古く、静岡師範学校附属書籍館と福岡博物館が七八年で、七九年には新潟学校附属書籍館、滋賀県師範学校附属書籍縦覧所、秋田書籍館、高知書籍館と続いている。これら府県立書籍館は学校附属として設置されたものが多く、その後も愛知県（一八八〇年）、徳島県（一八八二年）と続く。これらの中には、学校附属と名称上は示されていないものの、大阪、浦和、秋田、それに島根県の書籍縦覧所も、学校附属である。

一八七〇年代後半から府県立書籍館が、府県の行政的中心都市の師範学校または小学校に附設して設置された理由として、永末十四雄は〝田中不二麻呂の「公立書籍館ノ設置ヲ要ス」によって、学校および寺堂社宇の仮用の示唆や、継承された図書運用の実態的な規範は藩校の文庫でしかなかったことによるものであろう〟[15]と、述べている。

江戸後期における各藩の藩校における教育は、藩校文庫所蔵の書籍を読むことが中心であり、藩校の教育は文庫と密接に結びついていた。教育と文庫とのこのような結びつきの伝統が、明治初期以降書籍館を設置するという時、自ずと学校に附設させることになったのではないかと、藩校文庫の影響を永末は考えたのである。文庫、書籍館と学校のそれぞれの理念的な独自性が、まだ十分に認識されていなかったこともあって、両者が安易に結びつけられ易かったのである。

府県立書籍館の蔵書も、藩校その他の旧蔵書をそのまま引き継いだものが多く、なかには、洋書の方が多い書籍館もあった。それぞれの蔵書内容は、その地域にあった幕末期のどのような文庫の蔵書を引き継いだかによって、大きく異なってくる。いずれにしても、明治初期の府県立書籍館の蔵書は、新しい時代の民衆の知的要求に十分に応じうるものではなかった。

これらの府県立書籍館では、蔵書の質が利用者の要求に応じえなかっただけでなく、専任職員を配置する館も少なかった。また、貸出も原則として行なわれず、閲覧料を徴収する館もあった。このような実態である上に、明治初期の開明的な教育政策が国家主義的な政策に転換し、書籍館にも国家主義的な統制が及び始めると、近代的な制度として書籍館を設置しても、〝一人ノ来観人ナキモノアリ〟というような状態も、起らざるを得なかった。

府県立書籍館の衰退　府県立書籍館の窮状にさらに追い打ちをかけたのは、地方財政の窮迫であった。明治政府は一貫してインフレ政策をとってきたが、一八八〇年松方正義の蔵相就任以来デフレ政策に転じた。それとともに、間接税、地方税等の大増税を行ない、政府の財政は好転したが、地方財政は逼迫した。このことは、設立後間もない府県立書籍館の財政的基盤に、直接影響を与えざるを得なかった。多くの府県立書籍館は所属する学校の経費で維持され、栃木県のように閲覧料収入だけに依存する館もあった。政府のデフレ政策で、地方財政が逼迫してくると、府県立書籍館を支える財政的基盤が崩壊し、間もなく多くの書籍館は、廃館に追いこまれざるを得なかったのである。一八八四年に府県立十四館に町立二館を加え、全国で十六館あった公立書籍館は、一八八六年には九館に、一八九二年には七館にまで減少し、一八九〇年代半ばには、県立としては宮城書籍館が存続するだけであった。

府県立図書館の新創設　ひとたびはほとんど消滅した府県立書籍館も、やがて一八九〇年代末から再び府県立図書館として創設され始める。まず一八九八年六月府立京都図書館が開館、翌年四月には県立秋田図書館が開館される。かつては県議会による書籍館予算の大幅な削減によって、廃館に追いこまれた秋田図書館は、書籍館時代を大幅に上廻る予算を与えられて創設されたのである。大阪府では、一九〇〇年二月に府立図書館開設の予算が計上されたが、これに住友家から建築費、図書費として二十万円の寄附の申出があり、一九〇四年二月本格的な図書館建築を誇る府立図書館が開設された。一九〇二年には県立宮崎図書館、一九〇三年には茨城県立及び山口県立山口図書館が設立され、一九〇六年には岡山、一九〇八年には和歌山と、まず関西以西の県立図書館の設置が相次ぐ。これらの府県立図書館では、たとえば京都や宮崎、長崎などの例に見るように、すでにあった府県の教育会図書館が移行したものが多い。第二次大戦前に設立された全国の府県立図書館のほぼ三分の二は、府県の教育会経営の私立図書館の府県への移管か、教育会の強力な支援によって設立されたものである(16)。

一八九〇年代半ばまでにほとんど姿を消した府県立書籍館は、一八九〇年代末から一九一〇年代にかけて、今度は本格的な府県立図書館として登場してくる。それは、単に府県立書籍館から府県立図書館へと、その名称が変っただけではない。それは質的な変化を示すのである。まず第一に、府県立書籍館時代はそのほとんどが学校に附設されたが、府県立図書館はすべて独立の施設となる。第二に、専任職員が配置されるようになる。専任館長が置かれる例もある。専任職員が配置されることによって、はじめて図書館業務のレベルの向上が期待されうる。第三に、府県立図書館では図書館予算が公費を以て維持されるようになる。書籍館時代のように、附置された学校の経費に依存するのではなく、予算上からも学校教育からはっきり独立することになった。施設、職員、経費の点において、不十分ながらも一応確立されたことによって、図書館運営上の主体性がようやく確立されたのである。一八九八年の京都府立図書館を初めとして、逐次各府県に設置されていった府県立図書館によって、初めて全県的な図書館サービスに対する視野が開かれてくる。分館の設置、巡回文庫または団体に対する貸出文庫、さらに全県的な図書館及び図書館員の組織化と、それらの活動を基盤とする全県的な図書館運動の展開といった図書館発展の基点が、府県立図書館の設置によって築かれることになったのである。

6・3・6　県立図書館長としての佐野友三郎の活動

佐野友三郎の秋田県立図書館長就任　一九〇〇年代初期における府県立図書館の典型的な活動例として、一九〇〇年四月秋田県立図書館長、さらに一九〇三年三月に山口県立山口図書館長に就任した佐野友三郎の活動を、ここでやや詳しく見ていきたい。

帝国大学時代の学友であった佐野友三郎を、秋田県立図書館長として招いた県知事武田千代三郎が山口県知事に転じると、佐野はまたも山口に招かれて、一九〇三年から一九二〇年五月に自らその生涯を閉じるまで、十七年間山口県立山口図書館長の職にあった。

佐野には県立秋田図書館長就任以前、図書館員としての経歴はない。一八九〇年帝国大学文科大学を事情により中途退学後、山形、大分、広島各県の中学校の教諭を経て、台湾総督府事務官となる。

一八九九年台湾の職務を辞して内地に帰ったその翌年、友人武田秋田県知事に秋田図書館長として迎えられた。佐野三十七才の時である。二年後の一九〇二年には、『秋田県教育会雑誌』に早くも「米国巡回文庫起源及び発達」を発表している。

佐野の巡回文庫研究　その文章の前文に、〝明年度より秋田図書館においては巡回文庫を開始し、（中略）殊に巡回文庫は未だ本邦に例なきが故に、今、当事者の調査したる米国巡回文庫中の一篇を抄録して、本誌に収めて読者の参考に供す〟[17]とある。当時わが国で刊行されていた図書館関係著作である西村竹間『図書館管理法』（一八九二年）、文部省編『図書館管理法』（一九〇〇年）のいずれにも、「巡回文庫」についての記述は全くない。また、佐野も会員であった関西文庫協会の『東壁』四冊（一九〇一－一九〇二年）中にも、巡回文庫に関する記事はない。巡回文庫に関する記述が、わが国の図書館関係書にようやく現れるのは、文部省編『図書館管理法』の改訂版（一九一二年）においてである。同書の「第十六、巡回文庫」では、米国の例と、わが国の例としては、佐野の実施した山口県巡回文庫が、文庫の書函の写真とともに、詳細に紹介されている。

佐野は、府県という広域のサービス範囲を持つ府県立図書館では、図書館側から積極的に全県サービスを行なうためには、巡回文庫が最適であり、かつ、町村の既設の図書館のためには、その蔵書の不足を補い、図書館未設置のところでは、これを新設する動機を与えることになると考えていたのである。巡回文庫はわが国では佐野によって初めて紹介され、また実施されたのである。

佐野は館長就任以来、図書館に関して幅広く研究したが、まだ拠るべき国内文献の少なかった当時においては、必然的に海外、ことにアメリカの文献に学ばなければならなかった。アメリカで巡回文庫（travelling library）が盛んになったのは、ニューヨーク州立図書館長であったM・デューイ（Melvil Dewey）が、同州立図書館で開始してからであると言われている。佐野は、〝余等曽テ巡回書庫ノ法式ヲ調査スルニ際シ米国ニューヨーク州立図書館長メルヴィル・デューイー氏ニ書ヲ寄セテ其ノ助言ヲ求メタルコトアリ氏ハ若干ノ参考材料ニ添フルニ懇切ナル書信ヲ以テシ[18]〟と、デューイに直接教示を得ている。佐野が図書館人として優れた業績を挙げえたのは、このような熱心な研究に基いているのである。

山口県立図書館長としての活動　佐野と言えば巡回文庫が想起される程、わが国における巡回文庫の創始者として有名であるが、彼は巡回文庫を、全県的な貸出方式としてのみ考えていたのではない。〝巡回文庫は最も簡易なる公共図書館〟と考え、直接的には町村図書館や青年団等を仲介として書物を供給するだけでなく、巡回文庫を町村図書館設置を促す契機として、全県的な図書館網を設けることを、彼は目指していたのである。そのためには、巡回文庫で図書館の効用を直接に民衆に実感させるだけでなく、「山口県立山口図書館報告」を逐次刊行するほか、「図書館設置の栞」その他の印刷物により、図書館に関する啓蒙運動を続け、さらに、山口県図書館協会を組織して、直接的な人を通じての図書館についての啓蒙と、その普及運動を行なったのである。その結果、一九〇四年の各県の図書館数は秋田県が八館でもっとも多く、山口県は僅か四館にすぎなかったのに、一九一一年では山口県は全国一位の六十七館、一九一九年では一五七館で、引き続き全国一位である。巡回文庫を通じての佐野の図書館普及運動は、大きな成果を挙げたのである。

彼が府県立図書館の活動として規範化したのは、もちろん巡回文庫だけにとどまらない。それは、夜間開館の実施であり、公開書架制の採用、さらに児童閲覧室の設置である。これらの活動は府県立図書館に限られるものでないことは言うまでもない。夜間開館はすでに一八八七年に、東京神田に設置された大日本教育会書籍館で実施されていた。佐野を秋田から山口に招いた武田知事は、後年の想出の中で次のように述べている。〝夜間休日にも開館するとなれば館員の数を増やさねばならぬ。人件費が殖える。点燈代がかかる。僅かな事ではありますが、経費削減を能事と心得る議員さん達の多い時代には、当局の発案は常に否決され勝であります。山口ではその始めより幸に県会の容るる所となって此処でも亦佐野の力によって、我国に始めて夜間開館の図書館を現出するに至ったのであります[19]。〟夜間開館にはすでに先例があったが、府県立図書館としては極めて早い例である。

山口県立図書館における児童閲覧室　武田知事はまた、〝殊に児童図書館の如きは、随分冒険な企て。旬日を待たず閉館の止む無きに至るだらうとの批評もありましたが、結果は全く意外で、公徳を重んずること、児童は却って大人に優るの確証を得て少なからず山口町民を驚かし、小学教師の鼻を高からしめたること、幾何なるかを知らずとでも申すべき実況でありました[20]。〟と回想している。佐野は〝公共図書館発達の第二の要点は児童室とす[21]〟と言っているように、これを重視していた。

児童室についても、一九〇〇年の文部省編『図書館管理法』は、全く触れていない。一九一二年刊の同書改訂版で、「第二　近世的図書館ノ特徴」の一つとして、児童閲覧室について触れ、〝幼時ヨリ娯楽ト利益トヲ以テ児童ノ読書趣味ヲ養成セントスル者ナリ〟と述べているが、この文章に続いて〝但此閲覧室ノ事ニ付テハ多少ノ異論モ之ナキニ非ズ猶研究ノ餘地アルベキナリ〟（六頁）と、及び腰の姿勢を示している。すでに小学校への就学率は九〇％を超え、義務教育制をほぼ完成した文部省は、一九〇三年からは従来の教科書検定制をさらに一歩進めて、国定教科書制度を成立させ、児童に対する教育勅語に基づく教育の徹底を期していた。そのような文部省の基本姿勢のもとでは、〝児童ノ読書趣味〟を自由に伸ばそうとする児童閲覧室については、文部省編のこの本では、〝多少ノ異論〟もありうると、腰が引けざるを得なかった。

これに対して、同書より三年後の一九一五年に刊行された日本図書館協会『図書館小識』では、第九章を「児童図書館及児童閲覧室」にあてている。そして、児童図書館（室）の発展が遅れているわが国では、〝其設備経営に就きて工夫を費す者稀なるのみか、往往皮相の観察を為し、未だ児童図書館の如何なるものなるかを識ることなく、又研究せんと試みることも為さずして、軽々に其必要を否認するが如き者あるは慨歎の至なり。[22]〟と、文部省編著とは明らかに異なった明確な姿勢を示している。それには、佐野の山口図書館における児童閲覧室のような、実践の裏づけがあったのである。

山口県立図書館における公開書架

県立山口図書館における公開書架の実施は、児童閲覧室では開館当初から行なわれていた。一般閲覧室に公開書架を設けたのは、書庫の狭隘のためで、一九〇七年四月から閲覧室に通俗図書約三千冊を公開した。佐野はアメリカにおける open-shelf system について知っていたが、山口におけるその実施は、初めは書庫の狭隘のためという一時凌ぎの実施であった。しかし、実施の結果、〝書庫公開の便利とする点は、目録より実物を手にすること、寛容及び歓迎の精神と符合すること、多数の書籍に接触するの感化等に在りて、之に対する反対論は、盗心誘致、書架の乱雑、磨損等に在れど、利益は不利益を償い得て余あり。(23)〟と、確信の程を述べている。

佐野の業績は以上にとどまらず、郷土資料の収集、デューイの十進分類法を参考にしたと思われる十門分類表の制定など、すでに文部省編『図書館管理法』に紹介されていたアメリカの新しい図書館技術の実践が、山口では試みられている。しかも、その実践活動は、単に山口図書館での実践に終るのでなく、佐野による執筆、講演等を通じて全国に広く紹介され、わが国の公共図書館の発展に大きな影響を与えたのである。

山口県立図書館と大阪府立図書館　山口県立山口図書館より三か月早く、一九〇三年四月大阪府立図書館が設立された。ここでは、住友家の寄附によって、延二四七坪という当時の公立図書館としては最大規模の壮麗な館舎が建てられた。ここでも巡回文庫、児童閲覧室が設けられたが、山口や秋田のような無料閲覧制ではなく、児童からまでも入館料を徴収した。貸出は一九〇八年から開始されたが、甲種一か年有効特許料五円、乙種二か月有効特許料一円が徴収された。大阪府立の場合は、山口が通俗図書館として徹底したのに対して、西の帝国図書館としての性格を強めていった。府県立図書館のあり方として、大阪府立のような例もありえた。それには、府県立図書館所在都市における市立図書館の有無や、府県内の図書館の設置状況等、いろいろな条件がかかわってくるが、佐野の活動は、二十世紀初期におけるわが国の府県立図書館の一つの典型的な事例を示すものであったと言えるであろう。

6・3・7 市町村立図書館の設立

大正期における公共図書館設置数の伸び　文部省の一九三六年の全国図書館調査によると、同年四月一日現在の一般に公開されている公、私の公共図書館数は四六〇九館に達する。それを創立年代別にみると、次の通りである。[24]

表から明らかなように、大正期（一九一二－一九二六年）に入って、全国の公共図書館数は量的に急激な伸びを示し、特に大正後期の一九二二年から一九二六年までの五年間の伸びが顕著である。

一九二一年三月現在の文部省の全国図書館調査[25]によると、

1902年（明治35年）までに創立	49館	387館（明治期）
1903年－1912年（明治36－45年）	338館	
1912年－1916年（大正元年－5年）	499館	3,244館（大正期）
1917年－1921年（大正6年－10年）	779館	
1922年－1926年（大正11年－15年）	1,966館	
1927年－1931年（昭和2年－6年）	684館	918館（昭和期）
1932年－1936年（昭和7年－11年）	234館	
創立年不詳	60館	
	4,609館	

全国の公共図書館数は一六四〇館、そのうち公立九四三館、私立六九七館である。公立のうち府県立二十七館、市立四十九館、町立一六三館、村立六三四館、そのほかに郡立が七十館である。文部省の一九三六年の調査では、上表に示したように、全国の公共図書館数は四六〇九館、そのうち公立三二四〇館、私立は一三六九館で、一九二一年の数字と較べると、公立図書館数で三・四倍、私立図書館数で約二倍で、公立図書館数の伸びが目立つ。一九三六年では、府県立図書館数は四十一館で、一九二一年の数字の一・五倍、市立は一三七館で二・八倍、町立は六二二館で三・八倍、村立は二四一二館で、これも町立と同じく三・八倍ほどに増加している。府県立や市立図書館よりも、町村立図書館の急激な伸びが見られる。

ところが、いまこれを蔵書冊数で見ると、一九三六年の公共図書館四六〇九館のうち、蔵書冊数が千冊未満の館は、公立で二一七七館、私立では八七八館、合計三〇五五館で六六％に達する。五千冊未満で見ると四二九三館となり、実に九三％に達する。この十五年間ほどで図書館数だけは大きな伸びを示したが、その多くが蔵書冊数の極めて貧弱な簡易図書館に過ぎなかったことを示している。以下にさらに詳しく、市立と町村立図書館別に見てみよう。

市立図書館の設置　一九二一年三月現在の前記文部省調査によれば、市立図書館は全国で四十九館、これは東京市の分館を含む二十館が入っているので、東京市を除けば、市立図書館は全国で二十九館にすぎない。そのうち福岡県が三館、兵庫、新潟、群馬、愛知、福島、青森、富山の各県には二館ある。その他の府県は一館のみで、市立図書館を一館も持たない府県は、京都府をはじめ二十六県にのぼる。特に四国は四県のすべて、九州は福岡、長崎の両県を除く他の五県と、沖縄県には市立図書館がまだない。

一九三六年四月現在の前記文部省の調査では、市立図書館の総数は一三七館。しかし、この時点でも県内に市立図書館を一館も持たない府県は、岩手、秋田、茨城、栃木、滋賀、京都、奈良、和歌山、鳥取、徳島、香川、高知、熊本、宮崎、鹿児島、沖縄の十六府県（三四％）である。しかも、市立図書館の総数一三七館のうち、東京二十六館、大阪八館の三十四館を除外すれば、蔵書冊数千冊以上の市立図書館数は、一〇三館のうち五十九館（五七％）にすぎない。ようやく全国的に設置が進んできた市立図書館も、一九三六年においてもなお四割のそれは、蔵書冊数千冊に達しないという貧弱さであった。近代的な商工業の成立、発展と無縁な、経済力の弱い府県では、中央政府から社会教育政策上図書館の設置を勧められても、町村のレベルでは小学校の片隅に、形ばかりの図書館を設けることで格好をつけることもできたが、市立図書館レベルではそうもいかず、かえって設置が遅れることになりかねなかったと思われる。

町村図書館の設置　市立図書館の普及が急速には進まなかったのに対して、この時期量的に急激な普及を示したのが、町村図書館であった。しかし、この場合も、実態は極めて貧弱なものであった。

そのことは、一九三六年四月現在の町村立図書館数三〇三四館のうち、独立の館舎を有するものは僅かに一六九館（〇・六％）に過ぎず、小学校に附設するものが二六一〇館で八六％、その他

県名	市町村数（A）	公立図書館数（B）	設置率（B/A）	蔵書千冊未満館数（C）	C/B	県・訓令
岩手	237	134	57％	125	93％	不明
宮城	202	105	52	82	78	1910年
埼玉	363	223	61	145	65	1924
新潟	192	113	59	63	56	1921
石川	198	167	84	113	68	1920
広島	400	307	77	273	89	不明
山口	215	223	1.04	101	45	1925
福岡	310	300	97	237	79	1916
鹿児島	140	98	70	78	80	1924

のものも役場や公会堂等に付設されていることからも、町村立図書館が図書館としては実態の伴わない貧弱なものであったことを知ることができる。

さらに、経費の点から見ても、図書費、人件費も含む図書館の年間経費五十円以下の図書館は二〇四五館、百円以下となると二九九五館となり、経費不詳の館四四〇館を除いた全館数四一六九館の実に七二％に達する。このように、小学校等に付設された零細なものが大部分というのが、町村図書館の実態であったが、それでも、市町村立図書館、特に町村立図書館が、大正期、特に大正期後期（一九二二－二六年）に、このように急激な量的伸びを示したのはなぜであろうか。

市町村図書館設置数の府県による相違　一九三六年の文部省の図書館全国調査から、市町村立図書館が量的に多い府県を挙げると、次の通りである。

上表の県・訓令の欄は、県内における図書館設置に関し、県から県令または訓令が通達された年を示している。

文部省の一九三六年調査では、全国の市町村の総数一万一五〇六のうち、図書館を有するものは四一〇一市町村で、設置率の全国平均は三六％である。上表の各県は、設置率において全国平均を上廻るが、蔵書冊数千冊未満の公立図書館数でみると、山口県のようにその比率が四五％にとどまる県もあるが、多くは七〜八割、岩手県の場合は実に九三％に達している。このように、公立図書館の設置率の高い府県においても、その多くは蔵書冊数が千冊に満たない小規模館であった。

府県の図書館設置の奨励　ところで、実態はともかく、市町村立図書館の設置率の高い県は、図書館設置に関する県の訓令や県令等の存在が大きくかかわっている。その最初は一九一〇年二月の宮城県訓令であった。次いで一九一六年の福岡県と続いた。これらの訓令、規程類では、たとえば福岡県の公立図書館設置奨励のための規程のように、設置をただ奨励するだけでなく、市町村で図書館を設置した場合、図書購入費が一か年三十円以上の図書館に対しては、三十円以内を県が補助するというように、補助金交付で設置を奨励する場合と、石川県の場合のように、補助金は交付せず、図書館の設置運営に関して、積極的な貸出や開架式書架の奨励、さらに巡回文庫の運用等、図書館運営に関する具体的な指示にとどまる場合とがある。新潟県の場合も、補助金を交付するが、ここでは一か年の図書費百円以上を支出する図書館を対象とし、補助金額は一か年五十円以内となっている。

県の図書館設置奨励策には、補助金交付規程があるものとないものがあるが、そのほかに奨励策の対象図書館を公立のみとする場合と、私立も対象とする場合、さらに、町村立のほかに市立図書館も奨励対象に含める場合と、町村図書館のみに限定する場合というように、各県の奨励策はその内容において同じではないが、一方では設置奨励に関する規程や訓令を全く持たない府県もあった。このような府県は東京、京都、大阪と北海道、和歌山、鳥取、大分、沖縄等であるが、一九三六年の文部省の全国図書館調査の「全国図書館普及表[26]」によれば、これらの府県の図書館普及率は次のようになっている。

府県名	市町村数	図書館のある市町村数
北海道	271	19（7％）
東京	89	7（8％）
京都	232	10（4％）
大阪	221	4（2％）
和歌山	215	18（5％）
鳥取	178	12（8％）
大分	246	21（9％）
沖縄	56	4（7％）

表から明らかなように、府県による図書館設置奨励策がない府県の図書館設置率は、極端に低い。府県による図書館設置奨励策が大きな効果を挙げたことは明らかであるが、その結果設置された図書館の多くが、前に見たように蔵書冊数千冊以下の零細図書館であっては、専任の図書館員を配置することもできず、人手は付設された小学校の教員の片手間の作業に頼るという状態では、図書館として有効な活動を行うことは困難であった。町村図書館設置に対して補助金を交付する県でも、補助金交付は設置後数年間に限られることが多かった。そのため、設置後間もなく補助金が打ち切られると、その後は自立できずに消滅していくものが多かった。

明治政府の図書館政策　一九一〇年の宮城県を最初とし

て、各県で図書館の設置奨励策がとられるようになった契機として、永末十四雄は一九一〇年二月三日の、文部大臣小松原英太郎による「図書館施設ニ関スル訓令」を挙げている。宮城県の図書館設置に関する訓令は、小松原訓令を受けて、同年同月の二十五日に出され、しかも前文も主文も、ほとんど小松原訓令を準用していることを、永末は指摘している。[27] このように一九一〇年代以降の各県の図書館奨励策は、中央政府の図書館政策に応じたものであった。その結果、全国的に急速に設置されていった公共図書館の多くが、すでに見たように、年間経費百円以下、蔵書冊数千冊以下で、小学校等に付設された形だけの図書館に過ぎなかった。一九一五年刊の『図書館小識』では、小学校等に付設され、図書はすべて巡回文庫に依存する最低レベルの簡易図書館でも、その年間必要経費を八十円としている。[28] 年間経費百円以下の図書館の実態が推察されるであろう。

このような小規模館が全国的に普及したのは、市町村側の財政的負担能力の弱さだけによるのではなく、文部省側の図書館政策にも起因していると思われる。たとえば、一九〇七年四月文部大臣牧野伸顕は、地方長官に対する訓示の中で、図書館について次のように述べている。

学校教育ノ普及発達ト共ニ、公衆ノ知徳ヲ増進セシムルハ社会教育上緊要ノ事ト為ス。公衆ノ知徳ヲ増進セシムルノ方種々之レアルヘシト雖モ、図書館ヲ設置シ公衆ノ縦覧ニ供シ以テ其読書ノ趣味ヲ促進スルハ最モ適当ナル方法ノ一タルヲ疑ハス。而シテ之ガ設置ニ就キテハ、少数ノ大図書館ヨリモ寧ロ小図書館ヲ設クルヲ以テ利アリトス。故ニ中等学校ハ勿論小学校ニ至ルマデ可成小図書館ヲ附設シ、職員生徒ノ利便ヲ謀ルト共ニ公衆ノ利便ニ供センコトヲ望ム。[29]

ここでは、〝公衆ノ知徳ノ増進〟のためには、〝少数ノ大図書館ヨリモ寧ロ小図書館ヲ設クルヲ以テ利アリトス〟と、小、中学校に付設された小図書館の設置を、〝利アリ〟としている。

牧野訓示に続いた一九一〇年二月の文部大臣小松原英太郎の「図書館施設ニ関スル訓示」は、明治期における文部省の図書館理念の集大成とも言えるであろうが、ここでも、〝通俗図書館又ハ小学校ニ附設スル図書館ノ類〟は、〝成ルヘク其ノ施設ヲ簡易ニシ〟て、〝力ヲ有益ナル図書ノ蒐集ニ用〟いるよう、訓示している。小学校等に付設された小規模館の普及が、ここでも意図されていると見ることができるであろう。

本来〝公衆ノ知徳ヲ増進〟させることを真に図るのであれば、できる限り豊富な蔵書に利用者を接せしめることが重要である。それにもかかわらず、明治政府が簡易な小図書館の普及を目指したのは、小規模館による〝健全有益ノ図書〟（小松原訓令）を通じての、国民教化政策であった。

明治政府が通俗（社会）教育に取り組み始めるのは、日露戦争（一九〇四～五年）後からである。戦後日本の資本主義が独占資本主義の段階に移行するとともに、一方で労働者、農民の抵抗運動も強くなってきた。こうした社会的、思想的混乱に対処するため、政府は通俗教育を通じての国民教化政策に取り組み始めたのである。そのための〝健全有益ノ図書〟を、国民の間に普及していくルートとして、まず小規模館の全国的な普及を図ったと考えることができるであろう。しかし、公共図書館として持つべきレベルとかけ離れた小規模館の普及では、文部省の意図した国民教化策も、機能不全に陥らざるを得なかったのである。

町村図書館担当者の資質の低さ　主体的な図書館活動を行なうレベルに達していない小規模館では、当然のことながら、図書館活動においてもっとも重要な職員に、優れた人材を配することは困難であった。当時における町村図書館の担当者の資質の低さは、一九二二年の文部省の全国図書館調査の担当官が、調査項目について寄せられた回答を見ての、次のような感想に読みとることができる。調査に対する図書館側からの回答では、

一．和書洋書の区別を和装、洋装の区別と混同していること。

二．開館日数三六五日などという非常識な回答があること。

三．一日平均閲覧者数の出し方が解らない館がある。

四．公立、私立の区別の解らないもの。

五．座席数を畳数と同じに考えているもの。

六．県によっては、前年の統計と著しく図書館数の減少したところもあるが、それがなんのためか訳の解らない報告がある。

七．回答の報告をなんど催促しても出さない。一年以上もかかってようやく出してきた館もある。


こうした回答に接して、文部省の担当官は次のように感想を述べている。

社会教育の呼声の矢釜しく、殊に図書館がその中心にならなければならぬといはれてゐる此頃、図書館事業に従事する人は余程しっかりした人でなければならぬ。地方に行くとよく図書館を老朽官吏や教員の余生を送る場所位にしか考へてゐない様なところがあるが、吾人図書館の

振興を企図するものに取っては、先づ地方人のこの考から先きに取除いて貰ひたいものと思ふ。[30]

文部省の担当官は、各地の図書館からの報告のひどさにさぞ手を焼いたことと思うが、専任の図書館員も配置されず、小学校教員の片手間仕事や、退職官吏等の隠居仕事に委ねられているような状況のもとでは、図書館の重要性をいくら声高に文部省が唱えても、地方小図書館の質的レベルは、調査に対する回答者のレベルが明らかに示していると言えよう。このような図書館をいかに大量に設置しても、国民の思想善導、国民教化の手段と考えた政府の意図も、空念仏に終らざるを得なかったし、また、国民一般にとっても、図書館が日常生活とはなんのかかわりもない、それこそ、あっても無くてもいいような存在という、図書館に対する誤った見方を植えつけることになったと思われる。

6・3・8　日本図書館協会の活動

図書館協会初期の活動　協会の一九九二年までの歴史については、協会創立百年記念として、一九九三年十二月に同協会から『近代日本図書館の歩み　本篇』が刊行され、同書の第一部で協会の歴史を詳細に記述している。ここでは、この記述を参考にしながら、一九三三年の「図書館令」改正に至るまでの協会の活動の歴史をふりかえってみよう。

日本図書館協会は一八九二年の創設後、まず和漢図書目録編纂規則の制定に着手し、翌年には同規則を決定し、印刷頒布している。活動は順調に進むかと見えたが、その翌年（一八九四年）からの日清戦争のため、数年間活動を停止し、一八九七年から活動を再開した。一八九八年には春季例会に合わせて、初めて図書館事業従事者合同懇話大会を開催した。出席者は会員十五名、会員外十三名であったが、これが協会主催の全国的な図書館員大会の最初である。

一九〇〇年からは会長制をとることになり、帝国図書館長田中稲城が初代会長に就任する。まず機関誌の発行について協議するが、会員数僅かに百余名では経費的に困難で、機関誌が『図書館雑誌』として初めて刊行されたのは、一九〇七年からであった。それには、後に協会の総裁に就任する徳川頼倫侯爵その他から、協会基金に多額の寄附があったことと、株式会社丸善が印刷費を負担することで、機関誌刊行が可能になった。

機関誌刊行までに、協会は一九〇三年に初めて第一回図書館事項講習会を開催。二週間にわたる講習会には、全国から一五四名の受講者があった。すでに西村竹間『図書館管理法』（一八九二年）及び文部省編『図書館管理法』（一九〇〇年）が刊行されていたが、田中稲城をはじめ当時の館界における一流の図書館人による直接の指導は、図書館事項に関する知識、技術の普及に大きく貢献したと思われる。しかし、協会による二回目の講習会が開催されるのは、ようやく一九一六年のことで、この時は一一七名の受講者があった。

全国図書館大会の開催　一九〇六年に東京上野に帝国図書館が新築開館したのを機に、協会による第一回全国図書館員大会が開催された。大会では早速「図書館令」改正等の議題が協議されている。参加者はまだ五十名足らずであったが、第二代会長の東京大学図書館長和田万吉は、米国図書館界の発展が、一八七六年開催の第一回全米図書館大会がそのスタートになったように、この大会が日本の図書館界発展のスタートとなることを期待した。アメリカの大会に遅れること三十年である。第二回大会以後は全国図書館大会として、関東大震災及び第二次世界大戦による中断はあったが、今日まで継続して開催されている。

第一回の大会で協議された「図書館令」改正の件は、第二回大会（一九〇七年）でも引き続き議題になったが、改正の要求は、同令第一条が、道府県郡市町村は〝図書館ヲ設置スルコトヲ得〟とあるのを、〝設置スベシ〟と、図書館設置を義務づけるように改正すべきだという提案である。この提案に対して、〝各府県並に重なる市〟に対してのみ設置を〝勧誘する事〟という協会案も提案された。議論の結果、市町村の財政状況から見て、すべての市町村にまで図書館設置を義務づけるのは現実的でないということで、協会案が可決された。しかし、法令を改正して、市町村に至るまで図書館設置を義務づけたいという提案、さらに、少くとも府県立図書館未設置の府県に、府県立図書館設置を働きかけるべきだという提案は、その後の大会でもしばしば決議されたが、図書館の義務設置の件は、一九三三年の「図書館令」の改正の際にも実現しなかった。

第二回全国大会（一九〇七年）では、協会から〝全国公立図書館中の重なるものに対して国庫補助を仰ぐ件〟が提出された。この提案に対して〝公立図書館中の重なるもの〟の規定について議論があったが、賛成多数で可決された。

ところが、国庫補助の件について、京大図書館長であり関西文庫協会設立の中心メンバーであった島文次郎と、同じく京都府立図書館長で、かつてシカゴ大学で図書館学を学んだ湯浅吉郎の二名が反対を唱えている。島は〝若し国庫補助となるときは、折角独立の図書館も、其が為つまらぬ干渉を受け、反って幾多の迷惑を感ずるが如くに至るは明かなる事なり。（中略）茲に吾人は我国の図書館が国庫以外寧ろ他の補助を受けて独立経営の策を取るに如かずと思ふ云々。〟[31]と述べている。湯浅吉郎も〝本員も此案に不賛成なり。現に京都府下の某学校の如き最多額なる国庫の補助を受くるものにして僅かに年千円に過ぎず。而して其が為、特に無用の事務員を置き、其他の経済の点に於ても、種々煩はしき□《ママ》束を受くること多し。此の事情より推して本案は決して図書館に利益を与ふるものにあらず…〟[32]と、反対意見を述べている。両者の反対論の論拠は若干の差違があるが、国庫補助によって、図書館の自主性が制約されるおそれがある点から、反対論を展開しているのは注目すべきであろう。

第二回大会では、図書館に対する国庫補助問題について反対論を展開した島と湯浅のほかに、後に大阪府立図書館長として長期にわたって活躍し、協会の理事長も勤めることになる今井貫一の三名の共同提案として、〝図書館員養成所を文部省の事業として設置する件〟が提案され、可決されている。この件は、その後第五回（一九一〇年）にも引き続き提案され可決されたが、正式の法令に拠らない長期講習形式の図書館員教習所が、文部省によって開設されたのは、ようやく一九二一年六月であった。同教習所は一九二五年には文部省図書館講習所になるが、それは第二次大戦前におけるわが国唯一の図書館員養成機関であった。

初代総裁徳川頼倫　一九〇八年には会則を改正して、日本文庫協会を日本図書館協会と改称。

さらに総裁制を設け、紀州徳川家を嗣ぐ徳川頼倫侯爵を一九一三年に総裁に推戴した。彼は同家に伝わる書籍類を集めて、一九〇二年四月に南葵文庫を邸内に建て、関係者や研究者の利用に供していたが、一九〇八年十月には文庫を拡張して一般に公開していた。このように、図書館事業にはかねてから関心を持ち、これまでも協会に財政的に援助を与えてきた。協会の機関誌『図書館雑誌』の創刊に際しても、基金を寄付しただけでなく、一九一五年には大正天皇即位記念行事として協会が刊行した『図書館小識』の印刷費も、すべて総裁が負担した。一九一八年十月からは、協会事務局が南葵文庫に置かれるなど、徳川総裁は協会の活動に全面的な支援を与え、図書館事業の普及発展に大きく貢献したが、惜しくも一九二五年五月に逝去した。

「図書館書籍標準図書目録」　第二回の全国大会では、重要な議題として、〝普通図書館に備付く可き図書の標準目録を日本文庫協会において月報として発行する事〟が、会員から提案されている。出版物や出版情報に接する機会の少ない地方の図書館としては、図書選択上の重要な資料として、このような目録が必要であった。しかし、協会の体制もまだ十分に整わない当時では、協会としてこのような目録発行の必要性は十分理解できても、実施には困難が多く、今後の宿題とすることになった。

協会が着手に手間どっていた標準図書目録は、国民教化のため、図書館に良書を備えることを目指していた文部省が、協会に先んじて一九一一年十月から刊行することになった。それが文部省編『図書館書籍標準図書目録』である。これには、田中稲城、和田万吉等協会の主要メンバーが、編集委員に加わっていた。しかし、このような目録の作成を文部省だけに任せるのではなく、協会自体としても、図書館に備えるべき新刊図書の選定目録を、独自に作成することになり、一九一四年二月から『日本図書館協会選定新刊図書目録』が毎月一回発行され始めた。まだ『図書館雑誌』は月刊ではなかったので、雑誌とは別に、有料で刊行された。この目録が『図書館雑誌』に付載されるようになったのは、一九二五年一月号からである。

協会の地方支部　協会名が図書館協会と改称された翌年の一九〇九年の第四回全国図書館大会は、初めて京都で開催された。以後東京と各地方と交互に開催されることが多くなった。各地方にも、ようやく全国的な大会を開催しうるだけの図書館の設置が進んできたことを示している。また、全国大会を各地で開催することによって、その地方に協会の支部が設けられることがあった。たとえば、一九一五年の第十回大会は熊本、佐賀、唐津に会場を移しながら開催されたが、この大会を機に、同年十一月に九州支部が設けられた。一九一八年には新潟県で第十三回大会が開催され、大会を機に新潟県支部が発足している。その一年前には、佐野友三郎を支部長とする山口支部も発足した。支部会員はまた協会の会員になるため、支部の増加は、協会の会員増となる。当初三十名足らずで発足した協会の会員数は、四半世紀を経て、一九一八年十二月末には八四四名を算するまでになった。

第一次世界大戦と臨時教育会議　第一次世界大戦（一九一四–一九一八年）は日本に一時的に空前の経済的好況をもたらし、多くの成金を生んだが、一方物価が高騰し、一般民衆を苦しめることになった。一九一七年には労働争議、小作争議が頻発し、ストライキは一気に前年の四倍近くに達し、以後ますます増加していく。工場労働者や小作人による組織的な争議だけでなく、一九一八年七月には米価の暴騰に対して、富山県下で主婦を中心とした抗議運動が起る。いわゆる「越中女房一揆」であるが、この米騒動は八月には京都、名古屋の都市民にも拡がり、やがて全国的に拡大した。政府は軍隊まで出動させて鎮圧し、九月にはようやく終熄をみた。

米騒動は突発的なものであり、政治的、思想的背景を持つものではなかったが、全国的な拡がりをみせた一般民衆による抗議行動は、政府に深刻な影響を与えずにはおかなかった。海外では一九一七年二月にロシア革命が起り、帝政ロシアが崩壊する。社会主義による革命思想は、国際的に影響を及ぼし始めていた。政府は国民が思想的に自由主義、さらには社会主義化する危険性に対処するためには、教育改革が必要として、一九一七年九月臨時教育会議を発足させた。

社会教育行政の体制強化　臨時教育会議は、大学教育に至るまでの学校教育の改革だけでなく、国民思想統制のための社会教育にも力を入れることになる。その結果、一九一九年には文部省普通学務局内に通俗教育担当課として第四課を設置、関東大震災後の一九二四年には社会教育課となった。

一方、地方に対しても、一九二〇年に社会教育に関する事務担当主任吏員特設について、各府県に通達、さらに一九二五年には、地方社会教育職員制の公布により、各府県に一～二名の専任社会教育主事と、二～三名の社会教育主事補が置かれることになり、社会教育行政の体制が強化されていくのである。

全国図書館大会への文部大臣諮問　一九一九年四月の第十四回全国図書館大会には、初めて文部大臣から諮問事項が出される。それ以後、大会に対して諮問事項が出されるのが通例になっていくが、諮問の多くは、国民思想の善導教化の上で、図書館の採るべき方策に関するものであった。

一九二四年四月の第十八回大会における文部大臣諮問は、一九一九年の全国大会に次いで二回目であるが、〝国民思想善導ニ関シ図書館ノ採ルベキ最良方策如何〟であった。これに対する答申は、国民必読の基本図書を選定して、全国の図書館でその普及に努めるということであったが、その実現を有効にするためには、〝先ヅ根本ニ遡リテ現在我国ニ於ケル出版物ノ検閲取締法ノ改正ヲ望マザルベカラズ。〟そのためには〝出版物ノ検閲取締〟を、〝内務当局ト御協力ノ上徹底的取締法ヲ講ゼラレ度而シテ是会員多数ノ希望ニ有之茲ニ答申案ヲ提出〟するとある。ここには、第二回の全国大会（一九〇七年）の際、図書館に国庫補助を仰ぐという件をめぐって、国庫補助を受けることは、図書館の自主性を脅かすという反対意見が出た当時の気概は、全く見られない。

図書館員の世代交代とそれに伴う館界の変質　二十年足らずの間に、このように、協会の気風は大きく変化してきた。それはまた、図書館界全体の気風の変化であった。この変化は、政治権力の側からの図書館に対する圧力だけによるものではない。図書館側でも、英米流の図書館技術だけでなく、その図書館思想をも学んだ田中稲城や和田万吉のような、第一世代のリーダー達が相次いで館界を去りつつあり、館界に大きな世代交替が起きていたのである。

一九二〇年代以降、第一世代の図書館人達が館界を去った後、中央、地方の館界の主要なポストは、教職や社会教育関係の役人たちによって占められることが多くなる。館界の主要なポストが、図書館の専門職以外の人たちによって占められる事例が増えてくることによって、図書館員の全国組織である図書館協会も、その役職が非専門職の人たちによって占められてくる。館界の変化が起らざるを得なかったのである。

このような館界の実情について、一九二八年に竹林熊彦は次のように書いている。

今日の図書館長に対して、図書館の最初の経験を質問して見給へ。此等の人々の大多数は最初から館長であったことを答へるであらう。それ程に日本の図書館長は悪く言えば天降りであり、同時に図書館員は営々として而も館長たるべき可能性を奪はれて居る。彼らは館長たるべき修養と研究とを必要としないのである。図書館の設立に当って、其の当局たるべき人は、図書館員としての経験の有無、知識の深浅よりも、其の地位に適当なるものとして、官吏、学校教師、若くは軍人として、既に功成り名遂げし人々をこゝに勧進する様に仕組まれて居る様である。（中略）されば此等の政治家政略家たる図書館長（中略）の多数が参集せらるゝ全国図書館大会が、常に多くの政策的問題（中略）に甲論乙駁日もこれ足らず、あとは曰く見学と称して物見遊山に所謂大会気分の醸成に急にして、事務的技術的方面の問題を等閑に附するの傾向を認めざるを得ない。目録法の統一は勿論、標準分類の定まれるなく、件名標目の標準的選定すらなき現状を何と見るべきか[33]。

松本喜一の帝国図書館長就任

館界のリーダーたちの世代交替に伴う館界の変質を、もっとも象徴的に示すのが帝国図書館長の交替である。初代帝国図書館長田中稲城は、帝国図書館創立五十年を機に、一九二一年十一月退官した。この時期、田中以外のリーダー達も相次いで館界を去った。当時の館界における理論的リーダーであった東大図書館長和田万吉も、一九二三年九月の関東大震災で、東大図書館が全焼した責任をとる形で辞任。公共図書館の現場での優れた実績で館界をリードした山口県立山口図書館長佐野友三郎は一九二〇年に、また、協会を物心両面で支えた協会の初代総裁徳川頼倫も一九二五年に逝去というように、この頃は館界及び協会の世代交替の時期であった。こうして、アメリカ流の自由な図書館思想を身につけた第一世代の人達と交替したのが、図書館を国民教化のための社会教育施設にしようとする政府の政策と結びつくことによって、図書館の発展を図ろうとする新しい世代の抬頭であった。

帝国図書館長田中稲城引退の後を承けて、第二代の館長に就任したのが松本喜一である。松本は茨城県師範学校長から東京高等師範学校教授に任命され、田中の退任の日付（一九二一年十一月二十九日）で帝国図書館長事務取扱となり、一九二三年一月同図書館長に任命された。松本はそれ以来、敗戦の年の一九四五年十一月十三日の死去の日まで、現職であり続けた。

松本はドイツ系教育学者で、帝国図書館長に就任するまで、図書館界とは全く無縁であり、したがって、図書館について何の見識も持ち合わせていなかった。図書館業務を専門職として確立することに努めてきた図書館協会としては、このような文部省の人事に対して抗議した。田中自身もその年の十二月十七日に開かれた惜別会で、〝図書館界後進の為に進路を開くと云ふ事は第一の希望なりしに、局外より後任者を出したるは頗る意外の事にして、斯界の一大恨事と云はざるを得ずと存じます(34)〟と、率直に批判している。

前任者や図書館界の意向を全く無視して、文部省が強引な人事を行なったのには、田中と文部省当事者との個人的な意見の対立もあったであろうが、根本的には、一九一七年の臨時教育会議以来強化されてきた、図書館を国民に対する教化施設にしていこうとする文部省の政策と、田中等の第一世代の図書館人が身につけていた、アメリカ流の自由な民主的な図書館思想との対立であったと考えることができる。松本を帝国図書館長に任じたというのも、彼がアメリカ系ではなく、ドイツ系教育学者であったということも、アメリカ系の図書館思想が主流となっている館界に、文部省が一石を投じようとしたのかも知れない。

松本はやがて一九二八年には協会の理事長に就任するが、早速協会の社団法人化の問題をめぐって、会員と摩擦を生じて退任する。しかし、一九三一年には再度理事長に就任、それから三九年まで引き続きその職にあり、協会の活動を、文部省の政策に合致させることに全力を注いだ。

こうした松本の動きは、第一世代の人たちによって築かれてきた協会の伝統的気風と衝突せざるを得ない。協会の社団法人化は、翌年の協会総会を経て文部省の認可を得たが、三一年に再度理事長に就任した松本は、協会の定款を改正して、会員の選挙によらずに、協会の総裁委嘱による役員を設け、文部省関係の官僚の役員就任の道を開いた。さらに彼は、協会の組織とは別に、各府県立図書館長をメンバーとする中央図書館長会議を三一年十月に組織した。府県立図書館長には、すでに府県の社会教育関係の役人出身者もかなりいて、この組織は松本の親衛隊として、図書館界の官僚支配を強めることになった。

一九三三年八月には、協会活動と文部省との関係をより強くするため、協会事務局を文部省構内に移した。その理由として、松本は〝本協会も目的事業の関係上国家の補助機関として、文部省の支援の下に活動するを有利と認める。〟(35)と、述べている。こうして、協会が文部省社会教育局の御用団体化したことは、各館種から成る図書館界の総合的な組織体としての協会の性格を一層歪めることになり、協会と他の館種別組織との結びつきをますます弱めることになった。

松本が帝国図書館長に就任した翌年の一九二四年六月には、帝国大学附属図書館協議会が、同年十一月には全国専門高等学校図書館協議会が発足した。一九二五年六月には官庁図書館協議会が、さらに同年、図書館協会の活動に飽きたらない若手図書館員を中心として、大阪に青年図書館員聯盟がスタートする。このように、一九二〇年代は協会のリーダーたちの世代交替とともに、その気風が大きく変わっていったのと機を一にして、館種別図書館の全国的組織が相次いで結成され、図書館界は一見賑やかになるが、協会自体は全国的ないくつかの図書館組織の一つになり、館界における相対的地位を低下させることになった。一九二〇年代は、日本の図書館界を代表する日本図書館協会が、かっての自主独立の気概を失い、文部省の御用団体化していく転機の時代であった。

6・3・9　一九二〇年代の図書館界

変りゆく図書館界　一九二〇年代は前半は大正の後期、後半は昭和の初期で、大正デモクラシー期の明るさを残していた時代から、結局は無残な敗戦を迎える暗い時代への移行期であった。図書館界も明治以来の、国民の教養と知的向上に資するための啓蒙的役割から、忠良なる国民を育成するための社会教育施設としての教化的役割へと変えられていく、また、変っていく時代であった。社会教育におけるこのような変化を押し進めたのが、一九一七年に設けられた臨時教育会議であり、社会教育、学校教育を問わず、教育全般のファッショ化への道が開かれたのである。

文部省も一九二一年には、通俗教育担当の第四課を、社会改良に積極的に取組む姿勢を示すべく、社会教育課と改称した。これまで政府は、「社会」の語は社会主義を連想させるという用心から、社会教育も通俗教育と称してきた。思想問題に対する神経質なまでの政府の警戒ぶりが偲ばれるのである。

文部省図書館員教習所の設置　一九二一年六月には、戦前における我国唯一の図書館員養成機関として、文部省図書館員教習所が設置されたが、これも、当時における社会教育行政強化の一環と見ることができるであろう。図書館事業における図書館員の重要性は、学校教育における教師の重要性と同じである。そのため、文部省も社会教育施設としての図書館を担当する人材教育の重要性に、ようやく着目したのである。図書館員養成機関設置の必要性については、一九〇七年の第二回全国図書館大会以来、日本図書館協会は文部省に要望し続けてきたが、極めて不十分な形ながらも、ようやく実現をみたのである。文部省はこの養成機関修了生に、国民教化運動の先兵となることを期待したと思われる。

しかし、教習所は法的な根拠を持つ正式の学校ではなく、中学校卒業以上の者に、一年間の長期講習形式による授業を行なう施設に過ぎなかった。そのため、専任職員を一人も持たず、募集人員も僅かに二十～三十名程度、校舎も当初は帝国図書館の一部を使用するという不十分なものであった。

教習所は一九二五年には文部省図書館講習所と改称、戦後は帝国図書館（国立図書館）附属図書館職員養成所、文部省図書館職員養成所と、その所属及び名称を変更しながら、一九六四年には国立図書館短期大学、さらに一九七九年には図書館情報大学へと発展し、図書館員養成教育の充実とともに、わが国における図書館学研究の進展に大きく寄与した。しかし、二〇〇二年四月に筑波大学と合併され、独立の図書館員養成、図書館学研究機関としては、その幕を閉じた。

府県図書館協会の結成　中央、地方の社会教育行政機構が整備されていくとともに、図書館もそのような行政機構の中に組み込まれ、図書館への行政官僚の干渉が増大し、図書館の自立性は失われていく。館長にも社会教育行政の役人が就任したり、兼職したりする事例が全国的に増えてくる。中央、地方の社会教育行政機構の整備が、公立図書館界の官僚化を押し進めることになる。暗い時代への入口の時代であった一九二〇年代に、図書館員の立場からの抵抗の動きがほとんど見られないのも、図書館が社会教育行政機構の末端に編み込まれていったからである。

図書館界の官僚化を具体的に示したのは、府県立図書館を中心とする府県内の図書館単位の組織の結成である。図書館界の地方組織としては、日本図書館協会の地方支部がある。この場合は、館長であれ司書であれ、協会の会員としては同じ資格を持つものとして、個人として参加し、組織されている。それに対して、府県内の図書館単位の組織では、図書館員の自主的な活動のための組織であるよりも、図書館行政上の連絡、協議が中心になる。

府県図書館協議会は府県立図書館が中心になって結成されることが多いが、府県立図書館がない府県では、社会教育担当課などの呼びかけで結成されることもあった。府県ごとの館単位の図書館組織が初めて結成されたのは、一九二〇年の和歌山県である。二一年には奈良県、二三年には埼玉県、群馬県、二四年には愛知県、長崎県、熊本県に県の図書館協会が組織されていく。このような府県図書館協会では、たとえば山形県図書館協会では会長、副会長には県の内務部長と教育課長が就任、和歌山県でも会長は県の学務部長、副会長は県の学務課長と県立図書館長というように、これらの組織は図書館員の自主的な専門職による組織であるよりも、官僚体制による官製的組織であったと言えよう。このような府県図書館協会の会合に際しては、知事が訓示をしたり、諮問を出して答申を求めたりした。

また、府県立図書館長を県の内務部長や社会教育課長等が兼職する例も見られ、一九二〇年代に入るとともに、図書館行政から締め出された図書館専門職員は、図書館員の専門領域として、図書整理業務及びその研究に集中していくとともに、図書館員の自主的な全国的研究組織として、一九二七年に青年図書館員聯盟を結成した。

青年図書館員聯盟　この時期、特に日本図書館協会の活動方向との対立を意識して、専門職としての図書館員個人を全国的に結集して組織されたのが、一九二七年十一月大阪で結成された青年図書館員聯盟（青聯）である。その宣言に、〝諸種の範式を確立して管理法の組織化、単純化を図り、各種の協同事業、相互事業を促進し、もって圕の総体的能率増進を期成せんとする。〟とある。図書館活動の発展を、日本図書館協会が行政権力との結びつきに求めていったのに対して、青聯はどこまでも図書館専門職ひとりひとりの結集による組織として、図書館活動の基本的な業務である整理業務の研究、ルール化に重点を置いた。館界で今日利用されている「日本目録規則」（NCR）、「日本十進分類法」（NDC）、及び「基本件名標目表」（BSH）は、いずれも青聯が戦前まとめた原案を基礎として、戦後日本図書館協会が改訂を重ねてきたものである。

青聯は機関誌として『圕研究』を一九二八年一月に刊行した。同誌では図書館と三文字で書く代りに、中国の図書館学者杜定友の考案になる圕を、誌名から本文に至るまで、すべてに用いた。また助詞の表記も、すべて発言通りにするなど、表記の面でもユニークであっただけでなく、内容においても、『図書館雑誌』との対抗を意識した新鮮さを備えていた[36]。

青聯は図書館協会と対立する図書館員の研究団体として、ユニークな活動を続けたが、敗戦のせまった一九四四年には、活動停止を余儀なくされ、同年七月自ら解散した。青聯の伝統を受けついで、戦後関西に中心を置いて、一九四六年秋に結成されたのが日本図書館研究会である。

府県立図書館長会議　各府県による図書館普及策や府県図書館協会の結成を通じて、府県図書館界における府県立図書館の重要性が高まってくる。文部省もその図書館政策を行なうに当っては、各種の図書館関係者を含み、図書館専門職集団として、とかく議論の多い日本図書館協会を通すよりは、官僚化の進んだ府県立図書館長と直接協議する方が、話が早いということになる。文部省は一九一八年に初めて府県立図書館長会議を招集し、〝青年ノ為ニ備付クベキ適当ナル図書ノ選択方法如何〟について諮問した。

この会議の後、府県立図書館長は彼らだけの全国的な協議組織の結成を企図した。しかし、当時府県立図書館の設置府県は四十七道府県の半数程度にしか過ぎなかった。そうした事情もあったのか、独自の組織とはせず、日本図書館協会の一部会とすることに決した。そのため、翌年一九一九年の十二月に協会規則を改正して府県立図書館部会を置くことにし、以後毎年全国図書館大会の前に府県立図書館部会を開くことになり、一九二〇年四月に第一回府県立図書館部会が開催された。日本図書館協会の規則では、これまでは地方支部の規程のみであったが、新しく部会規程がつけ加わったのである。

一九二〇年から二三年まで府県立図書館部会は開催されたが、二四年には部会に替って府県立図書館長会が開催されている。それには府県立図書館のない県の市立図書館長が、若干名参加しているが、この会合はそれ以後は開催の記録がない。府県立図書館部会とか府県立図書館長会とか言っても、府県の半数程の館長の集会であり、しかもその中には、役人出身の館長や役人の兼職館長がかなり含まれているような会合では、議論も深まらず、また気勢も挙がらなかったと思われる。府県立図書館部会が開催されなくなった故か、一九二三年十二月の協会の規則改正では、ただ〝部会ヲ置ク〟とあるだけで、府県立図書館部会の名称は消えている。

全国図書館長会議と図書館令改正要項

一九一八年の初めての府県立図書館長会議に続き、

一九二六年十一月に文部省は初めての全国図書館長会議を開催した。招集されたのは、府県立及び六大都市の館長または社会教育主事と、当時の植民地からの代表三名を含む四十八名であった。会議は文部省の諮問事項〝図書館の普及発達を促すべき最も適切なる方法如何〟と、出席者からの提出議題について討議したが、諮問に対する答申の第一には、市町村図書館の普及発達のためには、府県立図書館未設置の府県に、まずそれを設置することが求められている。

一九三〇年三月には、文部省はまた全国図書館長会議を招集して、ここで初めて〝現行図書館関係法規上ニ於テ改正ヲ要スベキ事項如何〟について諮問した。「図書館令」改正は長い間館界から要望されていたが、やっと文部省が動き出したのである。会議には富山、広島、大分、沖縄以外の四十三道府県代表四十八名（二名出席の府県あり）と、台湾、朝鮮からの三名を加え五十一名が出席した。参加者の中には、府県立図書館長ではなく、社会教育課長または同主事の肩書の人が十数名いることも目をひく。その多くは府県立図書館未設置の府県からであるが、中には社会教育主事が館長事務取扱というところもある。当時の府県立図書館長の実態がうかがえる。

会議は二日間にわたったが、二日目は文部大臣諮問事項に対する答申案について審議し、「図書館令」改正要項をまとめた。この改正要項では、まず図書館の設置目的を、図書を収集し公衆の閲覧に供して、〝其の教養に資する〟としたこと、次に、公立図書館を経常費、蔵書数、閲覧座席数の量的基準によって、甲乙丙丁の四種に分け、それぞれの種別の館長以下職員の待遇とその任用資格、さらに職員定数を定めた。答申案の中では、この待遇問題に一番重点が置かれていたようである。そのほかに、市町村に至るまで図書館設置を義務づけたことである。

答申では、閲覧料の徴収を認め、私立図書館の設置と廃止は、これまで〝文部大臣ニ開申〟であったのを、〝地方長官ノ認可〟制にして、私立図書館に対する官の監督を厳重にした。また、量的基準による公立図書館の四種別のうち、丁種は経常費五百円以上、蔵書冊数は千冊以上、閲覧座席数は百席以下としているが、一九三六年四月現在の文部省の図書館全国調査でも、全国の公共図書館数四六〇九館のうち、蔵書冊数千冊以下の館は三〇五五館（六六％）、経常費五百円未満は実に三八〇一館（八二％）に達する。答申案によれば、全国の町村立図書館のほとんどは、丁種の基準以下になるので、公立図書館としては認められないことになる。答申案としては、市町村に至るまで図書館設置を義務づけ、その図書館の最低基準を高くすることによって、良質の図書館の普及を狙ったのであろうが、町村立小学校の教員給与すら支払に困っていた町村があった当時の町村の実情とは、かけ離れた案であった。全国図書館長会議からの答申案といっても、招集されたのは府県立図書館長と、いくつかの市立図書館長だけによる会議の答申案であるため、量的には圧倒的に多い小規模の町村図書館の実情は、全く無視されていたのである。

全国道府県立図書館長会議　さらに翌年の一九三一年十月には、帝国図書館主宰の全国道府県立図書館長会議が開催された。この会議への文部大臣諮問事項は、〝地方ニ於ケル中央図書館ノ職能如何〟であった。会議は文部省との相談の上で、帝国図書館主催としたものであろうが、二日間にわたったこの会議では、参加館長提出議題の審議とともに、諮問事項に対する答申案が審議された。答申では〝中央図書館ハ左記ノ方法ニヨリ当該地方図書館ヲ指導援助ス〟として、十項目を挙げているが、それらは改正「図書館令」の施行規則第七条及び第九条に、ほとんどそのまま採り入れられている。

この会議では、中央図書館長協会の設立が議決され、道府県立図書館長のほかに、帝国図書館長と〝六大都市ニ於ケル代表図書館長〟で構成されることになった。しかし、かつての府県立図書館部会や館長会と同じように、なんら見るべき活動を行なうこともなく、一九四三年に解散した。

図書館の附帯事業に関する諮問　一方この年（一九三一年）十月に開催された第二十五回全国図書館大会に対しては、〝図書館ノ附帯事業トシテ適当ナル社会教育施設如何〟という文部大臣諮問事項が出されている。その説明で、文部省成人教育課長が、社会教育の中心機関である図書館は、ただ図書を集めて読ませるだけでなく、さらにそれを拡充して、如何なる社会事業を行なうのが適当かについて、意見を承りたいと説明している。これに対して参加者からいろいろな意見が出たが、石川県立図書館長中田邦造から、文部省の言う附帯事業が、〝所謂図書館事業に間接に関係のあるものを指すならば、さうしたものにまで図書館は手を染める必要がない。直接図書に関係のある事業であるならば、それは明らかに本質的事業であるから全力を之れに注ぎたい。[37]〟と、述べている。どこまでが図書館の本質的事業であり、どこからが附帯事業であるかという中田と文部省との所謂附帯事業論争の萌芽を、早くもここに見ることができる。

文部省が日本図書館協会だけでなく、全国府県立図書館長会議や全国図書館長会議などを召集して意見を徴した後、一九三三年六月に新しく改正された「図書館令」と「公立図書館職員令」、七月に「図書館令施行規則」が改正公布されたのである。本書では改正された「図書館令」を「改正図書館令」と呼ぶことにする。

6・4　改正図書館令時代（一九三三－一九四五年）

6・4・1　改正図書館令の公布

改正図書館令公布の時代　「図書館令」が改正された一九三三年には、長野県教員赤化事件で、二月から四月までに小学校教員一三八人が検挙され、四月には京都大学法学部滝川幸辰教授の辞職を、文部大臣が要求した滝川事件があり、大学自治、学問の自由が脅かされた。ヨーロッパではヒトラーがこの年一月政権を獲得し、ナチスの一党独裁が始まっている。

その前年の五月十五日には、陸海軍の軍人によって、犬養毅首相が官邸で襲撃された五・一五事件が起り、コントロールの利かない軍部の暴走は、ついに一九三六年二月には、青年将校による二・二六事件を起こし、結局は彼らの支持する天皇制日本帝国を崩壊に導いていく。彼らにすれば自業自得であるが、国民はそのために塗炭の苦しみを味わうことになるのである。こうした暗い時代に「図書館令」は改正された。それが、民衆のための公共図書館の発展を促進するものではなかったのも当然であった。

「改正図書館令」は間もなく図書館の本質論をめぐって、論争をひき起すことになる。それは、同令第一条第二項の〝図書館ハ社会教育ニ関シ附帯施設ヲ為スコトヲ得〟の解釈をめぐって、石川県立図書館長中田邦造と文部省の松尾友雄の間に起きた論争であるが、その問題に入る前に、改正令と旧令と比較しながら、改正令の特色を見ていこう。

改正令と旧令との相違点　改正令では、まず第一条で、図書館の設置目的が初めて明確にされた。旧令では〝北海道府県郡市町村ニ於テハ図書ヲ蒐集シ公衆ノ閲覧ニ供セムカ為図書館ヲ設置スルコトヲ得〟と、図書館の設置に就いて規程しているだけで、〝図書ヲ蒐集シ公衆ノ閲覧ニ供〟するのは、なんのためかという図書館の設置目的については、ふれるところがなかった。

改正令では、第一条第一項で〝図書館ハ図書記録ノ類ヲ蒐集保存シテ公衆ノ閲覧ニ供シ其ノ教養及学術研究ニ資スルヲ以テ目的トス〟と、図書館の設置目的を初めて明確に示した。しかし、公共図書館が国民の〝教養及学術研究〟に資するだけでは、公共図書館を国民思想の善導、教化のための社会教育施設としようとする文部省の意図は十分に達成されない。そこで、この第一章に特に第二項〝図書館ハ社会教育ニ関シ附帯施設ヲ為スコトヲ得〟をつけ加えざるを得なかったと考えられる。

ここで附帯施設という時、それは附帯事業を意味していることは、すでに社会教育学研究者たちによって明らかにされている。しかも、施設という用語は、社会教育における物的な施設を整備するという営造物重視を意味するものではなく、〝戦前社会教育における営造物軽視ないし無視という特質[38]〟を示す用語であると説明されていることは、注意すべきことであろう。

旧令では図書閲覧料や入館料等、図書館利用に関する料金の徴収を認めていた。明治以来、英米のパブリック・ライブラリーについては、それが無料公開を原則とするものであることは知られていたが、一八七二年の文部省の書籍館は有料制でスタートした。以来わが国では、府県立や市立図書館のような規模の大きい公立図書館では、有料制が続いた。一八九九年公布の旧令が有料制を認めていたのは、当時のこのような実態に沿ったものであった[39]。

旧令公布後も、わが国の図書館人で、欧米の図書館の実情を視察する者や留学する者もあったが、民主的な近代市民社会において成立する無料公開制のパブリック・ライブラリーの理解は、天皇制絶対主義体制の当時にあっては、困難であったと思われる。改正令でも有料制はそのまま引き継がれたが、改正令では閲覧料だけでなく、〝附帯施設ノ使用料〟をも徴収できるようになった。

中央図書館制　改正令で旧令ともっとも大きく異なる点は、中央図書館制を設けたことである。中央図書館は〝管内ニ於ケル図書館ヲ指導シ其ノ聯絡統一ヲ図リ之ガ機能ヲ全カラシムル為〟（第十条）に、地方長官が文部大臣の認可を受け、管内公立図書館中の一館を指定するものである。通常は道府県立図書館が中央図書館に指定されるが、改正令が公布された当時においても、東京府をはじめ府県立図書館を設置していない府県が十四府県もあった。そのような場合、たとえば東京府の場合は東京市立日比谷図書館が、兵庫県の場合は神戸市立図書館が中央図書館に指定された。

中央図書館の実施すべき事項については、同令の施行規則第七条に次のように規定されている。

（一）　貸出文庫等ノ施設

（二）　図書館経営ニ関スル調査研究及指導
（三）　図書館書籍標準目録ノ編纂頒布
（四）　図書館ニ関スル機関紙類ノ発行
（五）　図書館ニ関スル研究会、協議会、展覧会等ノ開催竝ニ其ノ開催ノ斡旋
（六）　図書及図書館用品ノ共同購入ノ斡旋
（七）　郷土資料ノ蒐集其ノ他適当ナル附帯施設
（八）　前各号ノ外図書館ノ指導聯絡統一上必要ナル事項

ここに定められていることは、前に述べたように、一九三一年開催の全国道府県立図書館長会議からの答申に、ほぼそのまま沿ったものである。

一九三三年十月の『図書館雑誌』は、「図書館令改正記念號」になっているが、その中で文部省成人教育課長松尾長造は、〝改正図書館令中、最も注目に値するのは第十条の規定である。[40]〟と、中央図書館制の重要性を文部省自体が指摘している。中央図書館という用語は、前に見たように、一九三一年の全国道府県立図書館長会議に対する文部省の〝地方ニ於ケル中央図書館ノ職能如何〟という諮問事項の中で、すでに用いられている。だから、この概念は改正令の中に突然出てきたものではなく、既に数年前から、府県内の図書館に対する行政的な指導連絡機能を持つものとして、考えられていたのである。

中央図書館制をとることによって、文部省の図書館行政は、各府県の中央図書館を通して、県下

の公共図書館全体に及ぶことになる。全国の公共図書館を国民思想の教化善導機関化することを目指していた文部省にとっては、文部省自体が言明している通り、改正令のもっとも重要な点は、この中央図書館制にあったのである。それに較べれば、附帯施設論争は、館界にとっては図書館の本質論をめぐる重要な問題であったが、行政的には、言わば館界で勝手に論じさせておけばいい問題であった。もちろん附帯施設不要論が館界に定着しては文部省も困るので、一応反論し、文部省の立場を明らかにしておけば、それでよかったのである。

司書検定試験制度　「図書館令」とともに「公立図書館職員令」も改正されたが、図書館員の待遇については、中等学校職員と同等ということで、旧令よりも若干の改善をみたと文部省は説明している。新職員令が特に旧令と異なる点は、任用資格に〝司書検定試験ニ合格シタル者〟という一項が加わったことである。そのため、改正図書館令第七条で、〝司書検定試験ニ関スル規程ハ文部大臣之ヲ定ム〟とあるが、実際に検定試験が始まったのは、四年後の一九三七年二月からであった。

第一回の検定試験は、二月二十二日より三日間筆記試験が行なわれた。試験科目は国民道徳、国語漢文、国史、英語、図書館管理法、目録法、分類法、社会教育概説の八科目である。筆記試験の合格者には、さらに三月二日に実地試験というように、極めて厳しいものであった。その結果三月八日の官報に十八名の合格者名が発表されている。(41) しかし、受験者が何名であったかは解らない。この試験科目のうち、一九四一年九月の試験規程改正により、中学卒業以上の者には国民道徳、国語漢文、国史及び外国語の四科目の試験が免除されるようになった。ちなみに、検定試験が初めて行なわれた年（一九三七年）の文部省図書館講習所の入学者は二十七名（内女子四名）で、入学志願者は一五六名であった。[42] 入学者選抜試験としては、非常に厳しいものであったことが解る。司書検定試験にしても、講習所の入試にしても、厳しい試験に合格しなければならないが、その後に司書としての任用資格が与えられても、必ずしも図書館に任用されるとは限らない。それは資格試験であって、採用試験ではないからである。

館長及び上級司書の任用資格　一方で奏任官待遇の館長及び司書は、〝高等文官ト為ルノ資格ヲ有スル者〟（第五条第一項）か、大学令による大学卒で、〝学士ト称スルコトヲ得ル者又ハ帝国大学分科大学ヲ卒業シタル者〟（第五条第二項）であれば、図書館学の知識も、図書館員としての経験も必要とせずに、館長や司書に任用できることになっている。

判任官待遇の館長及び司書の任用についても、〝判任文官ト為ルノ資格ヲ有スル者〟及び第五条第二項に当る者は、図書館に関する知識経験を問われることなく、判任官待遇の館長や司書に任用しうるのである。中位、下位の司書の任用には、厳しい任用資格が要求されるが、館長や上位の司書の任用は、奏任官、判任官としての役人経験か、大学卒の学歴があればいいことになる。だから、図書館について何も知らない役人上がりの館長が、容易に現れることになるのである。

司書検定試験の問題点　特に問題なのは、図書館講習所の卒業生である。司書検定試験合格者は法令上明確に任用資格が認められているが、講習所卒業生は法令上では任用資格が明記されていない。そのため、司書検定試験制度が始まる以前は、たとえば前述のように、一九三七年度においては、講習所の入試には、定員の六倍近い志願者があったが、一九四一年には加藤宗厚によれば、講習所の入学志願者は、〝近時二倍若くは一倍半となった[43]〟と、その激減ぶりが報告されている。司書検定試験についても、加藤は〝実際上の受益者は年々一、両名に過ぎず、この制度は自然消滅の運命を辿らんとして居る。[44]〟と、述べている。実施後数年にして、司書検定試験制度は、苦労して合格しても図書館への任用が保証されているわけではないので、有名無実の状態にならざるを得なかったのである。

図書館員の養成教育の問題は、図書館業務の発展が図書館員の能力に大きく依存するものであるだけに、日本図書館協会の発足以来、常に議論され、また、養成レベルの高度化が常に館界から要求されてきたが、たとえ高度なレベルの養成制度が実現したとしても、実際に図書館に任用されなければ意味がない。それに館長や上級司書への任用では、役人や高学歴者の自由な流入を許したのでは、初級、中級の司書の任用資格のみを厳格にしても、その意味が失われてしまう。館長以下図書館員は皆同一の専門職という立場が貫かれなければ、司書養成制度の問題は、常に矛盾を抱えこむことになるのである。

6・4・2　図書館資料の利用制限

公共図書館に対する資料の利用制限　一九三一年からの満州事変は、やがて一九三七年の日中戦争へと拡大し、ファシズムの嵐は治安維持法を振りかざして、多様な思想を押し潰していった。こうした言論、思想の自由の抑圧は、図書館に対しては警察権力による社会主義や自由主義的文献に対する閲覧禁止、さらに没収という処置がとられるようになった。佐藤政孝は『市民社会と図書館の歩み』の中で、一九四〇年七月に東京市の図書館に、閲覧禁止処置の対象として警察当局より指定された一四二冊の図書リストを掲げている。(45) このリストから、マルクスやレーニン等の共産主義、社会主義関係の訳書や紹介書が、当時の厳しい言論統制下においても、このように数多く刊行されていたことを知ることができるとともに、治安当局の摘発の厳しさもまた思わざるを得ない。

大学図書館に対する資料の利用制限　図書館に対する権力の側からの資料利用上の制限や禁止、さらに没収というような弾圧は、公共図書館に対してだけでなく、大学図書館にまで及んだのである。その一例を『京都大学附属図書館六十年史』の中に見ることができる。同書によれば、一九三四年七月から十月にかけて、閲覧禁止が通達された新聞、雑誌の特定号や発行日付のほか、若干の単行本のリストを五頁にわたって掲載している。(46)

図書館資料に対する利用制限は、この時期になって初めて行なわれたわけではない。発売後出版法その他に違反しているとして、発売停止、没収等の処分を受けた図書は、警察署等からの通告により、図書館側としては利用制限をする事例はこれまでにもあった。前記京大図書館史でも、すでに一九二一年十一月に、特定の資料の利用禁止について、通告を受けた例を挙げている。(47) そして、そのような図書館資料の利用制限や没収は、一九三〇年代以降益々激しくなっていく。それは、言論思想の自由を支えるべき図書館の存在基盤をつき崩すものであった。

特定図書群による読書会運動　「改正図書館令」公布の前後から、すでに社会主義、共産主義、さらに自由主義的文献すら、図書館資料としての利用が制限、さらに禁止されるようになってくると、図書館の役割は大きく損われてしまう。特に公共図書館は、民主的な市民社会の中で成立し、発展しうるものであるが、そのような社会的基盤を欠いた戦前のわが国では、公共図書館は社会教育施設として位置づけられてきた。そして、「図書館令」の改正により、公共図書館は府県の中央図書館の〝指導聯絡統一〟のもとで、活動することを余儀なくされれば、図書館員としては利用者への直接的なサービスから一歩退いて、資料整理作業に集中するか、あるいはまた、優良図書として公的な承認をえた特定の図書群を、読書会という集団読書活動を通して普及していくことに、その活動は制約されていかざるを得なかった。この読書会活動は、やがて公共図書館による有効な国民教化策として、文部省の図書館行政に採り上げられ、一九四〇年代には、公共図書館界のもっとも重要な活動分野になっていくのである。

6・4・3　図書館附帯施設論争

「改正図書館令」第一条第二項の解釈をめぐる問題

「改正図書館令」は公布後間もなく、図書館の本質論について大きな論争を惹き起す。改正令が公布（一九三三年六月）された翌年一月号の『図書館雑誌』（二八巻一号）に、石川県立図書館長中田邦造は「図書館員の拠って立つところ」を寄稿した。この論文で中田は、「図書館令」第一条第二項で言う附帯事業は、第一項の〝図書館ハ図書記録ノ類ヲ蒐集保存シテ公衆ノ閲覧ニ供シ其ノ教養及学術研究ニ資スルヲ以テ目的トス〟という条文を承けて、第一項に示された図書館の目的を、〝直接之を授ける仕事だけでよい[48]〟と、社会教育に関する図書館の附帯事業の範囲を限定して考えた。

これに対して、文部省の意向を代弁して、文部省の松尾友雄は、中田の解釈に反論して、第二項は第一項の他に、〝地方の実情に依り必要ある時は適宜な他の手段を用ひて、民衆の向上発展を図るべき職能を持たしめた(49)〟ものである。それで、市町村の実情に応じては、体育やその他民衆娯楽のようなものでも、図書館が指導すべきである。それは第一項の支援事業に限定されるべきでなく、特に町村図書館の場合は、〝聴て前に述べたる町村社会教育館に変化してゆく運命をもち、現在はその途上に在る(50)〟と、述べている。「図書館令」の解釈にあたって、文部省の担当官僚が、町村図書館は社会教育館に変わっていくべきであるという発言を行なっているのである。

こうした発言には、文部省としては社会教育の中心的機関と見ている図書館が、国民の〝教養及学術研究ニ資スル〟という図書館自体の基本的なあり方に固執して、文部省の政治的行政的な意図通りに、なかなか動こうとしないことに対する文部省側のいらだちが見てとれる。

松尾のこの文章に対して、中田は早速「図書館は図書館として発達せしめよ—図書館令第一條の再吟味—(51)」と題する寄稿で応じた。それに対して松尾もまた、「図書館の附帯事業に関する見解の対立」で反論した。松尾は「図書館令」第一条第二項は、〝本来図書館の職務で無いものを特に図書館の職務に編入してゐる〟と述べ、必要に応じては、図書館が〝どこかの空家、学校の運動場、川、山、夫々其の向に依って地所を選定(52)〟して、体育等の指導をすることまでも求めている。文部省のこうした強引な解釈を強制されては、図書館界としては、あらためて図書館の行なうべき社会教育の本質について、根本的に問い直さざるを得ない。一九三四年二月に、日本図書館協会に「図書館社会教育調査委員会」が設置され、図書館の社会教育活動はどうあるべきかについて、調査研究が開始された。

図書館社会教育調査委員会の設置　この委員会の設置自体は、設置の日付から明らかなように、中田邦造と文部省の論争に基づいて設置されたのではない。一九三三年五月の第二十七回全国図書館大会に、中田邦造が提出した「図書館による社会教育の研究機関設置」の議題が、大会で可決されていたことによって設置されたものである。中田は大会への提案理由で、〝図書館が積極的に大きな見識を以て民衆に働きかける範囲之を社会教育と称して茲に問題としてゐる〟[53]と、図書館社会教育の範囲を明確にすることを求めたのである。そして、中田は民衆の中でも、〝未だ充分図書館を使ひ得ぬ人々〟への、図書館側の働きかけを特に問題にしている。この協議題に対する大会決議に基づいて、調査委員会が翌年二月に設置された。ところが、設置早々中田と文部省との附帯施設論争が起り、委員会の調査報告が期待されることになったのである。

委員会では、各委員の意見を順次『図書館雑誌』に発表することによって、委員間だけでなく、一般会員からの意見も広く徴するという形で進められ、『図書館雑誌』二八年五号（一九三四年五月）から意見が掲載され始めた。委員会の最終報告は、三年余り後「図書館社会教育調査報告」（一九三七年六月）（『図書館雑誌』三一年九号）に発表された。

「図書館社会教育調査報告」　報告書では、公共図書館の奉仕対象を、中田の従来からの見解に基づいて三種に分ける。図書館側からの支援を必要とすることなく、図書及び図書館の利用能力を有する者を第一種対象、図書の利用能力はあるが、図書館や図書の利用上図書館側の援助を必要とする者を第二種対象、こうした能力が不十分、または欠く者を第三種対象とする。そして、図書館社会教育とは、読書を通じての自己教育能力の育成と、そのための便宜を与えることであるから、その主要な対象は第二種及び第三種に置かれるが、特に第三種対象が図書館社会教育の中心になる。そのための具体的方法が列挙されていくが、それらはすでに多くの図書館で実施さていることで、特に新しい方法が示されているわけではないが、それらが図書館社会教育に当るものとして、明確に示されたことに意義がある。

文部省と中田との間の論争では、図書館の附帯事業として、文部省は体育活動や大衆娯楽活動の類まで、地域の状況によっては図書館が当然担当すべきだとした。調査報告では、附帯事業を直接と間接の二種に分ける。前者は図書館固有の職能を助成促進することに役立つものであるのに対して、後者は図書館固有の職能に本来関係を持つものではないが、図書館の設備や館員の余力を割いて社会貢献をするもので、これも図書館の附帯事業として認めることによって、文部省との附帯施設論争を決着させている。附帯施設論争やそれに続く図書館社会教育調査委員会の報告書を通して、図書館界はようやく社会教育活動を重視する姿勢を明確に打ち出していく。

6・4・4　図書館界の国策への積極的協力

「国民精神総動員計画実施要綱」　「図書館社会教育調査報告」が発表された二か月ほど前の一九三七年の七月七日、日本軍は北京郊外で中国軍を攻撃し、日本は中国との全面戦争に突入していく。政府は同年八月「国民精神総動員計画実施要綱」を閣議決定する。これは法令ではないが、挙国一致して盡忠報国の精神を強化して、非常時に対処しようとする精神運動であり、翌年三月の「国家総動員法」公布のための精神的地ならしの役割を果たした。

それ以来政府の思想弾圧は一段と強化され、十二月には山川均等労農派の学者たちが検挙されたが（第一次人民戦線事件）、そのほかに検挙された者は四百名を超えた。このような弾圧にもかかわらず、この年労働争議参加人員は十二万人を超え、戦前最高の数字を示した。労働者の抵抗はなお続いていたのである。

翌年一九三八年の二月には、大内兵衛や美濃部亮吉等が検挙される第二次人民戦線事件が起り、三月には「国家総動員法」が公布され、国民生活は物心両面にわたって、全面的に統制されることになった。

第三十二回全国図書館大会の答申　一九三八年五月の第三十二回全国図書館大会に対する文部大臣の諮問は、〝国民精神総動員ノ徹底ノ為図書館ノ採ルベキ具体的方策如何〟であった。諮問に対する大会の答申は

…図書館ハ社会教育ノ重要機関タルニ顧ミ、国民精神総動員ノ徹底ヲ期センカ為ニハ、先ツ図書館ヲシテ総動員ノ機構ニ参画セシメ就中中央図書館ヲ枢軸トシ管下図書館全般ヲ網羅スル図書館総動員ヲ行ヒ、主トシテ左記事項ヲ実施スルヲ以テ最モ適切ナル方策ナリト信ズ

と述べて、国民精神総動員に関する図書目録の編纂、国民精神作興等に関する良書を選択、活用し、貸出文庫の普及に努める。青年学校や青年団と協力して、青年の読書教育を盛んにするとともに、これらの実施のための中央図書館の強化を求めている。これまで、学校教育に比して冷遇されてきた図書館界が、国民精神総動員運動の強化という時流に、積極的に乗ろうとする決意をここに示したのである。

教育審議会に対する進言　時流に乗ろうとする図書館界の姿勢は、大臣諮問に対する答申の中で示されただけでなく、教育審議会に積極的に進言することを、第三十二回の図書館大会で決議させている。教育審議会は前年（一九三七年）十二月に戦時教育体制確立のため、内閣直属の審議会として設置されたが、審議の重点は学校教育に置かれていた。それに対して、図書館を中心とする社会教育を重視するよう進言しようとするものであった。

この進言は、「図書館ノ立場ヨリスル国民教育改新案」として、審議会に提出された。ここでは特に、「社会教育ノ中枢機関トシテ図書館ノ能動的機能ヲ重用スルノ必要」、「国民必読図書群並ニ雑誌ノ推薦編纂ノ為特別委員会ヲ設置スルノ必要」を説くとともに、全国的な図書館網の整備と、図書館員組織の充実及び待遇改善等、従来から館界が要望してきた事項もあわせて進言し、公共図書館が国民精神総動員体制に積極的にかかわっていくことによって、館界の発展を図ろうとする姿勢を示している。

第三十三回全国図書館大会からの答申　一九三八年には、日本の中国への軍事的侵攻は、華北だけにとどまらず、揚子江流域から広東にまで及ぶとともに、政府は日本を中心とする東亜共栄圏構想に基づく東亜新秩序建設を、十一月に発表した。この構想は日本を盟主として、日本の傀儡政府である満州国と、さらに中国を含めて、東亜に新しい秩序を作ろうとするもので、現実を無視したものであったが、中国大陸での見かけ上の軍事的成功と、政府の宣伝に国民は踊らされていた。このような時流の中にあって、最も理性的であるべき図書館界が破目をはずしたのは、一九三九年の図書館大会における文部大臣諮問に対する答申である。

三九年五月の第三十三回全国大会への大臣諮問は、「東亜ノ新秩序建設ノ国策ニ鑑ミ図書館ノ採ルベキ具体的方策如何」であった。これに対する答申は、「国内ニ対スル事項」と、「友邦満支ニ対スル事項」に大きく分けられる。国内においては、まず〝政府ニオイテ国策ノ根幹ニ就キ基準トナルベキ図書ヲ編纂〟し、これを全国の図書館に相当部数配布し、「国民精神総動員運動ノ一計画トシテ図書館ヲ中心トスル国民皆読週間ヲ設ケテ」認識の徹底を図る。図書館においては「特ニ日本精神ノ昂揚、科学的知識ノ啓発並ニ戦後ノ思想対策ニ資スルヤウ図書ノ選択活用並ニ新施設ノ工夫」をすること等を挙げている。

「友邦満支ニ対スル事項」では、満支官民がわが国及びわが国民に対する理解を深めるような中国語の図書を出版して、その利用にはそれぞれの図書館が尽力すること。また、日本語の普及のため、図書館は日本語図書の流布に努めること。中国の既存の図書館に対しては、必要な各種の図書館の新設を援助する。さらに三国が協力して行なうべき事項として、次の三項目を挙げている。

一．三国ニ強力ナル国立中央図書館ヲ建設シ、各国夫々ノ行政区域ニ公立図書館ヲ設置シ、各種各段階ノ学校ニ学校図書館ヲ附設シ、以テ各国ノ図書館網ヲ構成セシムルト共に、其ノ経営上相互ニ密接ナル連絡アラシムルコト。

二．我カ国ニ有力ナル図書館専門学校ヲ新設シ、三国図書館員ノ養成ニ当ラシメ、図書館経営ノ精神ニ於テ又其ノ事務技術ニ関シテ共通ノ基準アラシムルコト。

三．三国図書館ヲ打ッテ一丸トナシ、東亜図書館協会ヲ設置シ、以テ各国図書館員ノ研究ヲ扶ケ、相互ノ親和ヲ図ルコト。

これまで、全国の市町村に至るまでの図書館の設置が遅々として進まないこと、経費、人員の不足、職員養成制度の不備、職員の待遇改善等を常に訴えてきた館界が、この年の大会では、東亜新秩序の建設のため図書館界の採るべき方策如何という、前例を見ないスケールの大きな諮問を受けて、館界は自己の力不足も忘れて、一気に自己肥大を起し、思いっきり白昼夢を描いてみたのである。しかし、時代の流れは、この答申を一炊の夢と流し去った。この年九月ヒトラーのドイツ軍はポーランドに侵入し、世界は第二次大戦の激動の時代に突入する。

全国図書館大会で館界が壮大な白昼夢を描いた翌年の一九四〇年は、神武天皇即位から二六〇〇年に当るということで、全国的に祝賀行事が行なわれた。全国図書館大会も十月に奈良県橿原市を中心に開催の予定であったが、大会形式の会合は、政府の方針ですべて中止ということになった。一九〇六年の第一回大会以来、原則として毎年開催されてきたこの大会も、一九三九年の第三十三回大会で幕を閉じ、第三十四回大会が開催されるのは、敗戦後の一九四八年からである。

新政治体制の確立　当時国内政治は軍部、官僚、政党の三つの政治勢力がせめぎ合い、国内及び国際的な困難な政治状況の打開に、有効な対応ができずに混迷を深めていた。このような状況を打開するため、清新にして強力な内閣が各界から待望されていた。そうした衆望を一身に集めて登場したのが、貴公子近衛文麿であった。

一九四〇年七月新政治体制の確立を掲げて、近衛内閣はスタートした。近衛は十月に大政翼賛会を発足させ、各政党は解党した。新体制には一部の知識層も加わり、新体制による政治状況の革新が期待されたが、翼賛会に統合した各勢力の思惑はばらばらで、担がれた近衛自身のリーダシップの不足もあって、意図された改革は期待はずれに終った。新体制のために各政党が解党しただけでなく、労働組合、農民組合等の各種の組織も解散を余儀なくされ、「大政翼賛」「臣道実践」のスローガンの下で、国民生活のあらゆる面にわたって、国家による統制が強化された。

全国図書館綜合協議会の開催　一九四一年には、これまでの全国図書館大会に代って、三月に全国図書館綜合協議会が開催された。これは、すべての面にわたって、従来の各種の組織を統一化しようとする政策のもとで、図書館界においても、日本図書館協会を中心として、青年図書館員聯盟や帝国大学図書館協議会のような、各種の組織の全国的な連絡協力組織を作ろうとするものであった。日本図書館協会としては、既存の各種の組織、団体を、協会の館種別（公共、学校、専門及び特殊）の三部会にまとめて、統一的な連携組織を作ることを意図していたが、独自の活動を続けてきていた組織や団体の全面的な賛同が得られず、直ちに全国図書館綜合協議会の結成には至らなかった。

しかし、翌年一九四二年五月に開催された協議会は、日本図書館協会部会綜合協議会（第一回）という名称で、東京で開催された。従来からの多くの組織や団体は、一応日本図書館協会の部会として参加し、協議会は全体会議に当る部会綜合協議会と、部会ごとの協議会で、二日間にわたって開催された。初日の綜合協議会では、文部大臣諮問事項「大東亜共栄圏建設ニ即応スベキ国民読書指導ノ方策如何」と、協会提出議題「国民必読図書群ノ制定竝ニ普及ニ関スル件」が討議された。部会では、部会参加の会員からの提出議題が協議されたが、部会としては公共、学校（大学、高専）及び専門、特殊図書館部会のほかに、第四部会として、書誌学部会が開催されているのが興味をひく。

前年の一九四一年十二月には、日本は米英と戦端を開き、太平洋戦争に突入した。政府、国民ともに緒戦の戦果に酔い、欧米列強のアジアの植民地を解放して、日本を中心とする大東亜共栄圏構想が打ち出されていた。第一回のこの部会綜合協議会に対する文部大臣諮問も、共栄圏の盟主たる日本国民の教養と思想の向上強化のため、図書館として、国民に対する読書指導をいかにすべきかというものであり、それに対する答申は、「国民必読書ノ普及」と「読書指導組織ノ確立」を強調している。

戦局の悪化と図書館活動の衰退

一九四三年五月には第二回の部会綜合協議会が開催されたが、この年二月日本軍は死守を図った南太平洋上のガダルカナル島から敗退、戦局は大きく転回し、国民生活の窮乏は深刻化していく。もはや協議会に対する文部大臣諮問もなく、用紙不足による出版事情の悪化から、図書館は出版物だけでなく、目録用カードの入手すら困難になりつつあった。そのため、協議会の議題も、前年までの壮大なスケールのものとは打って変って、図書館に対する「新刊図書優先配給の徹底」とか、「印刷カード作製竝に目録資材頒布」に関する件といった、図書館にとっては最低限の要求がとりあげられている。

用紙不足のため、政府は優良図書とされた図書の出版のために、用紙を優先的に割当てたため、群小の出版社や研究組織は、図書や機関誌の発行ができなくなる。一九二七年以来、ユニークな研究活動を展開してきた青年図書館員聯盟も、機関誌刊行のための用紙の割当てが大幅に制限されたため、機関誌の刊行が困難になり、ついに一九四三年六月解散を宣言した。戦局の悪化にともなう物資の不足、欠乏は、図書館活動の息の根をとめつつあったのである。

「図書館事業ノ体制確立ニ関スル請願」　日本図書館協会は一九三五年以来、貴衆両院に対して、「公共図書館費国庫補助法制定ニ関スル請願」を続けてきた。請願はたびたび両院を通過したが、補助法制定までには至らなかった。そのうちに太平洋戦争が起り、公共図書館費の国庫補助の請願すら、差し控えざるを得なくなった。そのため協会としては、一九四二年には国庫補助の請願に代って、「図書館事業ノ体制確立ニ関スル請願」を、貴衆両院議長あてに二月に提出した。

同様の請願は翌年一九四三年二月にも提出されている。その中で、〝従来我ガ国ニ於テハ図書国策ノ樹立無ク図書館ニ対スル国家意志ノ浸透乏シカリシハ省ミテ慨歎〟すべきことであって、〝図書館ハコレヲ統率指導スルニ確乎タル国策ノ意志ヲ以テスレバ、国民各層必読ノ良書ヲ普遍セシメ悪書ヲ防遏スルノ機能ヲ有ス。コレ国民思想善導ノ国策タリ。〟それにもかかわらず、政府は〝図書ノ出版刊行ニ国家意志ヲ加フルコトヲ知ッテ、ソノ国民各層ヘノ滲透機関タル図書館ヲ顧〟りみない。図書館界の現状は、〝先ヅ之ヲ制度上ヨリ観ルニ全国図書館界ヲ統制スベキ法制ノ体系無ク僅ニ存スル現行図書館令ハ独リ公共図書館ノミニ限定セラレテ而モ必要ナル強制力ヲ有〟しない。それで、〝當局ハ須ク直チニ、国家目的ニ副ヘル図書館運営ノ基本要綱トコレヲ具体化セル図書館網ノ組成ヲ企畫シテ国府県市町村夫々一定規格ノ図書館ヲ設置〟して、〝国民読書指導機構ヲ布陣シ、以テ学校教育ト聯関シ両者相補ウテ皇民教育ノ新体系ヲ樹立〟するようにと、請願している。(54)この請願には、当時のわが国図書館界の図書館観が極めて明確に謳い挙げられている。公共図書館は〝皇民教育ノ新体系〟を担うものであった。そして、そのための具体的な方法として採りあげられたのが、読書会を通じての読書指導であり、その運動のリーダーとなったのが中田邦造であった。

6・4・5　読書会による読書指導運動

中田邦造　中田は一九二五年石川県主事に任ぜられ、三一年県立図書館長に補せられた。彼が図書館の附帯事業について文部省と論争を展開し、一躍館界の注目を集めるようになったのは石川県立図書館長時代であった。その後図書館社会教育事業として、読書指導運動が全国的に推進されることになり、中田はそのリーダーとなる。一九四〇年には東大附属図書館司書官として中央に移り、日本図書館協会の理事及び専務理事として、読書指導運動の全国的普及に努めた。

国民読書指導に関する文部大臣諮問（一九四二年）　一九四二年の日本図書館協会部会綜合協議会には、文部大臣諮問事項として、「大東亜共栄圏建設ニ即応スベキ国民読書指導ノ方策如何」が出された。この諮問以来、読書指導運動は政府の支援を得て、敗戦に至るまで公共図書館界の活動の中心になっていく。

諮問に対する協議会からの答申は、第一に図書館法規を改正して、「図書館令」の中に、図書館の国家的使命を明示することを求める。次に〝国民必読図書ノ普及ヲ図ルコト〟であるが、そのためには、政府による〝国民必読図書ノ刊行〟と、〝政府ニ於テ各種図書群ヲ編成シ之ヲ以テ国民読書指導ノ根幹タラシムルコト〟と、読書指導はすべて政府の定めた図書群を中心にして考えられていて、図書館側の主体性、自主性は全く放棄されている。

さらに、読書指導に当っては、図書館が直接読書国体を育成して実施していくだけでなく、学校や隣組、職場というような各種の組織を利用して、読書の普及を図り、読書指導を徹底していくべきであるが、そのためには、読書指導の指導者が必要であり、指導者の養成を求めている。

文部省の「読書会指導に関する研究協議会」　こうした協議会からの答申もあって、文部省は同年九月金沢市で三日間にわたり、「読書会指導に関する研究協議会」を、全国各府県の中央図書館長を集めて開催するとともに、この協議会に間に合わせて、日本図書館協会との共編で、『読書会指導要綱』（一九四二、六四頁）を刊行した。三日間の協議の間に、石川県下二か所の読書会を実際に見学している。協議会の終了に当り、文部省は各府県に五か所読書会を指定し、そこに各府県の中央図書館が重点的に指導を集中するように指示し、そのための助成金を支出することにした。文部省が読書会による読書指導に熱意を示していたことがうかがわれる。

読書会の官製化　従来読書会という組織は、都市においては学生仲間や組織労働者、農山村においては青年団等のなかの意識の高い連中の自主的な勉強会として、組織されることが多かった。そこで読まれる書物は社会科学関係、特にマルクス主義関係の書物が多かったので、このような読書会には官憲の監視の手が伸びたり、弾圧を受けることもあった。しかし、今や読書会は府県中央図書館の指導下に、市町村図書館によって実施される皇国民練成及び思想対策として官製化されたのである。

図書群による読書指導運動　読書会の官製化が進み、それが国民教化運動となりうるためには、読書会で読まれる図書がまず重要な意味を持ってくる。それは、一般的な意味で良書であり、読書会で読まれるのに適した適書でなければならない。次々に公刊される図書の中でどれが良書かについては、かなり早くから公的な機関による良書推薦が行なわれてきた。たとえば、文部省の『図書館書籍標準目録』や、日本図書館協会の『日本図書館協会選定新刊図書目録』がある。これらの所謂良書目録は図書館の資料選択に当って、小松原訓令（一九一〇年）に言う〝健全有益ノ図書〟の選択のための資料であって、特定の集団や読書会等へ、積極的に推薦するという意味を持つものではなかった。特に読書会が単なる読書普及運動として行なわれるよりは、皇国民練成という特定のイデオロギーを普及徹底するための手段化されてくるとともに、読書会でとりあげられる図書の問題がより重要になってくる。そこで出てきたのが図書群の考え方である。図書群構想を読書会を通じての読書指導と結びつけて提唱したのは、中田邦造であった。

中田邦造の図書群構想　中田は〝私は図書群の提唱者(55)〟と自ら称しているが、彼が具体的に図書群の選定に着手したのは、石川県立図書館長時代の一九三九年であった。その年一月、彼は石川県図書推薦委員会を石川県学務部長を会長、副会長には社会教育課長と中田が就任して発足させた。委員会の目的は、〝県民教養の向上を期し優良適切なる図書を選定し其の普及を図る〟（同委員会要綱）ことにあったが、それは単に県民一般に優良図書を推薦するだけに終るのではなく、県下の公共図書館においては、必備の図書として備えさせるとともに、読書会を通じての読書指導活動を行なうための実践的な図書群として、選定されたものであった。

中田の図書群の概念は、もともと読書指導計画と結びつき、一定期限内に読了することによって、単にあるレベルの知識を身につけさせるだけでなく、生涯を通じて、読書によって自ら学ぶ力を育てることに主眼があった。そのためには、青年たちに手当り次第に読書させるのではなく、識者によって選ばれた図書群の中から、計画的に読んでいくことが要求された。また、読書に当っては、個人的な勝手な読み方を避けて、指導者が指導する読書会による集団読書形態がとられたのである。

中田の読書会による読書指導運動とその変質　中田が館長就任後、早速読書会形式による読書指導に着手したのは、当時の農村地域の住民の経済面だけでなく、文化面における貧困さに直面したからである。彼は一九二七年に、県下の町村図書館にその所在町村の住民の所蔵図書調査を実施させた。これは住民のプライバシーにかかわる調査であるため、信頼できる調査結果を得るのは困難であったが、そのうち二、三の町村のややまとまった調査結果が、県立図書館の一九二九年から三〇年の『月報』に報告されている。

報告では農村部住民の所蔵する図書、雑誌類の少なさが指摘されている。また、ある村の住民の学歴を見ると、中学校以上卒は僅かに二・六％、高等小学校卒約三四％、尋常小学校卒約五〇％、小学校未卒及び不就学者は約一三％となっている。[56]当時の農村住民の学歴構成は、全国的に大体類似した構成を示すと思われるが、学歴の低さ、各家庭における所蔵図書、雑誌類の少なさは、文化的なレベルの低さを示している。

しかも、彼らはそのような文化的、社会的状態のままに放置されている。若い中田にとっては、県下のそのような実態を、そのままに放置しておくことは忍び難いことであった。そこから、彼にとって、図書館は単に学校教育を補足するだけのものではない。社会教育機関としての図書館は、〝未だ自覚的に学ぶ心の発動せざる人々に対して働きかけんとするものであって、その主たる目的は不十分な学校教育を受け、若しくはそれすら受け得ずして、未だ自覚的に自己教育する力なき状態に放擲せられてゐる公衆に対して、之を自得せしめ、彼等をして自己教育を可能ならしめんとするところにある〟[57]と、彼は図書館社会教育の意義について述べている。

もちろん、図書館の機能は社会教育職能だけでなく、文化のあらゆる面を代表する図書を集めて、これらの図書を自由に利用しうる利用者に提供し、その研究及び教養に資する文化的職能を持っている。しかし、そのような利用者の他に、図書や図書館の利用に困難を感じる人がいる。しかも大勢いる。中田は図書館の文化的職能を十分に活用しうる利用者を、第一種対象と呼ぶ。これに対して、図書館の利用能力が不十分な人を第二種対象、さらに、読書能力自体が不足し、図書館利用が困難な人を第三種対象と呼んでいる。

図書館が奉仕すべき対象者を、このように三種類に区別するのは、中田の著作によく見られるが、特に彼が主査としてまとめた「図書館社会教育調査報告」（一九三七年六月）にも採り入れられている。そのうち、第二種及び第三種対象に働きかけて、彼らを第一種及び第二種対象に引き上げようとする教育的職能を、中田は図書館の社会教育的職能と呼ぶのである。そして、第二種対象に対しては、できる限り読書相読事務を拡大し、第三種対象に対しては、読書相読のほか、読書指導を重視している。[58]

こうして、中田においては、図書館の社会教育的職能の中で、特に第二種及び第三種対象に対する読書指導が重視されてくる。彼は京都大学文学部で哲学を専攻、西田哲学を学んだ教養人であり、偏狭な国粋主義者ではなかった。彼が図書館界に入り、間もなく読書指導による図書館の社会教育的職能を重視したのは、一つには、図書の整理と館内閲覧に留まって、館外活動に力を尽そうとしない当時の館界に対する批判があった。いま一つは、当時の農村地域における文化的レベルの低さと、そのままに放置されていて、自ら学ぼうとしない人たちを、文化的に覚醒させたいというヒューマニズムに基づくものであったと考えられる。このように、彼自身は純粋であったにしても、彼が図書館の社会教育的職能の一つとして重視した読書指導活動は、行政側の国民精神総動員運動の有力な手段として採りあげられることによって、すっかり変質させられてしまうのである。それは、第二種及び第三種対象の利用者に、自ら学ぶ力を育てることによって、文化的に覚醒させることよりも、特定の図書群によって特定のイデオロギーを、読書会という集団読書形態を通じて浸透させるという、思想教化策に変質してしまったのである。

読書会の指導者　読書会を通しての読書指導がこのように変質してくるとき、特に重要になってくるのは、読まれる図書群の構成とともに、読書会の指導者である。そこで、読書会が教化性を十分に発揮しうるための指導者をいかにして得るか、さらに指導者の養成ということが必要になってくる。

読書会の成功が、メンバーの熱意と、優れた指導者を得るか否かにかかっていることは言うまでもないが、各種の職場や青年団等の既存の組織を利用して、官製の読書会を作り、学校長や青年学校の教師等に指導を委ねても、果たしてどれ程の成果を挙げうるかは疑問である。文部省は一九四二年九月に金沢市で「読書会指導等に関する研究協議会」を開催したが、その年三月には、和歌山市で「貸出文庫ニ関スル研究協議会」を開催している。特定のイデオロギーを図書館を通して普及させるための方策として、貸出文庫がとりあげられたのである。しかし、貸出文庫では特定の図書を貸出しても、それが実際に利用者に読まれるという保証はない。そこで、貸出文庫とセットにして、読書会を組織して運営をはかれば、効果的と考えられたのである。この年（一九四二年）五月に開催された文部省主催の府県中央図書館長会議の中心議題も、「貸出文庫を中心とせる読書指導の方法」であった。このように、この頃は、特に一九四二年五月の日本図書館協会第一回部会綜会協議会への文部大臣諮問事項「大東亜共栄圏建設ニ即応スル国民読書指導ノ方策如何」が出されて以来、貸出文庫や読書会による読書指導の問題は、図書館界だけでなく、文部省をはじめ府県の行政も大きく関与してくるのである。府県によっては、市町村長や青年学校長に宛てて、読書会設立奨励の通牒が出されたりした。たとえば青森県では一九四二年十月に「読書会設立奨励ニ関スル件通牒」が出されており、翌年広島県では「読書指導指定町村設置要項」が定められている。

読書会に関する文部省の指示要綱（一九四三年）　四三年も、前年に引き続いて開催された文部省主催の道府県中央図書館長会議では、「読書会ニ関スル件」と「新刊図書優先配給ニ関スル件」が協議された。そのうち、読書会についての文部省の指示要綱には、読書会に対する文部省の意図が具体的に示されている。

まず、文部省の指示する読書会の主旨としては、

（A）目的意識が明確ナル事
（B）対象ハ重点的ニ青年ナル事
（C）質ヲ重ンズル事
（D）中央図書館ノ統制、指導下ニオク事

を挙げ、次いで「中央図書館トシテ読書会運動ヲ行フニ当ッテノ注意」として、

（A）県庁、ソノ他青少年団、翼賛会、翼壮、産報ソノ他ヲ組織母体トナシ之ト密接ニ連絡ヲ

トルベキ事
（B）指導者ノ選定養成ニ当リテハ慎重ナルベキ事
（C）読書会結成後ハ出来ルダケ見廻リ、放任セザル事

さらに、前年度（一九四二年度）の「状況調査ニ基ク注意事項」として、
（一）自然発生的ナ、本省ノ主旨ニ副ハヌ既存ノ読書会ヲ指定セルモノアル事
（二）指定読書会ノ会員ハ主トシテ青年タルベキヲ、ムシロ壮年乃至老年ニ重点ヲ置ケルモノアル事

を挙げている[59]。ここで言う指定読書会とは、一九四二年の中央図書館長会議で、各府県に五か所読書会を指定して、中央図書館が重点的に指導するようにという、文部省の指示に基づいて設立されたものである。

読書会結成後は放任することなく、その状況を見廻り、監督することを、文部省は中央図書館に指示したが、文部省自体も全国いくつかの道、県の読書会の実地視察を、一九四三年の二月から三月にかけて行なっている。その視察報告が『図書館雑誌』の第三七年七号（一九四三年七月）と、第三七年十一、十二合併号（一九四三年十二月）に掲載されているが、視察は高知、長崎、山梨、静岡、岡山、愛媛、福岡（以上七号）、宮城、岩手、秋田、青森の諸県と北海道にまで及んでいる。

官製読書会の実態　実際に読書会がどのように行なわれていたかについて、文部省の地方読書

会視察記のうち、会次第を記録している岡山県と岩手県の読書会の例を見てみよう。

岡山県のひとつは、倉敷人絹岡山工場の女子寄宿舎生で組織された読書会である。例会の順序は一．着席、二．国民儀礼、三．開会の辞、四．指導者の挨拶、五．御製及び和歌の朗詠と続いて、六．会員の読書発表となる。二の国民儀礼とは、当時各種の行事の際必ず行なわれた皇居遥拝などの儀礼である。会員の発表終了後に、七．朗読（益軒十訓のうち「読書の楽しみ」）、八．斉唱「海行かば」、九．図書紹介、十．閉会の辞となっている。(60)

岩手県の福岡読書会の例会は、一．正座挨拶（人員報告）、二．開会の辞、三．国民儀礼、四．指導者挨拶、五．会員読書発表、六．読書研究、七．質疑応答、八．指導者による図書の紹介、九．次回への準備、十．黙想（読書会誓約朗唱）、十一．閉会の辞となっている。(61)

読書会の実際の指導者　読書会の結成には、府県や中央図書館の働きかけが大きかったが、読書会の実際の指導に当ったのは、中央図書館や市町村の図書館員よりは、青年学校や国民学校の教師、僧侶、神官のような、読書会所在地の読書人が多かった。読書会で利用される図書は、貸出文庫として図書館から貸出されたものが多かったが、実際に会の指導に当った人から言えば、読書会運動は図書館運動そのものではなかった。それに、府県の中央図書館にしても市立図書館にしても、新しく行政側の指示で結成される読書会の指導には、男子職員の相次ぐ応召もあって、職員を割きうる余裕はなかった。町村図書館ではもともと専任職員を持つ例すら少なく、多くは図書館が設置されている国民学校や青年学校の教師が、司書を兼務していることが多かった。司書兼務の教師が、地域の読書会の指導者になる例も見られるが、その場合司書としてよりも、教師としての意識から、読書会の指導に当ることが多かったと思われる。
　したがって、読書会の成功いかんは、優れた指導者が得られるかどうかに大きく影響される。文部省の指示に従って、中央図書館が県下に読書会を結成しようとする時、その指導者を得るのに最も苦労することになる。そのため、各府県による読書会指導者養成のための講習会が、一九四三年以降各県で開催される。

読書会指導者養成講習　指導者養成講習の若干の例を、『図書館雑誌』から拾うと、たとえば、広島県では一九四三年三月に「読書指導者養成講習会」を、四十名を集めて一泊二日で、また愛媛県でも同年一月に、「青少年読書指導者練成講習会」を約百名を集めて開催している（同誌三七年二号）。同年二月に岐阜県では、県、中央図書館、県図書館協会の主催で、「読書会指導者養成講習会」を二日間にわたって開催。受講者資格として、「県下図書館員、国民学校、青年学校、中等学校ノ教職員、青年団、壮年団ノ幹部又ハ有志者ニシテ将来読書会ノ指導者タラントスル者」（同誌三七年三号）とある。読書会指導者がどのようなグループから、この時代になると選ばれていたかを示しているが、こういう状況は岐阜県だけのことではなく、当時の一般的状況であった。
　文部省や大政翼賛会、さらには各府県の行政レベルで選ばれた図書群を中心として、府県中央図書館が貸出文庫を編成し、その文庫の図書を中心にして読書会を結成させ、養成講習を受講した指導者による読書会活動が、全国的に推し進められたが、読書指導の目的は〝生涯を通じて読書修養ができるやうに自己教育力を養成するにある〟[62]とする、中田邦造の本来の読書指導論とはかけ離れたものになってしまった。参加者の自ら学ぼうとする意志に基づいて結成されるべき読書会が、行政側にからめとられることによって官製化され、行政側の監督指導のもとに行なわれる集団的読書によって、特定のイデオロギーを植えつけていく手段に化してしまったのである。

そのため、文部省は一九四二年度には、中央図書館の国民読書運動助成の意味で五三〇円、指定読書会奨励の意味で一七〇円、合計七百円を中央図書館のある各府県に交付した。さらに翌年（一九四四年）三月には、読書会の〝組織拡充強化シテ戦時国民思想確立ヲ図ル〟ため、各府県に六百円が交付されている。

一九四四年に入ると、大政翼賛会もまたその組織を通じて読書会運動を展開するが、ここでも指導者養成が必要になり、同年二月から三月にかけて、二十三日間ずつ二回に分けて、文部省と共催で読書会指導者の思想練成会を、静岡県富士郡芝富村の芝富読書指導者養成所で開催している。開催の趣旨には、〝読書会指導者ニ対シ皇国史観ニ基ク思想練成ヲ施シ、我国教学、文化ノ本義ヲ体得セシムルト同時ニ、読書指導ノ理論竝ニ実際ニ付徹底的指導ヲ行ヒ以テ戦時下ニ於ケル其ノ使命達成ヲ図ラントス〟[63]とある。この練成会は皇国史観という当時の偏狭な国粋主義に基づくイデオロギーを、読書会指導者へ徹底するためのものであったのである。

練成会の会場となった芝富読書指導者養成所は、一九四三年十一月に発会した財団法人満州開拓読書協会が、満州開拓団のために図書を供給するとともに、読書会を開催するための指導者養成所として開設したものである。養成所長には中田邦造が就任している。満州開拓団のためにも、読書会による思想練成が計画されていたのである。

図書館界における批判者たち

読書会を中心とする読書指導運動が、一種の思想練成の手段として、図書館界以外でも採られていたが、館界にはこのような図書館の本質に基づく運動というよりも、行政側にからめとられた運動に距離を置く、冷静な批判的な図書館人や図書館人のグループがいたのである。その代表的なグループとして、青年図書館員聯盟を挙げることができるであろう。当時の日本図書館協会の機関誌『図書館雑誌』が、当然のことながら、読書会や読書指導に関する記事や論説で溢れていたのに対して、聯盟の機関誌『圕研究』には、僅かに一、二篇を数えるのみで、著しい対照を示している。聯盟の雑誌を見る限り、聯盟は読書会運動の熱気の外にいて、図書館の発展のためには、その時点において何を為すべきかを、冷静に見すえていたことを知ることができる。連盟のメンバー達は、中田邦造が〝図書館の生理機能〟(64)と呼ぶ図書整理業務の規範化に、まずその情熱を傾けていたのである。中田は、図書整理業務に重点を置いて、〝図書館の生活機能〟である図書館の社会教育活動に踏み出さない図書館員を、事務派と呼んで揶揄しているが、聯盟のメンバーの地道な努力が、戦後「日本十進分類法」や「日本目録規則」等に結実したことは衆知のことである。

また、協会員の中にも、真の読書は集団読書形態よりも、自由な個人読書であるべきだとする批判的な意見もあったが(65)、その声は小さかった。そのほかにも、声には出さなかったにしても、当時の日本図書館協会を中心とする館界の潮流に、すべての図書館員が同調していたのではないことを、知ることができる。

敗戦に至る図書館界の崩壊　一九四三、一九四四年は、公共図書館会は読書会による読書指導運動に大わらわであったが、四四年七月にはサイパン島が米軍によって占領され、同島を基地とする米空軍の本土空襲が十一月から始まり、四五年八月の敗戦まで、首都をはじめ全国の主要都市は無差別爆撃により、次々に廃墟と化していった。図書館はもはや読書指導どころではなく、重要な図書を米空軍の焦土作戦から守るための疎開作業に必死であった。男子図書館員の多くは戦場に、軍需工場に動員され、堅固に造られた図書館の建物は、軍事用に転用される。昼夜を問わず空襲警報が発せられるようになる四五年になると、図書館はもはやその活動の場を失なってしまったのである。戦災によるぼう大な蔵書と施設の焼失、図書館活動の全面的な崩壊を以て、日本近代図書館史はその幕を閉じるのである。

〔注〕

（1）小野則秋『日本図書館史』玄文社、一九七六、二二五頁
（2）詳しくは次の拙稿参照「書籍館から図書館へ」『図書館界』三五巻四号、一九八三、一九五—一九八頁
（3）廣庭基介「新聞縦覧所小論（二）—とくに明治初期を中心として」『図書館界』二五巻四号、一九七三、一四〇—一四一頁
（4）前田　愛『近代読者の成立』有精堂、一九七三、一二〇頁

（5）岩猿敏生「戦前のわが国公共図書館における有料制の問題について」『同志社図書館情報学』一九号別冊No. 14　二〇〇三・九、一―一五頁
（6）『東壁』二号　明治三四年七月　復刻版、学術文献普及会、一九七四、一四頁
（7）竹林熊彦『近世日本文庫史』大雅堂　一九四三　復刻版　日本図書館協会、一九七八、九七―九八頁
（8）竹林熊彦　前掲書、一二四頁
（9）永末十四雄『日本公共図書館の形成』日本図書館協会、一九八四、三五頁
（10）小川徹、山口源治郎編『図書館史―近代日本篇』教育史料出版会、二〇〇一、二〇九頁の表による。
（11）石井敦、前川恒雄『図書館の発見―市民の新しい権利』日本放送出版協会、一九七三、一一一頁の表
（12）岩猿敏生「『東壁』・日本最初の図書館雑誌」『図書館雑誌』五一巻六号、一九五七、二二六―二二七頁
岩猿敏生「東壁について」『東壁』復刻版　学術文献普及会、一九七四、巻末解説　二三一―二三二頁
（13）小谷誠一「フリー・パブリック・ライブラリー」『図書館雑誌』二九巻一号、一九三五、二六頁
（14）永末十四雄『日本公共図書館の形成』、二六頁
（15）永末十四雄　前掲書、一三六頁
（16）石井敦、前川恒雄『図書館の発見―市民の新しい権利』、一二九頁
（17）石井敦編『佐野友三郎』日本図書館協会、一九八一、一一五頁、（個人別図書館論選集）
（18）石井敦編　前掲書、一二六頁
（19）石井敦編　前掲書、二八〇頁
（20）石井敦編　前掲書、二八〇頁
（21）石井敦編　前掲書、三八頁
（22）日本図書館協会編『図書館小識』同会　一九一五　復刻版、日本図書館協会、一九七八、七三頁
（23）石井敦編『佐野友三郎』、一八七頁

(24)文部省社会教育局『全国図書館ニ関スル調査—昭和一一年四月現在』復刻版 日本図書館協会、一九七八、三頁
(25)文部省普通学務局『全国図書館に関する調査—大正一〇年三月現在—』復刻版、日本図書館協会、一九七八
(26)文部省社会教育局『全国図書館ニ関スル調査—昭和一一年四月現在』、一八—一九頁
(27)永末十四雄『日本公共図書館の形成』、二四四頁
(28)日本図書館協会編『図書館小識』、二九—三〇頁
(29)竹林熊彦『近世日本文庫史』、四〇七—四〇八頁
(30)文部省普通学務局『全国図書館に関する調査—大正一〇年三月現在—』、九八頁「図書館調査に就て」
(31)『図書館雑誌』二号、一九〇八、第二回全国図書館員大会記事、七八—七九頁
(32)『図書館雑誌』 前掲同一頁
(33)竹林熊彦「図書館員共済組合の提唱」『図書館雑誌』二二巻五号、一九二八、一〇五—一〇六頁
(34)『図書館雑誌』四八号、一九二二、二八頁
(35)『図書館雑誌』二七巻七号、一九三三、日本図書館協会昭和八年度総会議事録、一八九頁
(36)『図書館雑誌』と『圕研究』との比較研究については、岩猿敏生「『圕研究』と『図書館雑誌』」『図書館界』四五巻四号、一九九三、三四四—三五一頁
(37)『図書館雑誌』二五巻一一号、一九三一、三八八頁
(38)宮坂広作『近代日本社会教育史の研究』法政大学出版局、一九七六、一三〇頁
(39)岩猿敏生「戦前のわが国公共図書館における有料制の問題について」『同志社図書館情報学』一九号別冊No. 14 二〇〇三、一—一五頁
(40)『図書館雑誌』二七巻一〇号、一九三三、二七二頁

(41)『図書館雑誌』三一巻四号、一九三七、一一七頁
(42)『図書館雑誌』三一巻五号、一九三七、一五〇頁
(43)加藤宗厚「図書館員養成問題」『図書館雑誌』三五巻九号、一九四一、六五一頁
(44)加藤宗厚　前掲論文、六五一頁
(45)佐藤政孝『市民社会と図書館の歩み』第一法規、一九七九、一六九—一八一頁
(46)『京都大学附属図書館六十年史』同館、一九六一、一六〇—一六四頁
(47)『京都大学附属図書館六十年史』、一五六頁
(48)中田邦造「図書館員の拠って立つところ」『図書館雑誌』二八巻一号、一九三四、八頁
(49)松尾友雄「図書館令第一條第二項」『図書館雑誌』二八巻二号、一九三四、三四頁
(50)松尾友雄　前掲論文、三五頁
(51)中田邦造「図書館は図書館として発達せしめよ」『図書館雑誌』二八巻四号、一九三四、九〇—九六頁
(52)松尾友雄「図書館の附帯事業に関する見解の対立」『図書館雑誌』二八巻四号、一九三四、九九—一〇二頁
(53)『図書館雑誌』二七巻七号、一九三三、第二七回全国図書館大会記事　一六六頁
(54)『図書館雑誌』三七巻三号、一九四三、一二八—一三〇頁
(55)中田邦造「麓鶴雄氏の「読書指導問題の展望」を読みて—特に渋谷国忠氏の自由読書論を批判す」『図書館雑誌』三七巻一〇号、一九四三、六三七頁
(56)梶井重雄編『中田邦造』日本図書館協会、一九八〇、五六頁の表、(個人別図書館論選集)
(57)中田邦造「図書館社会教育の意義目的並に其範囲に属する事業の種類」『図書館雑誌』二八巻八号、一九三四、二五四頁
(58)「図書館社会教育調査報告」『図書館雑誌』三一巻九号、一九三七、二九〇—二九一頁

(59)『図書館雑誌』三七巻六号、一九四三、三八二―三八三頁
(60)『図書館雑誌』三七巻七号、一九四三、四八六頁
(61)『図書館雑誌』三七巻一一、一二号、一九四三、七〇一頁
(62)中田邦造「読書指導法―青年学校教師の為に―」『図書館雑誌』三七巻三号、一九四三、一三六頁
(63)『図書館雑誌』三八巻一号、一九四四年一月号巻末広告
(64)中田邦造「図書館員の拠って立つところ」『図書館雑誌』二八巻一号、一九三四、一一頁
(65)渋谷国忠「図書館読書指導の基礎概念」『図書館雑誌』三七巻一号、一九四三

あとがき

第二次大戦後のわが国の図書館は、敗戦の廃墟の中から、民主主義社会における市民の図書館として、新しくその歩みを始めた。明治初期の文部省書籍館は、その規則で、〝普ク衆人ノ此処ニ来テ望ム所ノ書ヲ看読スルヲ差許〟し、また、文部省は〝通俗近易ノ図書ヲ備存シテ専ラ庶民ニ展覧セシメ以テ読書修養ノ気味ヲ下流ノ人民ニ配与〟するよう示諭したが、その後確立していった天皇制絶対主義体制の下では、市民のための公共図書館は社会に十分根づくことはできなかった。

敗戦後社会の民主化は大きく進み、公共図書館は市民のための図書館として発展しうる社会的基盤が、ようやく整ってくる。〝普ク衆人〟とくに〝下流ノ人民〟も、民主主義社会の構成員として、図書及び図書館文化への参加は、〝差許〟されたり、〝配与〟されるものではなく、主体的に参加するものとなったのである。

戦後のわが国の図書館は、民主的な市民社会を基盤として新しく歩み始めるが、図書館の新しい歩みを方向づけるためには、まずその出発点の歴史的位置づけを確認しておくことが必要である。そのためには、それまでの過去の歴史をきちんと理解しておかねばならない。筆者の日本図書館史執筆の仕事は、まさに戦後の図書館の新しい出発点の確認作業であった。本書の叙述の終ったところから、わが国における図書館の新しい歴史が始まるのである。それはすでに今日までに半世紀を超え、歴史の歯車は回転の度をますます速めている。日本図書館史の現代史は、全く新しい観点から構想されるべきであり、それは次の世代の図書館史家に委ねざるをえない。筆者が第二次大戦の敗戦によるわが国図書館界の崩壊を以て筆を措いたのも、そのためである。

本書でとりあげた個々の史実は、ほとんどすべて先学の研究成果に負うている。とくに先学としては、古代から近世の江戸期までは小野則秋氏の文庫史研究、明治以降では竹林熊彦氏、それに石井敦、永末十四雄氏等のような、戦後新しく明治以降の近代日本図書館史に取り組まれた方たちの研究に大きく負うている。筆者は先学が明らかにされた史実を筆者なりに解釈して、日本図書館史を構成してみたのである。また、それぞれの時代の図書館としてとりあげたものは、図書館史の流れを示すものとしてとりあげたのであって、ある時代のある種類の図書館を網羅的にとりあげようとしたものではない。

このように、日本図書館史の全体的な流れを描き出すことに重点を置いたため、たとえば、図書の各種の版式や装訂様式の理解のためには、挿図なり図版なりを添えることを考えてみたが、そうした方面にさらに関心を抱かれる読者は、すでに優れたそれぞれの専門書があるので、それらに拠られたい。本書がそれらの専門書への読者の関心を喚起しうることを、望むものである。

今日まで日本図書館史の通史としては、戦前に書かれた小野則秋氏のものがほとんど唯一のものである。日本図書館史研究の活発化のためには、小野氏の業績を超えるまでにはいかなくても、少くともそれを批判し[1]、それに比肩しうるものが書かれるべきだということは、筆者の世代の日本図書館史研究に関心を抱く者が等しく持った期待であった。筆者もそうした期待を高橋重臣（天理大学）、小野泰博（図書館情報大学）、後藤純郎（日本大学）等の各氏と、折にふれて話し合ったことがある。そして、彼らはそれぞれに、いつかその期待を実現したいと望んでいたが、その望みを実現せずに、私よりも年若かったにもかかわらず、私より先に旅立ってしまった。

長い間図書館の現場にいた筆者は、図書館史に関心は持ちつつも、現場の直面する問題に追われ、図書館史研究に手をつける余裕を持ちえなかった。大学を定年で退き、その他館界の仕事からもすべて手を引いた時、筆者はその夢を果さぬまま世を去った友人たちにかわって、彼らの期待していたものには遠く及ばないことは知りつつも、筆者なりの図書館史に対する構想のもとに、日本図書館史をなんとか書きあげてみた。今となっては、もはや彼らの忌憚のない批評を聞くことができないのは残念であるが、今はより若い世代の人たちの批判を待つとともに、彼らによって優れた日本図書館史が書かれる契機となりうることを願っている。

古典籍の刊語、識語の中に、時折老翁が老眼を拭いながら刊行に当ったことを誌しているものがある。たとえば、一二七七年刊の『梵網経古迹記補行文集』の刊記には、西大寺の叡尊が〝拭八旬老眼〟とある。八旬は八十である。また、一三二一年刊の『黒谷上人和語燈録』の刊記には、〝沙門了恵感歎にたへず随喜のあまり七十九歳の老眼をのこひて和語七巻の印本を書之〟とある。図書文化は高齢の人を含む多くの人たちの努力によって承けつがれてきたのであり、そうした貴重な図書を収集保存し、同世代だけでなく後世にまで伝えていくことが、図書館の文化的機能であることは言うまでもない。

筆者もすでに老翁として、まさに老眼を拭いながら、なんとか書き終えることができたのは、多くの知友の支えがあったからである。本書の出版に当っては、在米の元イェール大学図書館キュレータの金子英生氏と、筆者の九州大学図書館時代からの知友緒方良彦氏（元愛知大学教授）から、いろいろと御配慮をいただき、有難く思っている。最後に、このような特殊な領域の著作の刊行を担当していただいた日外アソシエーツ社に対して、心からお礼を申し上げたい。

〔注〕

（1）小野則秋の図書館学ならびに図書館史学については、次の拙稿がある。「小野則秋の図書館学研究について」『同志社図書館情報学』（『同志社大学図書館学年報』一九号別冊）一九九三、一―一四頁、「日本図書館学史上における小野図書館学の意義について」（『同志社大学図書館学年報』二〇号別冊）一九九四、一―一九頁

毛利高標　124, 144, 145
本居大平　132
本居宣長　132, 148, 150
文武天皇　34, 40

【や行】
屋代弘賢　173, 174, 176, 177
安田十兵衛　117
山鹿素行　168
山川均　286
山田市郎兵衛　119
山田喜兵衛　119
湯浅吉郎　256, 257
結城陸郎　92, 93, 95
雄略天皇　28
吉田兼倶　147
吉田篁墩　144, 179

【ら行】
蘭溪道隆　64
李資謙　109
理真　92
柳亭種彦　225
レーニン,ウラジミル　281

【わ行】
倭王武　28
脇坂安治　139
脇坂安元　138, 139
和気広世　54
和田英松　71, 78
和田万吉　78, 90, 93, 114, 115, 116, 226, 255, 258, 261, 263
渡会延佳（出口）　149

藤原鎌足　33
藤原実資　56
藤原佐世　52, 53, 78
藤原俊成　62
藤原仲麻呂（恵美押勝）　38
藤原道長　50, 55, 56
藤原通憲（信西）　57
藤原宗隆　73
藤原頼長　56, 57, 58
藤原頼通　56
布施養斎　131
傅大士　37
北条貞時　66
北条実時　75, 76
北条時宗　64, 66
北条時頼　64
北条義時　75
法然　63, 64, 67, 68
細井岳登　183
堀直格　143
堀尾吉晴　114
ボルドイン,チャールス　204
本阿弥光悦　115
本屋新七　114, 115

【ま行】
前田愛　164, 201
前田綱紀　137
前田利家　136
前田利常　114, 137
前田治脩　137
前田松子（芳春院）　136, 137
蒔田稲城　171
牧野伸顕　251, 252
マゼラン,フェルディナンド　104
松尾長造　277
松尾友雄　275, 283
松尾芭蕉　140
松方正義　237
松平定永　141
松平定信　127, 140, 141, 142, 168
松本喜一　263, 264, 265
松浦静山　142, 143, 178
マルクス,カール　281
三浦按針（アダムス,ウィリアム）　125
三国幽眠　206
水谷不倒　164
水野忠央　146
水原堯栄　67
水戸光圀　133, 134, 135, 137
源実朝　62
源頼朝　44, 62, 74
美濃部亮吉　286
三善康信　74
無学祖元　64
夢窓疎石　85, 115
村井古巌　150
村上勘兵衛　205, 226
室鳩巣　150
明治天皇　207
明帝（後漢）　28

徳川治宝　132
徳川秀忠　122, 126
徳川宗勝　131
徳川宗睦　131
徳川義直　126, 130, 131, 133
徳川吉宗　128, 141, 166
徳川頼宣　130, 132
徳川頼房　130, 133
徳川頼倫　132, 133, 255, 257, 258, 263
禿氏祐祥　36, 50
戸澤信義　43
杜定友　269
富岡謙三　225
豊臣秀次　114
豊臣秀吉　105, 106, 107, 110, 111, 121, 122, 136, 139
曇徵　35

【な行】
内藤虎次郎（湖南）　226
長井貞秀　74
中江藤樹　139
永末十四雄　233, 236, 251, 312
中田邦造　273, 275, 282, 283, 284, 285, 293, 296, 298, 304, 305
長友千代治　164
中大兄皇子（天智天皇）　33, 34, 40
中原師名　78
長屋王　35
二階堂行藤　75
西洞院時慶　107
西村竹間　227, 240, 255
西村又左衛門　118
二条天皇　72
日蓮　63

【は行】
橋本左内　206
橋本経亮　176
羽田野敬雄　152
蜂須賀斉昌　174
花園一枝軒　114
花園天皇　72
林鵞峰　127
林子平　131
林春斎　126
林鳳岡　126
林羅山（道春）　122, 125, 126, 127, 130
畢昇　109
ヒトラー,アドルフ　274, 289
日野資業　58
卑弥呼　27
平井勝左衛門休与　101
平田篤胤　148
平野国臣　168
廣庭基介　199
福沢諭吉　194, 195, 204
藤井貞幹　39
藤岡作太郎　226

聖武天皇　38, 42, 49
新見正路　174, 175, 177
神武天皇　133, 289
親鸞　63, 64, 68
推古天皇　35
陶晴賢　98
菅原道真　155
杉山精一　128
鈴木成恭（白藤）　175
角倉了以（素庵）　116
清和天皇　72
雪舟　97
蘇我入鹿　33
蘇我蝦夷　33
素慶　101

【た行】
大正天皇　230, 258
太祖（北宋）　69
大道一以　70
平清盛　62, 71
高橋重臣　312
滝川幸辰　274
田口明良　83
武井権内　25
竹川竹斎　183, 184, 185
武田千代三郎　239, 240, 242
竹林熊彦　183, 206, 208, 262, 312
武村新兵衛　119
多田勘兵衛　120
橘南谿　180
橘奈良麻呂　38, 42
田中稲城　211, 212, 223, 227, 255, 258, 261, 263
田中不二麻呂　195, 214, 221, 236
田沼意次　141
田安宗武　141
湛海　70
近松門左衛門　140
奝然　69
辻新次　218, 229
坪内逍遙　164
出口延佳（渡会）　149
デューイ,メルヴィル　241
鉄眼　113, 114
天海（南光坊）　113, 125
天智天皇（中大兄皇子）　33, 34, 40
天武天皇（大海人皇子）　34, 36
道鏡　48
道元　64
藤堂祐範　67
道祐　100, 114
徳川家綱　126
徳川家宣　124
徳川家光　113, 123, 126, 133
徳川家康　106, 108, 112, 113, 121, 122, 123, 125, 126, 128, 129, 130, 132, 135, 136, 166
徳川綱吉　126, 128, 140, 166
徳川斉昭　134
徳川治貞　132

九条道家　70, 89
グーテンベルク,ヨハン　40, 108, 110, 165
熊沢蕃山　139
黒板勝美　226
クローチェ,ベネデット　24
桂庵玄樹　99
契沖　148, 151
玄昉　36
元明天皇　34
孝謙天皇（称徳天皇）　38, 48
幸徳秋水　234
河野敏鎌　221
高師直　96
光明天皇　82
河本一阿　180, 181
河本訒軒　181
虎関師錬　89
後小松天皇　133
後白河法皇　71
後醍醐天皇　72, 82
後藤純郎　312
後鳥羽法皇　62
近衛文麿　290
小林善八　168
小松原英太郎　230, 251, 252
五味文彦　79
後水尾天皇　107
後陽成天皇　107
コロンブス,クリストファ　104
金地院崇伝　122, 125
近藤重蔵（正斎）　123, 172, 173, 175

【さ行】
西郷隆盛　209
最澄　48, 52
蔡倫　27
笹岡民次郎　225
佐藤政孝　281
佐野友三郎　239, 240, 241, 242, 243, 244, 245, 259, 263
ザビエル,フランシスコ　105
三要元佶　121
慈円　56
滋野井実冬　78, 79
慈眼　113, 117
始皇帝　165
十返舎一九　164
柴田勝家　139
柴野栗山　174
島文次郎　224, 225, 256
島津忠昌　99
下村生蔵　114
春屋妙葩　84, 85
俊芿　69
淳仁天皇　38
如庵宗乾　114, 115
聖一国師（円爾弁円）　70, 89
正運　113, 117
聖徳太子　32, 33, 35
称徳天皇（孝謙天皇）　38, 48

恵美押勝（藤原仲麻呂）　38
円爾弁円（聖一国師）　70, 89
王禎　109
応神天皇　28
大海人皇子（天武天皇）　34, 36
大内教弘　97, 98
大内兵衛　286
大内政弘　97, 98
大内盛見　97
大内義興　97, 98
大内義隆　97, 98
大内義弘　97
大江音人　58
大江広元　74
大江匡房　58
大塩平八郎　150, 156, 174, 175
太田道灌　98
大槻文彦　181, 182
大友宗麟　105
大野屋惣八　164
大原雪斎　121
大村純忠　105
緒方良彦　313
岡本清茂　151
小瀬甫庵（道喜）　114
織田信長　104, 121
小長谷恵吉　53
小野則秋　54, 58, 72, 76, 89, 138, 145, 151, 152, 153, 155, 173, 180, 183, 194, 312
小野泰博　312
小山田与清　134, 177, 178

【か行】
快元　93, 94
貝原益軒　150
荷田春満　148
加藤宗厚　280
金子英生　313
金沢顕時　66, 68, 75, 76
金沢貞顕　75, 76
金沢貞将　76
金沢実時　75, 76
賀茂真淵　148, 150
烏丸光広　139
狩谷棭斎　176, 177
川瀬一馬　65, 76, 77, 84, 101, 116, 146, 158, 176
河内屋利兵衛　120
桓武天皇　34, 48, 52
菊池重朝　99
菊池租　153, 154
岸田貞教　153
木戸孝允　205
吉備真備　40, 41
木宮泰彦　70, 88
木村兼葭堂　178, 179
曲亭馬琴　164
清原宣賢　101
欽明天皇　28
空海（弘法大師）　45, 48, 52
九鬼隆一　216, 218, 221, 229, 230

人名索引

【あ行】
青柳文蔵　181, 182
秋間玖磨　225
阿佐井野宗瑞　101
阿佐井野宗仲　101
足利尊氏　82, 93, 94, 96
足利持氏　93
足利基氏　96
足利義昭　104
足利義兼　92
足利義政　88, 92, 110
足利義満　82, 85, 88, 92, 97, 110
足利義持　89
安達泰盛　66, 67, 96
アダムス,ウィリアム（三浦按針）125
跡部良弼　174
阿部春庵　175
阿部櫟斎　180
新井白石　137
荒木田尚賢　150
有馬晴信　105
池田冠山　145
池田光政　139, 140
石井敦　312
石田三成　121
伊地知重貞　99
石部了冊　101
石上宅嗣　43
板垣退助　200, 213
一条兼良　72, 73, 90, 98
市橋長昭　145, 146, 157
伊藤東涯　150
犬養毅　274
井原西鶴　118, 140, 159, 160
今井貫一　257
今井似閑　151
今井太郎右衛門（大黒屋）205, 206, 207
今川義元　121
ヴァスコ・ダ・ガマ　104
ヴァリニャーノ,アレッサンドロ　106
上杉定正　98
上杉憲実　92, 93, 94, 95, 97
植松安　183
宇多天皇　52
内田銀蔵　226
梅木幸吉　145
梅辻平格　206
栄西　64
叡尊　313
易林　101
江藤新平　200

本書は二〇〇七年一月刊行「日本図書館史概説」の初版を底本とし、判型を改め（Ａ５判から四六判）復刊したものです。

著者略歴

岩猿 敏生（いわさる・としお）

1919年福岡県生まれ。1943年京都帝国大学文学部卒業。1950年九州大学図書館司書官、1956年京都大学図書館事務長・事務部長を経て、1976年関西大学文学部教授（～1990年）。1995年日本図書館協会顧問（～2013年）。2016年逝去。

著書に「日本文庫めぐり―蔵書の命運―」（共著、出版ニュース社）、「大学図書館」（雄山閣）、「図書館概論」（共著、雄山閣）、「大学図書館の管理と運営」（共著、日本図書館協会）などのほか、論文多数。

<図書館サポートフォーラムシリーズ>

日本図書館史概説 新版

2023年7月25日　第1刷発行

著　　者／岩猿敏生
発 行 者／山下浩
発　　行／日外アソシエーツ株式会社
〒140-0013 東京都品川区南大井6-16-16 鈴中ビル大森アネックス
電話(03)3763-5241（代表）FAX(03)3764-0845
URL　https://www.nichigai.co.jp/

組版処理／有限会社デジタル工房
印刷・製本／株式会社平河工業社

ISBN978-4-8169-2973-1　Printed in Japan,2023

図書館サポートフォーラムシリーズの刊行にあたって

図書館サポートフォーラムは、図書館に関わる仕事に従事し、今は「卒業」された人達が、現役の図書館人、あるいは、図書館そのものを応援する目的で、1996年に設立されました。このフォーラムを支える精神は、本年で16回を数えた「図書館サポートフォーラム賞」のコンセプトによく現れていると思います。それは、「社会に積極的に働きかける」「国際的視野に立つ」「ユニークさを持つ」の三点です。これらについては、このフォーラムの生みの親であった末吉哲郎初代代表幹事が、いつも口にしておられたことでもあります。現在も、その精神で、日々活動を続けています。

そうしたスピリットのもとに、今回「図書館サポートフォーラムシリーズ」を刊行することになりました。刊行元は、事務局として図書館サポートフォーラムを支え続けてきている日外アソシエーツです。このシリーズのキーワードは、「図書館と社会」です。図書館というものが持っている社会的価値、さらにそれを可能にするさまざまな仕組み、こういったことに目を注ぎながら刊行を続けてまいります。

図書館という地味な存在、しかしこれからの情報社会にあって不可欠の社会的基盤を、真に社会のためのものにするために、このシリーズがお役にたてればありがたいと思います。

2014年10月

シリーズ監修

山﨑　久道（図書館サポートフォーラム代表幹事）
末吉　哲郎（図書館サポートフォーラム幹事）
水谷　長志（図書館サポートフォーラム幹事）